シリーズ 日本の中の世界史

Give peace a chance

平和を我らに

シリーズ
日本の中の
世界史

Give peace a chance

平和を我らに

越境するベトナム反戦の声

油井大三郎
Yui Daizaburo

岩波書店

刊行にあたって

人や社会のあり方が、それらを取り巻いて生起する世界中のさまざまな出来事によって突き動かされ、方向づけられてきたこと、そしてそのような衝迫《インパクト》に対する人や社会のさまざまな反応《レスポンス》が、人や社会の内実を形づくってきたこと、このことは過去のどの時代についてもいえることである。しかし、それが特に目に見える形をとって現われるのは近代という時代においてである。

幕末・維新期以降、日本の近代を生きた人々は世界中の政治や経済や文化の動きに否応なく巻き込まれると同時に、それらの動きを取り込んで、自らの主体を形づくってきた。その過程で、「国民」と「国民国家」の形成という一九世紀世界史の基本的な動向が日本列島にも貫徹して、人々を「日本国家」という鋳型の中にがっちりと嵌《は》め込んでいった。それは同時に、人々が「日本国民」という意識を自らのものとして受け入れていく過程でもあった。ただ、この「日本国家」、「日本国民」という枠組みは、沖縄の人々やアイヌ(ウタリ)の人々、そして後には、「在日」を生きることになる人々などに対する差別の構造を深く内包するものであった。

このようなものとしての日本の近代においては、法律や社会制度、社会運動や社会思想、学問や芸術等々、何をとっても、日本に「固有」といえるものは存在しない。それらは、いずれも、「日本の中の世界史」の現われとして存在しているのである。

それゆえに、私たちはいたるところに、「日本の中の世界史」を見出すことができるはずである。本シリーズの七名の著者たちは、二〇一四年八月以来、数カ月に一度の研究会を積み重ね、政治や経済、文化や芸術、思想や世界史認識など、それぞれの関心領域において、「日本の中の世界史」を「発見」するために、持続的な討論を行ってきた。本シリーズは、その過程で、七名の著者たちがそれぞれの方法で「発見」した「日本の中の世界史」の物語である。

今日、世界中の到る所で、自国本位《ファースト》的な政治姿勢が極端に強まり、それが第二次世界大戦やその後の種々の悲惨な体験を通して学んださまざまな普遍的価値を否定しようとする動きにつながっている。日本では、道徳教育、日の丸・君が代、靖国といった戦前的なものの復活・強化から、さらには日本国憲法の基本的理念の否定にまで行き着きかねない政治状況となっている。

私たちは、日本の中に「世界史」を「発見」することによって、日本におけるこのような自国本位《ファースト》的政治姿勢が世界的な動きの一部であることを認識するとともに、それに抗する動きも、世界的関連の中で日本のうちに見出すことができると確信している。読者のかたがたに、私たちのそのような姿勢を読み取っていただければ幸いである。

二〇一八年一〇月一七日

池田忍、木畑洋一、久保亨、小谷汪之、
南塚信吾、油井大三郎、吉見義明

目　次

目次

凡　例

一　引用文の出典や本文の典拠などを示す際には、原則として、日本語文献の場合は、[油井、二〇一七、二一頁]、英語文献の場合は、[Yui, 2017, p. 21]のように略記し、その文献名や出版社、出版年などは巻末の文献一覧に表示した。

二　月刊誌や週刊誌に掲載された時評などの場合は、紙幅の制約から、著者名や論文名は省略し、雑誌名と発行年月日、頁数のみを表示し、文献一覧からは除外した。

三　使用した一次資料に関しては、紙幅の制約から、個々の資料名や所在などを文献一覧には表示せず、本文中に資料名と発行年月日などを表示した。また、文献一覧に一次資料の種類ごとに所在を示した。

四　左に掲げる組織名・団体名については、紙幅の制約から、繰り返し登場するときは略称のみを示した場合がある。

ADA　民主的行動をめざすアメリカ人の会　Americans for Democratic Action
CCAS　憂慮するアジア研究者の会　Committee of Concerned Asian Scholars
CNVA　非暴力行動委員会　Committee for Non-Violent Action
SANE　正気の核政策をめざす全国委員会　National Committee for a Sane Nuclear Policy
SDS　民主社会をめざす学生組織　Students for a Democratic Society
SNCC　学生非暴力調整委員会　Student Nonviolent Coordinating Committee
VVAW　ベトナム戦争に反対するベトナム帰還兵の会　Vietnam Veterans Against the War
WSP　平和のための女性ストライキの会　Women Strike for Peace

五　人名索引は、主要な人名に限って作成した。

ベトナム戦争中の南北ベトナム地図

プロローグ――今、なぜベトナム反戦運動を振り返るのか

今、世界は大きな転換点に直面している。モノ・カネ・ヒト・情報のグローバル化の荒波が世界中に押し寄せる一方、それに反発する後ろ向きのポピュリズムや排外的なナショナリズムが世界の各地で勃興している。それだけに、人権や平和を願う人々の、思想や国籍を超えた幅広い連携が切実に求められている。その点で参考になるのが、一九六〇年代から七〇年代初めにかけて世界の多くの人々がともに担ったベトナム反戦運動の国際連帯だったと思う。例えば、ジョン・レノンが一九六九年七月に発表した「平和を我らに」(英語の原題は、Give Peace a Chance でより能動的なニュアンスがあるが、本書では日本でよく知られている訳語「平和を我らに」を使用した)の歌いだしはこうなっている。

みんなが話してる
バギズム　シャギズム　ドラギズム　マディズム　ラギズム　タギズム
これイズム　あれイズム　イズム　イズムにについて
僕たちがいいたいのはこれだけ
平和にチャンスを与えてくれ

この歌でレノンが訴えたのは、人間はわけのわからない様々な「イズム」、つまり、イデオロギー

を信奉して対立するが、そうしたイデオロギーの差を超えて平和のためにまとまろうということであった。つまり、平和を願う気持ちは、本来、イデオロギーを超えた広がりをもつということをジョン・レノンは訴えたかったのだろう。

この歌が発表された当時のアメリカ合衆国(以下、米国と略記)では、ニクソン大統領がベトナム戦争の「名誉ある和平」を提唱して当選したが、いっこうに和平が進まない状況にあった。その上、平和運動は思想や信条の対立から分裂し、停滞していた。そのような分裂状況を克服して、平和運動の幅広い連携を回復しようというのがレノンの願いだったのだろう。その後、この歌は、米国だけでなく、広く世界中で歌われるようになっていった。

確かに、レノンがいう通り、平和への願いはイデオロギーを超える広がりをもつものであるが、同時に、どのような状態を「平和」とみるか、どのようにして「平和」を実現するか、という目的や手段をめぐってイデオロギーの差が表面化するのも事実である。例えば、古典的なマルクス主義者の場合は、資本主義体制に戦争の原因があるとみて、それを革命によって変革しないかぎり平和は実現しないと考え、その革命のためには暴力的手段もいとわないと主張する。一方、絶対平和主義者は、平和を実現する手段においても「平和的」でなければならないとして、「非暴力」を貫こうとする。その結果、マルクス主義者の「反戦運動」と絶対平和主義者の「平和運動」とが対立する場合が生じる。

しかし、ベトナム反戦運動ほど、世界の各地で広汎な広がりをもって展開した運動は珍しい。その広がりは、特定国内の信条や思想の差を乗り越える「越境性」を示しただけでなく、交戦国や戦争協力国、中立国の差を超えた国際的な「越境性」も示した。本書では、ベトナム反戦運動が、この二重の「越境性」をどのように実現したか、を歴史的に検証する。

私がとくにこの二重の越境性に注目した理由は、日本におけるベトナム反戦運動が、同じように「ベトナムの平和」をめざしていたにもかかわらず、極めて党派対立が激しく、集会やデモをともにすることを拒否する場合が多かったからである。それは、当時の運動がそうであっただけでなく、何十年も経った後の研究においても、著者の信条や思想によって扱う対象が限定される傾向が強いことに疑問を感じたからである。

このように運動においても、研究においても、党派対立が激しい日本の特徴は、米国のそれと対比したときに顕著に浮かび上がってくる。一九九〇年代以降の米国では、ベトナム反戦運動の研究が、当事者の証言を含めて、多数出版されてきた。その通史的な研究のほとんどが、様々な党派の動向を全体としてカヴァーしているのを発見して驚いたことがある。例えば、フレッド・ハルステッドというトロツキスト系の社会主義労働者党の指導者が書いた『即時撤退(*Out Now!*)』という本では、一九六六年一一月にニューヨークで開催された反戦集会で、中間選挙に立候補していた社会主義労働者党の候補者だけでなく、共産党の候補者の紹介も行われていたことが書かれている[Halstead, 1978, p. 245]。当時の日本では全く考えられない光景である。もちろん、米国でも党派対立は激しく展開したが、それでも同じ集会に同席することは多々あったし、異なる党派間で殺し合うような「内ゲバ殺人」はみられなかったという。私自身の個人的な体験でいえば、一九七三年秋にチリの革新統一政権であるアジェンデ政権がクーデタで倒され、その折、殺害されたアジェンデ大統領を追悼するニューヨークで開催された集会に参加したことがあるが、会場には共産党系の赤旗だけでなく、アナーキストの黒旗も掲げられていて、驚いたことがある。

なぜ、日米ではこのような差が発生したのであろうか。この疑問についても、ベトナム反戦運動の国際的な越境性を分析する中で、考えてみたいと思う。

日本のベトナム反戦運動の研究では、トーマス・ヘイブンズの『海の向こうの火事――ベトナム戦争と日本　1965―1975』（原書一九八七年）〔ヘイブンズ、一九九〇〕が先駆をなす。この本では、ベトナム戦争に対する日本政府の協力とべ平連を中心とした反戦運動を相関的に分析し、ベトナム戦争は日本にとって、「対岸の火事」であったと結論づけた。次いで、道場親信の『占領と平和――〈戦後〉という経験』〔道場、二〇〇五〕では、戦後日本の平和運動史の中でべ平連を取り上げ、とくに非暴力直接行動の展開に注目した。また、小熊英二の『1968』上下〔小熊、二〇〇九〕は、膨大な資料を駆使した大著であるが、主として新左翼の学生運動とべ平連を取り上げている。さらに、安藤丈将の『ニューレフト運動と市民社会――「六〇年代」の思想のゆくえ』〔安藤、二〇一三〕では、「ニューレフト」として新左翼の学生運動とべ平連を取り上げ、とくに、「日常性」を否定する「自己否定」論の展開に注目した。その他、新左翼系学生運動に関する著作の中で、ベトナム反戦運動にも言及している著作は多数出ているが、直接、ベトナム反戦運動を取り上げているわけではないので、ここでの言及は控え、本論中で適宜取り上げる。

以上の日本におけるベトナム反戦運動の研究で特徴的なのは、社会党や共産党などの旧左翼政党系のベトナム反戦運動が対象から除外されていることである。しかし、現実のベトナム反戦運動では、べ平連にしても新左翼系の学生運動にしても、旧左翼政党との関係を強く意識して展開していたのであり、三者の相関関係に注目した方がむしろ運動のダイナミズムが明らかになると思う。また、ベトナム戦争前における日本とベトナム民主共和国（以下、民主共和国と略記）の交流は社会党や共産党などが中心に進めてきた。そこで、本書では、第一次インドシナ戦争期から始め、米軍の撤退が決定した一九七三年のパリ協定までを扱う。また、運動だけに限定せず、政府やマスメディア、世論の動向にも注目して論を進めたい。

米国におけるベトナム反戦運動の研究は、多数にのぼるので、主要な通史に限定して紹介しよう。最も早い時期の出版は、トーマス・パワーズで、反戦運動が政府や議会に与えた影響に注目した。当事者の証言的な出版では、前述の社会主義労働者党の指導者フレッド・ハルステッドの著書が一九七八年に刊行された。次いで、ナンシー・ザローリスらによって反戦諸派や指導者の動向とその相関に注目した本が一九八四年に出された。また、一九九〇年に出たチャールズ・ディベネデッティの著作では反核運動とベトナム反戦運動の相関が掘り下げられた。また、原書が一九九三年に出たデイヴィッド・デリンジャーの自伝では多くのページがベトナム反戦運動に割かれている〔デリンジャー、一九九七〕。さらに、一九九四年に出たトム・ウェルズの本では、反戦運動に対する政府側の反応が掘り下げられている。また、メルヴィン・スモールの二〇〇二年に出た本では、反戦運動と世論の関係が分析されている。さらに、メアリー・ハーシュバーガーが一九九八年に出した本は、通史ではないが、北ベトナムを訪問したアメリカ人に焦点を当てていて興味深い。なお、著者は、二〇一七年に米国のベトナム反戦運動の通史に関して小冊子『ベトナム戦争に抗した人々』を刊行したが〔油井、二〇一七」、本書は、ベトナム反戦運動の日米比較に重点を置くため、米国の反戦運動の記述にはこの小冊子と重なる部分が多い点をおことわりしておきたい。

さて、本書が扱う時期であるが、第Ⅰ章で、第一次インドシナ戦争期(一九四五―五四年)、第Ⅱ章で、ジュネーヴ協定から米国が本格介入するまでの時期(一九五四―六四年)、第Ⅲ章で、米国の本格介入から米国世論の多数がベトナム戦争に疑問を抱き始めるまでの時期(一九六五―六七年)、第Ⅳ章で、テト攻勢で米国政府が和平に転換し、和平協定に至るまでの時期(一九六八―七三年一月)、の四期に分けて検討する。

また、ベトナム反戦運動の主体に関しても、主要なグループをできるだけ相関的に扱うようにしたい。具体的に日本の場合でいえば、第一には、日本社会党や日本労働組合総評議会(以下、総評と略記)、日本共産党などのグループで、議会での多数獲得を重視し、議会外の大衆運動は合法的な枠内に限定する傾向が強かった。第二には、共産党に対抗して独自に「マルクス・レーニン主義」的党派を創設し、学生運動に大きな影響力をもったグループで、マスメディアは、当初、共産党本部のある代々木に対抗する面に注目して「反代々木系全学連」などと呼んでいたが、全共闘運動の始まりで多数の無党派学生を糾合し始めた一九六八年ごろからは「新左翼」と呼ぶようになったので、本書でも「新左翼」と呼ぶことにする。第三のグループは、ベ平連などの市民運動タイプで、個人参加を基本とした新しい市民運動であり、米国の「ニューレフト」との交流も活発であったから、「マルクス・レーニン主義」的政党志向の強かった日本の新左翼とは区別して扱うことにする。

また、国際的越境性を論じる場合、すべての国を扱うことは私の準備からも、紙幅の制約からも不可能であるため、本書では、干渉主体である米国と、抵抗主体である民主共和国や南ベトナム解放民族戦線(以下、解放戦線と略記)に加え、日米安全保障条約の関連で米国に協力した日本という三者の関係に重点を置きたい。ただし、ベトナム反戦運動にとってはソ連や中国の動向も無視できない。とくに、第二次世界大戦後の平和運動においては、ソ連や中国を「平和勢力」とみなし、これらの社会主義国との連帯が重視されたからである。それは、とくに、マルクス主義者の場合、戦争の原因が資本主義体制にあると考え、社会主義国を「平和勢力」とみなしたためであるが、実際には、ソ連も中国もそれぞれ独自の国益のため、核実験をしたり、米国に接近したりした。そのため、平和運動はこのような社会主義国の動向に振り回された面があるので、部分的にせよ、ソ連や中国の動向にも触れることにしたい。

このように、ベトナム反戦運動の二重の「越境性」に注目することで、ベトナム反戦運動の世界史的意義を解明するとともに、日本人にとってのベトナム戦争の歴史的意味の検証を進めたい。戦時下では、どこの国でも愛国心が極端に高まり、反戦の声は「非国民」として圧迫され、社会的孤立を余儀なくされることが多い。しかし、ベトナム戦争の場合は、ベトナムにおける解放勢力の粘り強い抵抗と世界各地の反戦運動が連携して、和平交渉に転換させたという点で、世界史上稀な例となる。それだけに、半世紀が経過した現在の視点や利用可能な資料を駆使して、ベトナム反戦運動の世界史的意義を考えてみたい。

第Ⅰ章

ベトナム独立運動との邂逅

一　米国のインドシナ政策――そのディレンマ

大国間協調と民族自決の間

一九四一年八月、米国のローズヴェルト大統領は、イギリス（以下、英国と略記）のチャーチル首相と大西洋上で会談し、戦後世界の基本構想として大西洋憲章を発表した。その第三項には「英米両国は、あらゆる民族がその下で生きる統治形態を自ら選択する権利を尊重する」と明記されていた。米国はまだ第二次世界大戦に参戦していなかったが、同年三月に成立した武器貸与法によって英国への軍事援助を本格化させていたので、事実上の連合国となっており、大西洋憲章は連合国の戦後世界構想を意味した。事実、米国参戦後の四二年一月に発表された連合国共同宣言では、ソ連も含めて、この大西洋憲章が戦後世界構想として取り入れられた。

第一次世界大戦後の戦後構想として米国のウィルソン大統領が提起した一四カ条では、民族自決は東欧諸国にしか適用されなかったのに比べて、この大西洋憲章では民族自決権の承認が普遍的に表明されたのであるから、植民地状態に置かれていた諸民族は、連合国が勝利すれば、独立のチャンスが到来すると期待したのも当然であった。しかし、帰国したチャーチル首相は議会で、民族自決権の承認は英領植民地の放棄を意味するのか、と厳しく追及されたため、苦し紛れに民族自決原則は枢軸国の植民地にしか適用されないと答弁した。このチャーチル発言に対して、米国のマスメディアは厳しく反発した〔油井、一九八九、九八頁〕。米国は、元来、英領植民地から独立した経緯から反植民地主義的気風が強く、一九世紀末の米西戦争で獲得したフィリピンに対しては、一九三四年に成立したタイディングス・マクダフィー法で一〇年後の独立を約束していた。

つまり、戦後の植民地独立問題に関しては、連合国内でも対立が潜在していたのであり、仏領植民地であったインドシナの場合も同様であった。ローズヴェルト大統領は、当初、インドシナを国際連合の下に置かれる信託統治に組み入れる構想を提起したが、一九四五年四月三日、ステティニアス国務長官は、ヤルタ会談での協議を受けて、信託統治は旧枢軸国の植民地と自発的に信託統治を受け入れる宗主国の植民地にのみ適応されると発表した〔Rose, 1976, p. 29〕。ここで、問題が微妙になるのは、一九四五年三月九日に日本軍が起こしたクーデタ以来、インドシナはヴィシー政権のフランスと日本の共同統治から日本の単独統治に変わっていたことであった。それ故、この時点のインドシナは枢軸国の植民地とみなしうる状態にあったが、戦後構想を検討する場合に、ド・ゴール政権のフランスが支配権の回復を要求していたので、連合国側の植民地扱いされることになった。

結局、米国政府内部では、四月一二日にインドシナの信託統治に固執していたローズヴェルトが死亡し、副大統領のトルーマンが大統領に昇格したこともあって、四月二一日付の国務省文書では、フランスのインドシナ復帰には反対しないことが明記された。それでも、極東局は、「原住民に真の自治が認められないと、長年にわたり、かなりの流血や動乱が予想される」と警告した（U.S. Dept. of Defense, Book 8, pp. 8–14）。当時の米国政府は、ソ連に対抗するためフランスの協力を重視するという西側大国間の協調を優先し、フランスが猛反対していた信託統治案を撤回したわけだが、フランス支配下での原住民の自治権拡大には引き続き関心をもっていたのであった。

第二次世界大戦中のインドシナ

インドシナは、ベトナム、ラオス、カンボジアの三地域からなるが、一八八七年に仏領インドシナ連邦(日本では仏印と呼称)としてフランスの支配下に置かれた。一九三七年に日中戦争が勃発すると、日本は、米英などから蔣介石政権を支援する物資が北部仏印経由で送られている状況を問題視するようになった。他方、ヨーロッパ戦線で四〇年六月にフランスが陥落し、親独的なヴィシー政権が成立すると、日本政府はヴィシー政権に圧力をかけて、同年九月に援蔣ルートの切断を目的として、北部仏印に進駐した。さらに、四一年六月に独ソ戦が勃発すると、ヨーロッパ戦線の混乱に乗じて、石油など資源の豊富な東南アジア進出をはかるため、南部仏印にも進駐した。

この南進策が米国の反発を招き、日米開戦に至るのであるが、戦争中のインドシナは枢軸側を構成するヴィシー政権のフランスと日本の共同統治下に置かれることになった。しかし、四四年六月に英米連合軍のノルマンディー上陸作戦が成功し、ヴィシー政権が倒れ、ド・ゴール将軍の下に組織された臨時政権が連合国の一員としての活動を始めた上、米英連合軍などのインドシナ上陸も予想されるようになったため、四五年三月九日に日本軍はクーデタを起こし、インドシナを日本の単独統治の下に置いたのであった。同時に、バオ・ダイ帝を皇帝とする越南帝国の「独立」を形式的に承認した。

つまり、アジア太平洋戦争下のインドシナは枢軸側の影響下にあったため、米国としては抗日勢力との連携を模索するため、敵軍の情報収集や情報の攪乱を任務とする戦略情報局(ＯＳＳ)の要員を中国南部に派遣し、インドシナの抗日勢力との連携にあたらせた。

当時のベトナムには、三種類の独立運動が存在した。一つは、日露戦争における日本の勝利に刺激されて、日本留学を通じてベトナム独立の担い手を育成しようとしたファン・ボイ・チャウが提唱した「東遊運動《ドンズー》」の系譜を引いた親日ナショナリストのグループであった。このグループは日本に亡命していた阮朝の王族、クオンデを盟主として一九四三年にベトナム復国同盟会を組織した。このグループからすれば、日本のインドシナ進駐は、彼らが主導する独立のチャンス到来と期待されたが、実際に日本が選択した路線は、フランスとの協調を旨とする仏印「静謐《せいひつ》保持」政策であり、クオンデの帰国は許されなかった。また、日本がクーデタでフランス軍を一掃した四五年三月以降には、ベトナム、ラオス、カンボジアの形式的な「独立」が宣言されたが、日本軍はフランスの統治機構を利用する路線を採用したため、クオンデは再度帰国の機会を失った〔古田、一九九五、一二六—一二七頁〕。その上、日本の敗戦でこのグループの影響力は一時低下することになった。

第二のグループは、中国に亡命し、中国国民党の支援を受けて活動していたベトナム国民党や大越革命同盟などの親中ナショナリストのグループであったが、彼らが日本統治時代にベトナムで独立運動を展開する条件は限られていた。しかし、日本の敗戦後、ベトナム北部は中国軍によって占領されたので、このグループの活動は戦争直後に活発化した。

第三のグループは、一九四一年五月にインドシナ共産党を中核として結成された統一戦線組織であるベトナム独立同盟（以下、ベトミンと略記）であった。

ベトミンの結成と拡大

このベトミンは、中国とベトナム国境地帯の山岳部を中心として反仏・反日を掲げて独立運動を展開し、徐々に影響力を拡大していった。その中心的指導者は、パリやモスクワ、中国などで共産党の活動に参加して帰国した革命家グエン・アイ・クォック(阮愛国)であった。彼は、当時の国際共産主義運動の総司令部であった共産主義インターナショナル(略称、コミンテルン)の指示を機械的に当てはめるのではなく、民族独立の達成を何よりも重視して、地主とも協調する柔軟な路線を提起していた。例えば、発足当初からベトミンの政策を大衆向けに説明した「ベトミン五字経」という歌には次のような文句が歌われていた。

フランスと日本の軍を破り、国が独立してこそ、幸せと喜びがえられる、
かくてはじめて人は人となり、牛馬のごとき運命を脱することができる、
民が政府を選び、民が自由をえて、自由に集まり是非を論じ、商売、往来も自由、
自分の国の国土の中で、トーもムオンもマンもヌンもキンも、
慈しみあって親愛の情で結ばれる。

ここで述べられている「民が政府を選び、民が自由をえ」るという発想は、明らかに、欧米の民主主義思想の影響を受けたものであり、欧米体験の長いグエン・アイ・クォックならではの考えが見て取れる。また、トー、ムオン、マン、ヌンというのはベトナムの少数民族のことであり、多数派であるキン族との協調を実現する多民族国家のイメージも出していた[古田、一九九五、一一六―一一八頁]。

このベトミンの中核勢力となったインドシナ共産党は一九三〇年に結成されたが、古田元夫による

と、当時のコミンテルンが党員の「民族性」より支配の単位としての「地域」を重視したため、仏領インドシナの単位で結成された結果、インドシナ共産党と名のったという。しかし、第二次世界大戦が始まると、民族解放の側面が重視されるようになり、当面の課題は「ベトナム民族解放」に集中され、統一戦線の組織名もベトナム独立同盟となったという。その上、日本が大戦末期にインドシナの単独支配に乗り出した際に、形式的ながら、ベトナム、ラオス、カンボジアの「独立」を認めたことも加わって、三地域はその後独自色を強めることになった〔古田、一九九五、八七―八八、一〇九―一一〇、一二八頁〕。

一方、一九四四年から四五年にかけて北部ベトナムでは深刻な飢饉が発生し、一〇〇万人を超える餓死者が出た。それは、日仏によるコメの強制買い付けにより農村の備蓄が底をついていた上、軍需用の綿、ジュートなどへの転作の強制が加わって発生したものであった。この深刻な飢饉にあたって、ベトミンは「籾倉を襲って食糧を奪い、人々に分配せよ」というスローガンを掲げて都市部でも影響力を拡大したという〔同、一二三―一二九頁〕。

OSS要員とグエン・アイ・クォックの出会い

アジア太平洋戦争中の中国にはウェデマイヤー将軍を司令官とする米軍が派遣されていたが、その下にはシェンノート指揮下の空軍や補給局に加えてOSS要員が駐留していた。また、インドシナの現地では、カナダ生まれの英国人で戦前にカリフォルニア・テキサス石油会社のハイフォン支社の責任者をしていたローレンス・ゴードンが、当初は英国の情報機関に、四三年からは米国の機関に現地からの情報提供を行っていた。また、四三年末には日本軍に撃墜され、パラシュートで降下した米軍のパイロットがベトミンのゲリラに保護されたが、グエン・アイ・クォックの指示で中国駐在の米軍に引き渡される事件があった。その後、米軍としてもインドシナ現地の情報収集を急ぐようになり、海兵隊予備将校であったチャールズ・フェンが四四年九月にゴードン・グループとOSSとの連絡係に任命された。四五年三月九日に日本軍がクーデタでフランス軍を一掃すると、米軍はフランス経由の情報収集が困難となり、独自の情報収集を活発化させるようになった。フェンが四五年三月一七日に昆明で初めてグエン・アイ・クォック(八月革命期にはホー・チ・ミン(胡志明)として知られるようになるが、フェンは最初からホーと呼んでいる)と会ったとき、OSSに何を求めるのかと聞いたところ、ホーは次のように答えたとフェンは日記に記している[フェン、一九七四、上・一八二―一八四、下・一〇―一二頁]。

ホーは、ただ自分の組織(ベトミン)を承認してもらうことだけだ――と言った。私は漠然と、あの組織は共産主義系だと聞いていたので、そのことをかれに聞いてみた。するとホーは、フランス人は独立をのぞむアンナン人をみんな共産主義者というのだと言った。

その後、フェンは送信機や発電機、無線技士の派遣をホーに提案し、ホーはその提案を受け入れる代わりに、武器や医療品の提供を希望した。フェンがフランスとの関係で武器は難しいと言うと、ホーは、「ベトミンはたんに抗日だけなのだと主張した。私はかれの明晰な話しかたに強い印象を受けた」と語った。フェンは、その後三月末に在中国の米空軍司令官のシェンノートにホーを引き合わせた。シェンノートは、米軍パイロットの救出に対するお礼を言って、一緒に記念写真を撮ったが、ホーはこの写真をベトミンに対する米軍の支持の表れと宣伝したという。当然、フランス側は米軍に強く抗議してきた。その後、通信機とともに、ＯＳＳの若手将校がベトミンの支配地域に入り、一週間後、次の電報を送ってきた。「フランス側トノ関係ニツイテイエバ　キミタチハベトミンノ立場ヲ誤解シテイル　カレラハ反仏デナク　タンニ愛国者ナノダ　全面的ナ信頼ト支援ニ値スル」と［フェン、一九七四、下・二四—二五頁］。

その後もホーとフェンの接触は日本の敗戦まで続いたが、ホーのフェン宛の最後の手紙には次のような訴えが書かれていた。「戦争には勝ちました。でも、わが国のような小さい従属諸国は、自由と民主主義の勝利の分け前にはまったくあずかれないか、ごくわずかしかあずかれません。おそらく、十分な分け前を得たいなら、私たちはさらにたたかわなければなりますまい。私は、あなたの共感、偉大なアメリカ人民の共感がいつも私たちの側にあるだろうと信じています。私はまた、おそかれ早かれ私たちは目標を達成すると確信しています。私たちの目標は正義のものだからです。そうしてわが国は独立します」と［同、下・三一頁］。

ベトナム民主共和国の独立宣言とＯＳＳ

もう一人、ホー・チ・ミンと八月革命前後に濃密な関係を結んだＯＳＳ要員がいた。ＯＳＳのインドシナ担当の責任者に任命された、アーケミーディーズ・パティという人物であった。パティは、一九四五年四月にホーと会って以来、ベトミン運動を慎重に分析した結果、六月半ばになって、ベトミンが巧みに組織され、明確な目標と民衆の支持を得ていること、また、「インドシナに独立運動などない」というフランスの主張は誤りであると確信し、その旨をウェデマイヤー司令官などに報告した[Patti, 1980, p. 131]。

日本の敗戦の報を受けて、ベトミンは八月一六日に全国人民大会を開催し、諸政党から六〇人の代表が参加する中、ホー・チ・ミンが提案した連合軍の進駐以前に権力を掌握する方針が可決された。また、ベトミンの中央委員会は、①フランスが軍事力で再支配をはかろうとするなら、最後まで戦うこと、②民主主義のチャンピオンである米国が次のようなやり方でインドシナの独立を援助するよう要請すること、つまり、フランス軍の軍事力による復帰を禁止、進駐する中国軍の略奪行為の抑制、インドシナの資源輸出のための技術要員の派遣、インドシナの産業開発、③インドシナを、(将来的な独立が約束されていた)フィリピンと同様の地位に一定期間置くように希望する、と決議した。この決議は、パティからOSS局長のドノヴァン将軍に転送された[ibid., pp. 114-115]。

八月一九日には武装宣伝隊(後の人民軍)がハノイのオペラハウス前をパレードし、総督宮殿やインドシナ銀行を差し押さえた。この頃、ベトミンの代表としてホー・チ・ミンの名前が発表されたが、多くの人はホー・チ・ミンとはグエン・アイ・クォックのことかといぶかった。それは、グエン・アイ・クォックは中国で死亡したとの情報が一時飛び交っていたからであった。八月二九日にはパティはホーに招かれ、九月二日に予定された独立宣言の発表に向け、草案への助言を求められた。「すべての人間は平等につくられ、神によって一定のゆずることのできない権利を与えられている。そのなかには自由、生命、そして幸福の追求が含まれている」と。英訳を聞かされたパティは、冒頭の文言が米国の独立宣言からの引用であることに驚いたが、「自由」と「生命」の順番が逆だと指摘した。

しかし、同時に、ベトナムの内政にOSS要員である自分が、どんなにわずかでも関与した印象を与えるのはよくないと自制したという[Patti, 1980, pp. 220-224]。

八月二九日に発表されたベトナム民主共和国の臨時政府の閣僚名簿では、大統領と外相をホー・チ・ミンが兼務し、内相にボー・グエン・ザップが就任したほか、一六のポスト中、ベトミンが九を占めたが、民主党四、無党派二、カトリック一という連立内閣になっていた。八月三〇日にはバオ・ダイ帝が退位を表明して、香港に亡命した。いよいよ九月二日となり、ホー・チ・ミンはバーディン広場に押し寄せた数十万の群衆の前で高らかに独立宣言を読み上げ、「フランス植民地主義者は、自由、平等、博愛を象徴する三色旗のもとで、過去八〇年間以上にわたってわれわれの土地を奪い、わが人民を圧迫してきた。フランス人は、われわれには、一片の政治的自由も与えず、野蛮な法律を施行し、学校の数より多い監獄を建て、われわれの反乱を血で浸した」と糾弾した[ラクチュール、一九六八、八八頁]。フランス植民地時代の悪行を激しく糾弾することで、逆に独立の意義を改めて人々に実感させる効果を狙っていた。

フランスの復帰とサイゴンの混乱

同じ頃、サイゴンでも独立を祝う数十万人の集会が開催されたが、ベトミン以外の政党が連合した、大規模な集会も開催された。そのような対決ムードが高まる中で、フランス軍の施設の方角からの発砲をきっかけに、衝突や略奪が発生した。連合国は、日本の敗戦後、北緯一六度線以北に中国軍が、以南に英軍が進駐し、日本軍の武装解除を担当することにしていた。英国は、自らも植民地保有国であったので、フランスのインドシナ復帰に同情的であり、サイゴンを中心とするベトナム南部のフランス系住民が勢いづいていた。九月二三日には、英軍によって釈放されたフランスの攻撃部隊がベトミンの革命委員会と衝突する事件が発生した［Patti, 1980, p. 253］［ラクチュール、一九六八、九〇頁］。

フランスは、一九世紀末にベトナムの植民地支配を始める際に、サイゴンを中心とするコーチシナを直轄領に、中部のアンナンと北部のトンキンを保護領とする形で分断支配を導入していた。また、北部は小規模農民が主流であったのに対して、南部には大規模なプランテーションが集中し、その多くはフランス人所有であった。それ故、フランスは南部を拠点として復帰を図ろうとしたのであった。他方、ベトナムを長年にわたり支配してきた過去のある中国軍が北部に進駐したことはベトミンにとって深刻な脅威であり、ベトミンとしては、早期に中国占領軍の撤退を実現する必要があった。また、フランスにとっても、英軍とは異なり、蔣介石政権が植民地支配に批判的であったこともあり、中国軍の駐留は望ましいものではなかった。

その結果、両者の思惑が一致して、一九四六年三月、民主共和国とフランスの間で協定が成立し、フランスは民主共和国を「フランス連合」内のインドシナ連邦の一部として承認した［フェン、一九七四、下・六八頁］。この協定の成立を受けて、英中両軍はインドシナから撤退したが、それはフランス軍のインドシナ復帰を容易にしたのであり、民主共和国にとっては苦渋の選択であるとともに、いずれフランス軍との武力衝突を覚悟した、束の間の「平和」の確保策でもあった。

ホー・チ・ミンからトルーマン宛の書簡

フランスとの軍事衝突が懸念される中、ホー・チ・ミンは、一九四五年九月から翌四六年二月にかけて八通もの書簡をトルーマン大統領宛に発信した。一〇月二二日付の米国国務長官宛の文書には次のことが書かれていた。

「後にサンフランシスコ憲章(注、国際連合憲章のこと)と一致するものと判明した国家建設のプログラムを起草し、この間、それを十分に実行してきた。つまり、日本と持続的に戦い、八月一九日に民族的独立を回復したこと、バオ・ダイ帝が自発的に退位し、ベトナム民主共和国を樹立し、日本軍の武装を解除することで連合国を支援し、大西洋憲章やサンフランシスコ憲章を実行する使命を帯びた臨時政府を樹立した」と通告した上で、南部ベトナムで発生した武力衝突について国際的な調査の実施を求めた(U.S. Dept. of Defense, Book 1, C80–81)。

他方、トルーマン大統領は、一九四五年一〇月二七日の海軍記念日にあたり、外交政策の一二項目に及ぶ原則に関して演説を行った。それは、大西洋憲章の諸原則を米国外交の原則として再確認するものであったが、その第四項目には「自治の用意のあるすべての民族は、外国からの干渉なしに、自らの自由に表明した選択に基づいて、自らの統治形態を選択することを許されるべきである。このことは、ヨーロッパ、アジア、アフリカ、西半球のどこでも真実であると我々は信じる」と(ibid., Book 1, C61, C80)。

このような民族自決を支持するトルーマン政府の立場は、少なくとも表面上は、ホー・チ・ミンの訴えと一致する側面があったはずであるが、トルーマンはホーからの書簡に全く返事を出さなかった。

トルーマン政権のこのような姿勢は、ホー・チ・ミンの意向を本国政府に肯定的に伝達するように努力していたOSS要員が徐々に冷遇されていった過程にも表れていた。例えば、中国に派遣されていたハーレイ大使は、ホー・チ・ミンを毛沢東と同じ「東洋におけるアカの脅威」の延長と捉え、ハノイにいる米国代表を「反仏的で、共産党のシンパ」とするフランスの非難に理解を示し、パティを米国に戻すように主張した。そして、OSSの機能は一〇月一日を期して国務省と陸軍省に移管されることになり、パティは、九月三〇日、ホー・チ・ミンと別れの晩餐をともにして、帰国した[Patti, 1980, pp. 238, 364]。

ワシントンに戻ったパティは、多くのスタッフが辞めて、ガランとしたオフィスの中で残務処理に追われながら、「無益さと無力さに襲われ(中略)舞台から我々が去ったことは、米国がフランスの復帰を公式に承認したことを意味した」と記した。その後、パティは、インドシナでの自らの体験をまとめた原稿を一九四六年じゅうには脱稿したが、中国革命後の米国社会で荒れ狂ったマッカーシズムという「赤狩り」旋風に直面し、出版の機会が失われたという。その自伝的な本が『なぜベトナムなのか――米国の苦悩への序曲』と題して出版されたのはベトナム戦争終結後の一九八〇年のことであった[ibid., pp. xviii, 377]。

ホー・チ・ミンと親密に交流したもう一人のOSS要員であったフェンの場合は、一九四七年に香港でベトナムについての戯曲『火食い鳥』を書き、それを知ったホーからハノイに招待されたが、英国生まれで米国に帰化したフェンが三年以上出生国に滞在したため、一九四一年に制定された法律によって米国の市民権を失うことになり、ハノイ再訪は不可能になった。その後、この四一年法が違憲判決を受けて失効したため、フェンは米国国籍を回復したが、その時点では、ホー・チ・ミンは死亡しており、再会は果たせなかったという。フェンがホー・チ・ミンの伝記を出版したのはやはりベトナム戦争が終結した一九七三年のことであった〔フェン、一九七四、上・一八五―一八六頁〕。

二　第一次インドシナ戦争と在ベトナム日本人

日本軍進駐下の独立支援者

アジア太平洋戦争中に日本軍がインドシナに進駐した結果、兵士だけでなく、様々な民間人がインドシナに進出した。その中には、積極的に独立運動を支援する者も含まれていた。その第一は、軍人や外交官であった。すでに述べたように、陸海軍中央は、仏印「静謐保持」政策を採用し、フランス当局との協調を重視したため、ベトナムの独立運動を表立って支援することはなかった。しかし、軍人や外交官の一部には、「大東亜共栄圏」思想に共鳴し、陰ながら独立派を応援する者もあったという。

例えば一九四四年一月、中国外交の専門家で、仏印特命全権大使であった芳沢謙吉は、帰朝中に陸軍省を訪れ、ヴィシー政権が倒れた後では、「安南人ニ対シ、独立ノ希望ヲ与へ将来ニ望ミヲ懐《いだ》カシムルコトカ得策ナリ」と進言したという。芳沢は、クオンデの保護者だった犬養毅《いぬかいつよし》の女婿であっただけに、ベトナム独立派の動向に強い関心をもっていたと思われる。また、四四年七月にゴ・ディン・

ジエムがフランス当局によって逮捕されそうになったときには、サイゴンの憲兵隊長がジエムに日本軍軍曹の服を着せて逃亡させ、陸軍病院にかくまったという［立川、二〇一三、七六―七八頁］。

第二のタイプは、ベトナムとの貿易に従事していた経済人である。その代表例が一九二二年にベトナムで大南公司を設立し、戦前期の東南アジア貿易を手広く扱った松下光広であった。松下はクオンデやゴ・ディン・ジエムと親交を重ね、密かに親日的な独立派を応援した。四三年一〇月にジエムがフランス当局に捕まりそうになったときには、社宅にジエムをかくまい、仏印駐屯日本軍の参謀総長も交えて、ベトナム独立の可能性を議論したという［牧、二〇一二、九〇、三二〇―三二一頁］。

第三のタイプは、大アジア主義を標榜していた大川周明が三八年に設立した東亜経済調査局附属研究所（通称、大川塾）の卒業生であり、その多くが松下の大南公司に就職し、ベトナムで勤務していた。例えば、大川塾の第一期生の西川寛生は四〇年に仏印進駐の日本軍とともにインドシナに渡り、四三年から大南公司に勤務するようになり、松下のジエム救出劇に関わっている［同、一一四、三二〇―三二一頁］。

第四のタイプは、フランス留学経験のある左翼的知識人で、戦前日本の軍部独裁体制に嫌気がさして、そのフランス語能力を活かすべくインドシナに渡った人物であり、少数ではあったが、大きな影響を及ぼした。例えば、一九一〇年から九年間、パリに留学した小牧近江《おうみ》は、知識人の国際連帯で平和を実現しようとしたアンリ・バルビュスらのクラルテ運動の影響を受け、帰国後、二一年にプロレタリア文学運動の始まりを意味する雑誌『種蒔く人』を刊行。しかし、すぐに発禁となり、失業状態になっていたところ、仏印に渡ってフランス語能力を活かすように勧められ、三九年から仏印に渡り、印度支那産業に勤める傍ら、日本文化会館の事務局長として日本語の普及に努力した。この日本文化会館には独立志向の学生が出入りし、交流を深めたという〔小牧、一九六五、一六、三四—三五、一四九—一六〇頁〕。

もう一人の例が、アンドレ・マルローの翻訳者として知られる小松清であった。小松は、一九二一年から三一年までフランスに留学し、アンドレ・マルローに心酔するとともに、グエン・アイ・クォックとも交流を重ね、インドシナ行きを勧められた経験をもつ稀な人物であった〔『世界』二〇〇〇年四月号、二七九—二八五頁〕〔同、五月号、二六九—二七三頁〕。

小松清とインドシナ

一九二一年一〇月、米国で起こったイタリア系移民に対する差別事件であるサッコ・ヴァンゼッティ事件に抗議する集会がパリで開かれた折、小松がグエン・アイ・クォックから「あなたは中国人ですか?」と声をかけられたのが二人の交友の始まりだった。グエン・アイ・クォックはすでにフランス共産党の植民地問題研究委員会のメンバーとして知られた存在であった。それから二年余、パリで暮らす東洋人の孤独と貧しさが二人を近づけ、二三年一一月にモスクワに出発するグエン・アイ・クォックから一緒に行こうと誘われるまでになっていた。しかし、小松は、マルクスよりトルストイ的な社会主義に惹かれていたし、政治より文学に関心が強かったのでグエン・アイ・クォックの申し出を断ったという〔小松、一九五四、一七四—一九二頁〕。

一方、フランス留学中の小松はアンドレ・マルローの『征服者』を読んで感動し、個人的な交流も始まった。三一年秋に小松が帰国した後、ほどなくしてマルローが来日したときにはその接待にあたったし、スペインで内戦が勃発し、マルローが共和国の防衛に参加すると、小松も後を追ったが、スペイン入国は果たせぬまま、第二次世界大戦が勃発し、四〇年六月にはフランスが陥落したため帰国した。

帰国後の四〇年九月、日本がヴィシー政権と協定を結んで北部仏印に進駐すると、小松の仏印への関心が高まった。尊敬するマルローも一九二〇年代にインドシナを訪問していたし、当時の仏印は日仏共同支配であったため、フランス語が堪能な人物の需要も高かった。その結果、小松は四一年四月から二カ月間、仏印を訪問し、帰国後『仏印への途』を刊行したが、その中で仏印の大東亜共栄圏への併合を提唱した松岡洋右《ようすけ》を「現代日本の二人の英雄」の一人と高く評価した。フランス滞在中にマルローに心酔した小松から見ると、大変な「転向」であった。それは、仏印の現地に進出していた日本人との交流を通じて大アジア主義的な思想に共鳴した結果であり、帰国後、小松は日本に亡命中のクオンデの熱心な支援者となった。その上、日米開戦の日に小松は「人民戦線を主唱した自由主義者」の容疑で逮捕されたが、四カ月後に起訴猶予で釈放されてからは、一層、仏印に対する関心を深め、四三年四月から田代重徳公使の個人秘書として仏印を再訪することになり、日本文化会館の「顧問」役を引き受けた（『世界』二〇〇〇年五月号、二六六―二六九、二七一頁）。

小松清とグエン・アイ・クォック

このようにして、仏印に滞在することになった小松は、日本の敗戦直後、二三年弱の歳月を経て、グエン・アイ・クォックとハノイで再会することになった。小松は、民主共和国が独立を宣言する前後のことを、一九五四年に刊行した『ヴェトナムの血』で詳しく述べているが、この本は小説仕立てになっていて、小松と思われる主人公を「和田晃」としている。それ故、どこまでが史実かの判定が難しいが、体験者ならではの描写が随所に出てくるので、かなりの部分が彼の体験に基づくと考えてよいと思われる。例えば、民主共和国の成立後の様子はこう描かれている。

「終戦後二、三カ月のあいだは、ハノイの市中では、朝早くから夜更けまで、この越盟(ヴェトミン)の歌をきかぬときはなかった。人々は、老いも若きも、まるで酔いしれた人間か、熱病に罹った人間のように、熱病的に歌い通しに歌っていた。歌をきかないときでも、どこからともなく歌の繰り返し(リフレイン)がきこえてくる錯覚にとりつかれることがあった。頭から離れがたい妄想になってしまった感があった。それほど、独立への情熱が、民衆の心を摑んで離さなかったとも云えるだろう」[小松、一九五四、二一〇頁]。

同時に、「和田」＝小松は、一九四五年八月一九日に三十数名の大越国民党のメンバーをトラックに乗せて、サイゴンに逃がす工作をしている。この顛末からハノイではベトミンの影響力が圧倒的であったが、サイゴンでは他党派の活動も可能であったことが読み取れる。しかも、「和田」は、サイゴンで医者をしている旧知のファン・ニョク・タックがベトミン政府の南部機関の副主席をしていることを知り、再会を果たす。そして、この人物は「和田」がグエン・アイ・クォックと旧知の関係にあることを知っていたので、ホー・チ・ミンがグエン・アイ・クォックと同一人物であるかどうかを確かめ、南部の厳しい状況を伝えてほしいと頼まれたという[同、一七―二〇頁]。

九月末にフランス軍がサイゴンの行政機関を制圧し、北進の構えを見せ始めると、ハノイの雰囲気が一変したことを「和田」はこう証言している。「年がおしせまってくるにしたがって、越盟(ヴェトミン)歌をうたう人たちが目にみえて少なくなってきた。ついこのあいだまでは、食傷気味になるほどきかされていたのに、高熱が急に引いていくかのように、このごろでは、この歌を町で耳にするのが、めっきり少なくなった」と。その原因を、「和田」は、南部での対仏戦争が北部に飛び火する心配とともに、「米英はおろか、中国やソヴェトまでもがホー政権を認めようとしない厳しい現実がある」と推測した[同、二一〇頁]。

一方、ベトナム北部を占領している中国軍の早期撤退を望んでいたフランス側も、ホー政権との交渉を望んでいたのであり、そのため、グエン・アイ・クォックと旧知の関係にあった「和田」に仲介を依頼することになった。他方、サイゴンでのフランス軍との衝突に加えて、中国軍の進駐を受けて、親中ナショナリストの政党である越南国民党や大越革命同盟が元気づいていたため、ホー政権としてもフランスとの交渉を必要としていた。

そうした結果、一一月半ばに「和田」はホー・チ・ミンと面会する機会を得たが、当初、ホー・チ・ミンは二十数年前に会ったグエン・アイ・クォックより背が低く、別人の印象をもったという。また、話をしてみて、「和田」は、ホーを「コミュニスト」というより、「シナ的現実主義者」の印象をもった。しかし、その後、何日かが過ぎてから「和田」はホーがグエン・アイ・クォックと別人と断言する自信がなくなり、問題は、戸籍の詮索でなく、「いま、越南もフランスも、インドシナの戦火をおさめるためには、ホー・チ・ミンという一人の人間を必要としていること、彼は越南にとってすべてではないにしても、何としても欠くことの出来ぬ、扇の要のような存在になっていること。要は、この事実を率直に認めることなのだ」と悟ったと語っていた［小松、一九五四、一八五―一九三、三二一―三二二頁］。

この同一人物かどうかについて、ホー・チ・ミンの伝記を書いている古田元夫は、同一人物であるが、「ホー・チ・ミンは、いわば、第二次世界大戦直後という現代を生きることを象徴する名前だった」と書き、革命家グエン・アイ・クォックより、国際的に承認を受けやすい名前としてホー・チ・ミンが選ばれたと解釈している［古田、一九九五、一一六頁］。

このホー・小松会談が、翌四六年三月に民主共和国がフランス代表のサントニーとの間で結んだ協定にどの程度の影響を及ぼしたかは、小松がホーとの会談内容をあまり語っていないので、不明ではある。しかし、第一次インドシナ戦争の勃発前夜にそれを避けるための交渉を仲介した日本人がいたことは興味深い事実であろう。

第一次インドシナ戦争の勃発

一九四五年一一月、ベトナム共産党は、自ら解党し、統一戦線組織であるベトミンを優先させる姿勢を示した。また、翌年一月には総選挙を実施し、ベトミンが勝利したが、三月初めに発足した新内閣は、ホー・チ・ミンを首班としつつも、副首相は親中派から、外相や国防相もベトミン以外から任命した連立内閣であった。また、四六年に制定した憲法では個人資産の権利を保障し、抗仏に向けての幅広い結集をめざした［ラクチュール、一九六八、九八、一〇五頁］［コルコ、二〇〇一、六〇―六一頁］。

フランスとの協定について、ベトミンの内部では、南部の分離を認めフランス軍の再導入を容認するものだという反対論が強く、フェンによると、「ホーおじさんへの信頼感はひどくゆら」ぎ、「同胞のみなさん、いままで私についてきてくれたみなさん、もう一度だけついてきて下さい。私には、祖国を裏切るよりは百回も死んだほうがましなのです」と必死に説得して、ようやく了解を得たという。その後、ホーは、協定の正式調印のため、パリを訪れ、大群衆の歓迎を受けた。そのときのフランス政府は、ビドー首相の下に組織された社会党、共産党などの連立内閣で、海外領土相にはホーのパリ時代からの昔なじみであった共産党のマリウス・ムテが就任していた。しかし、ホーは、やがて味方であるはずのフランス共産党から何の援助も得られない現実を思い知らされる結果となった〔フェン、一九七四、下・七二、七九―八五頁〕。

一九四六年一一月、フランスが一方的に設置したハイフォン港の税関をめぐり戦闘が発生したが、ほどなく休戦協定が結ばれた。しかし、翌一二月半ばになり、フランス人が暗殺される事件をきっかけに武力衝突が再燃した。二〇日になり、フランス軍がハノイの旧総督府を占領したときには、ホー・チ・ミンは、ボー・グエン・ザップとともに、辛うじて脱出に成功し、かつてのベトミンの根拠地であるトンキン高地の山岳地帯に逃れ、「ベトナム民主共和国国家主席」名で次の声明を発表した。「われわれは、祖国を失って、ふたたび奴隷の地位に甘んじるよりは、すべてを犠牲にするほうを選ぶ。同胞諸君、起ち上がれ」と〔ラクチュール、一九六八、一三二―一四〇頁〕。

ベトミンの武装組織は、四五年春には約五〇〇〇人程度であったが、フランスと武力衝突が発生した四六年一二月になると、正規軍だけで八万人くらいに拡大していたという。しかし、フランス軍が都市部を制圧したため、正面からの戦闘は避け、農村部に兵士を分散させ、「人民は水、軍は魚」という人民戦争の戦略に依拠して、主としてゲリラ戦を展開した。しかも、戦争の長期化はベトミン側に有利になると見込んでいた。それでも、近代的な武器を装備していたフランス軍に対して兵器面での劣勢は否めなかった。当時、中国共産党は内戦状態にあり、ベトミンを支援する余力はなかった。また、ソ連は冷戦の主戦場をヨーロッパと考え、東南アジアへの関心は低かった。その結果、ベトミンは、一九四九年一〇月に中国で共産党政権が成立し、ベトミンへの武器援助が始まるまでは国際的に孤立した戦いを強いられたのであった。〔コルコ、二〇〇一、六五―六七頁〕。

一方、第一次インドシナ戦争勃発の二カ月後、マーシャル国務長官は、「ホー・チ・ミンが共産主義と直接的につながっている点を無視しないし、植民地帝国の統治がクレムリンから発し、それに支配される哲学や政治組織にとって代わられることに興味を持てないのは明らかだ」との見解を示していた。つまり、ベトナムに共産党政権ができるよりはフランスの復帰の方がましだという立場だった。

その後、一九四八年六月にユーゴスラヴィアがソ連中心のコミンフォルムから除名され、共産主義陣営の分極化が明らかになると、米国政府内では、ホー・チ・ミンの「ティトー化」の可能性が議論されるようになった。四九年五月、アチソン国務長官は、「ソヴィエト軍の到達範囲外の地域でユーゴスラヴィア型の民族共産主義国家が樹立される理論的可能性」は認めるが、「植民地地域のスターリン主義はすべて民族主義者である。民族的目的（つまり、独立）の達成後、彼らの目的は、共産主義に従属した国家となり、反対グループだけでなく、わずかに逸脱していると思われるすべての要素を無慈悲に絶滅する」として、ホーの「ティトー化」の可能性を否定した（U.S. Dept. of Defense, Book 1, I,

C4-5)。

つまり、米ソ冷戦が激化するようになると、米国政府は、ますますホー・チ・ミンの民族主義的特徴よりも、共産主義的性格に警戒するようになった。しかし、同時に、植民地支配を批判する姿勢は堅持していたのであり、アチソンは、四九年六月にフランスがバオ・ダイを元首とする「ベトナム国」の独立を「フランス連合」内で承認したことに対して、バオ・ダイが「囚われの王」だとの疑問を呈していた。その上で、「東南アジアにおける米国の役割は、植民地主義と民族主義の紛争を、西欧の同盟国との緊張を最小限に止めながら、民族主義者の目的を解決することだ」と語っていた[Acheson, 1969, p. 856]。しかし、フランスとベトミンが戦争をしている状況下では、米国の政策は一層、フランス支持に傾斜していった。

第一次インドシナ戦争と元日本兵

アジア太平洋戦争が終結した時点でベトナムにいた日本兵は約八万人、民間人は数千人といわれ、四六年四月から六月にかけて大部分が日本に引き揚げていった。先に触れた小松清も、小牧近江も、この時期に帰国している。日本軍の進駐下のインドシナで手広く貿易に従事していた松下光広は戦犯追及を恐れ、急いで帰国した。しかし、七〇〇—八〇〇人くらいの元日本兵が様々な理由で残留し、民主共和国軍に協力したという[立川、二〇〇二、四七頁]。それは、当初、国際的に孤立した戦いを余儀なくされた民主共和国軍としては、旧日本軍が保有していた武器やその扱いに慣れた元日本兵の協力を期待したからであった。しかも、仏印進駐下の日本軍は、仏印「静謐保持」を原則としていたた

図1　1951年，ベトナム民主共和国軍に協力した元日本兵[加茂，2008]．加茂は最後列左から4人目．

め、ベトミン軍との間で激しい戦闘を展開することがほとんどなかったことも、元日本兵に協力を求めやすくしていた。

抗仏戦争に元日本兵が協力していた事実は長い間、秘匿されてきた。それは、民主共和国側が抗仏戦争をあくまで「自力解放」と説明してきたからであるとともに、元日本兵の側も、冷戦下で日本と民主共和国が断絶状態にあり、家族をベトナムに残して帰国せざるをえなかった例などもあって、一部の例外を除いて、長年口を閉ざしてきたからであった。その状況が変化したのは、一九九〇年代初めにベトナムがドイモイ政策を採用し、対外的な開放姿勢に転じてからであった。ベトナムの国防省戦史研究所が元日本兵の協力実態の調査に協力したり、高齢となった元日本兵をベトナムに招待して慰労したり、家族との再会を認めるようになった[井川、二〇〇五、二頁]。

二〇〇五年に発表された井川一久らの調査によると、旧厚生省の仏印未帰還者名簿では総数が五八三人となっているが、行方不明者もあるところから、残留者を八〇〇人、そのうちの抗仏戦争協力者を六〇〇人と推定し、その半数は戦病死したと推定している。また、未帰還者名簿に記載されている元日本兵の軍での階級別の分布を計算した結果を見ると、下士官が四九%、兵卒が四四%、士官が七

％となり、下士官や兵卒が大多数であることがわかる。それは、下級兵士の方が戦時中に地元民と交流する機会が多かったからと推測している［同、七頁］。

一九七〇年という早い時期に『ホー・チ・ミンと死線をこえて』という本を出版した中川武保によると、終戦時のベトナムでは、日本軍は進駐してきた英軍や中国軍に武装解除されることになっていたが、同時に、治安維持のため元日本兵の協力を求めて、「中国国民党、フランス植民地主義者、ベトミン戦線は三つ巴《どもえ》となり、そのあいだにあって日本兵はスカウト合戦の対象となった」と証言している。つまり、元日本兵に協力を求めたのは、民主共和国軍だけでなく、フランス軍や中国軍も求めていたのであったが、「そういう買手市場のなかで、ベトミンに入った日本軍人は、なにがしかベトナム独立の意気に感じて参加した真面目な男たちが多かった。それもそのはず、ベトミン軍に入れば食物も悪く、俸給は小遣い銭にもならないほど少額であり、なにより前途多難ということから見れば、ベトナム軍はいちばん割に合わない転出先だった」とも証言している［中川、一九七〇、三〇―三一頁］。

同じく民主共和国軍に協力した加茂《かも》徳治《とくじ》の場合は、敗戦で荒廃した日本を見たくない気持ちが強かったという。その他、英米軍への反感、戦犯追及の恐れや捕虜として虐待されることへの不安、さらに、現地の女性との交流などから残留を決意した者もあり、動機は多様であった。また、上官の許可なく離隊することは軍規違反で処罰の対象になったが、敗戦後の日本軍の軍規が乱れていたことも離隊を容易にしていた（→三七頁「コラム1」参照）。

元日本兵の戦争協力

中川の場合は、旧制第三高等学校を中退した後、軍属として中国で八路軍に関する情報収集にあたった後、海南島の警務長で終戦を迎えたが、コメの調達で北部ベトナムに船で向かう途上、台風でベトナム海岸に漂着し、中国軍に逮捕されそうになる中、民主共和国軍からの誘いを受けて、協力を決意したという。その後、「ラムソン大佐」と呼ばれるようになり、一九四六年三月にベトナム陸軍士官学校創設への協力を承諾するとともに、軍事用語に関する日越辞書の作成に協力した。さらに、民主共和国軍の参謀総長から自軍が「弱くても強い敵に勝つ方法」の検討を頼まれ、山岳地帯でのゲリラ戦法を提案した。四七年一〇月には参議職に就任し、民主共和国軍の司令部に作戦上の助言を行うようになった。その中川によると、四七年から四八年が民主共和国軍にとって最も苦しい時期で、中国やラオス国境をフランス軍におさえられ、山岳地帯に立てこもる中で深刻な食糧難に苦しんだという。五一年には軍事訓練を担当する軍訓局に移ったが、この頃には、中国からの武器援助が増加し、元日本兵が助言を求められる機会は減っていったという〔中川、一九七〇、一六―二四、四六、五七―五九、二二二、二三八頁〕。

このように元日本兵は、民主共和国軍の抗仏戦争において、幹部候補生の訓練や作戦の助言、負傷兵の手当などで協力したが、四九年一〇月に中国で共産党政権が成立すると、中国からの武器援助が増大し、元日本兵への依存度は減少していった。その結果、五四年七月のジュネーヴ協定で第一次インドシナ戦争が終結すると、同年一一月初め、元日本兵は帰国を奨励され、加茂たちは中国経由で興安丸に乗り、帰国した。船中で加茂は、大荷物を持った中国帰りの人々を見ても、うらやましいとは

コラム……1　加茂徳治のベトミン体験

加茂徳治は、ベトナムの童話や民話のみならず、ホー・チ・ミンの『わが民族は英雄』やボー・グエン・ザップの『ベトナム解放宣伝隊』の翻訳者として知られた人物である。その加茂がベトナムと付き合うきっかけは、彼がアジア太平洋戦争中に日本兵としてベトナムに派遣され、戦後はベトミンに協力して、陸軍学校の教員をしたことにあった。

加茂は、一九一九年に福島県二本松で生まれ、父が早世した関係で、貧しい生活を強いられ、苦学して拓殖大学専門部を四一年に卒業。翌四二年一一月に南方に派遣され、ラバウル、フィリピン、シンガポール、ビルマを経て、ベトナムのロクニンで終戦を迎えた。その後、ファンティエット駅(サイゴン北東一八〇キロ)で中隊の通訳だったベトナム人からベトミンのメンバーとして武装解除を要求され、丸腰になったが、近隣のベトナム人はベトミンから「日本軍は悪いが、兵隊は悪くない」との教育を受けており、危害を加えられることはなく、ベトナムに残留した日本人は「ベトナムモイ」(新日本人)と呼ばれていたという。

当時の加茂は、ベトミンが何者かも全くわからず、フランスの植民地支配のひどさも知らなかったが、敗戦後の日本の悲惨さを見るにしのびない心境で残留を決意した。避難部落で日本兵にあったが、すでにベトナム人女性と同棲している者がいることに驚く。四五年一一月、ベトミンの幹部から協力を依頼され、四六年四月からクァンガイで陸軍中学校の開設に協力し、教官として軍事訓練にあたり、竹で代用した銃の操作などを教えたという。この学校には元日本兵が三〇人くらいいたが、第一次インドシナ戦争の終結まで協力した。

感じなかったという。「私たちはフランス軍の侵略を打ち破って独立を勝ちとったベトナム人民の独立戦争に、微力ながら寄与したという、ひそかな誇りをもっていたから」という〔加茂、二〇〇八、一四五―一四九頁〕。ベトナムの抗仏戦争に協力した元日本兵は、帰国後、日本ベトナム友好協会や日越貿易会などを組織して、冷戦下で日本との関係が断絶していた民主共和国との交流を維持する活動を続けてゆくことになる。

中華人民共和国の成立と米国の「赤狩り」旋風

一九四九年一〇月一日、長年の内戦が終結し、中華人民共和国の成立が宣言された。同年一二月に毛沢東はソ連を訪問し、中ソ間の同盟条約の締結を協議するとともに、台湾や香港の武力解放のための空・海軍への支援を要請した。スターリンは、同年九月に原爆開発の成功を公表し、米国に対する核抑止の実現に関心を集中させていたため、中ソ同盟には賛成したが、台湾や香港の武力解放が米中戦争に発展することを恐れ、反対した。また、ベトナム民主共和国への支援は中国が中心となって行うことで合意した〔下斗米、二〇〇四、五四―五六頁〕〔斉藤、二〇一〇、三二頁〕。この中ソ合意を背景として、中華人民共和国は、五〇年一月にベトナム民主共和国の承認を発表すると、ソ連もそれに続き、翌二月には中ソ友好同盟相互援助条約が締結された。

対抗してトルーマン政権は、五〇年一月末に水爆開発の開始を公表するとともに、バオ・ダイ政権の承認を発表した。また、同月には中華人民共和国の成立による極東情勢の激変に対応した新しいアジア政策をアチソン国務長官が公表した。そこでは、アリューシャン列島から日本、沖縄、フィリピンに至る「防衛線」を設定し、中国の「封じ込め」を図る姿勢を明確にした。また、三月には東南アジアに対する基本政策を「国家安全保障会議」(NSC)文書六四号として決定したが、そこでは、インドシナの共産化は東南アジア全域の共産化に通じる危険があるという「ドミノ理論」に依拠して、インドシナの共産化を阻止するための軍事援助の強化を決定した(U.S. Dept. of Defense, Book 1, II, A46)。

ここに、ベトナム問題は、固有の民族問題というより、東西対立の焦点とみなされるようになったが、同年六月に朝鮮戦争が勃発すると、トルーマン大統領は、国際共産主義運動が政治工作を主とする「間接侵略」の段階から軍事侵攻をめざす「直接侵略」の段階に移行したとみなし、米軍による韓国軍支援を宣言した。同時に、台湾海峡への第七艦隊の派遣やフィリピン、インドシナへの軍事援助の強化を表明した。結局、米国は、その後も第一次インドシナ戦争を戦うフランスを支援し続け、戦費の三分の一を負担することになる。朝鮮戦争は、元来、南北分断の固定化を阻止するため、北朝鮮が武力による南北統一を実現しようとした内戦的性格が強かったが、米国側は、それを「冷戦」の「熱戦」への転化と把握し、軍事力による対抗姿勢を一層強化していった。

その上、米国国内では、中国における蔣介石政権の崩壊を「中国の喪失」と受け止め、その責任をトルーマン民主党政権の外交政策にあるとして追及する動きが共和党議員を中心に高まった。とくに、ジョセフ・マッカーシー上院議員は、五〇年三月、ヴァージニア州のある集会で、国務省にいる「銀の匙をくわえて生まれてきた賢い若者たち」が中国共産党に同情的な政策を採用したことに原因があるとして、自分は国務省内の「共産党員」のリストを持っているとの爆弾発言を行った。この告発は、七月になって民主党多数の上院で否決されたが、一一月の中間選挙ではマッカーシー流の「赤狩り」

が世論の支持を得て、共和党の躍進を生んだ。その結果、議会での「赤狩り」は継続され、ジョン・ヴィンセントやジョン・サーヴィスなど国務省の中国専門家が追放されただけでなく、国務省のアジア専門家の萎縮を招き、アジア現地の実情よりも、対中ソ強硬外交が優先されていった。

このマッカーシー旋風が荒れ狂っていた五一年から五三年にかけて、ゴ・ディン・ジエムは米国の修道院に滞在していた。熱心なカトリック教徒で、反仏民族主義者であった彼は、米国にとってホー・チ・ミンに対抗できる格好の候補者となった。この時期にスペルマン枢機卿、マンスフィールド、ジョン・F・ケネディの両上院議員やアレン・ダレスなどの有力政治家と交流し、一種の「ジエム・ロビー」が形成されたことが後に彼が南ベトナムの大統領に就任する背景となった〔松岡、一九八八、二〇四頁〕。

ジュネーヴ会談と米国政府

中華人民共和国からベトナム民主共和国への武器援助の増加により、五〇年一〇月ごろになると、フランス軍は中国・ベトナム国境地帯からの撤退を余儀なくされた。五一年に入ると、民主共和国軍は都市部でも攻勢をかけられるようになった。同年二月にはベトナム労働党が結成され、指導部の体制が整うとともに、五三年一月には貧農に土地を分配する方針を決定し、農村部における抗仏戦争の基盤が強化された。その上、七月には朝鮮で休戦協定が締結された関係で、中国から民主共和国への軍事援助は増強されていった。それに対して、フランス軍側では、五三年五月、新しい司令官にナヴァール将軍が就任し、態勢の立て直しを図った。ナヴァールは、民主共和国軍の拠点をたたくため、北部ラオスとの国境近くのディエン・ビエン・フーに要塞を築いて、大軍を集結させたが、逆に五四年三月から民主共和国軍の攻勢にさらされることになった［松岡、一九八八、一二五頁］。

他方、東側諸国では、五三年三月にスターリンが死去し、後継となったマレンコフが平和共存を訴えたのをきっかけに、七月には朝鮮で休戦協定が締結された。インドシナに関しても、和平ムードが高まり、九月にソ連がインドシナ問題を協議するための会談を中国も含めて開催するように米・英・フランスに呼びかけた結果、五四年四月末からジュネーヴで会談が開催されることになった。しかし、同じ頃、ディエン・ビエン・フーではフランス軍が苦境に陥っていたため、アイゼンハワー政権は、米軍の軍事介入を検討したが、議会が英国などとの共同介入を条件づけたため、英国に共同介入を働きかけたが拒否され、米軍の軍事介入の道は閉ざされることになった［同、五二―六一頁］。

結局、ディエン・ビエン・フーのフランス軍は五月初めに降伏し、フランスでは六月にインドシナ戦争の早期終戦を主張するマンデス・フランス政権が成立したので、休戦は決定的となった。ジュネーヴ会談では、北緯一七度線での休戦が提案されたが、民主共和国側は、ベトナム南部にも民主共和国を支持する勢力が存在したので、一七度線での休戦受け入れは南部の友軍を見捨てることになるとして強く反対したが、中ソが米軍の介入を防ぐことが重要として、二年後に南北統一選挙を実施する妥協を提案、民主共和国はしぶしぶこの妥協を受け入れた。その結果、インドシナからのフランスの撤退は実現したが、米国と南ベトナム政府はジュネーヴ協定に調印しなかったので、南北統一選挙が実施されるかどうかは不明となった［同、一四三―一五七頁］。この曖昧な決着が、六〇年代になり、今度は、米国が中心となったベトナム戦争が勃発する遠因となったのである。

第Ⅱ章

ジュネーヴ協定と戦後世界の平和運動

一　米ソ冷戦と局地戦争の間

第二次世界大戦前の平和運動

平和を望む声は古くは古代社会にも見られたが、社会科学的分析に基づいて世界平和の展望を示す見解は、ルソーやカントなどの啓蒙思想家から始まった。しかし、それらは個人の見解として提起されたもので、平和運動として展開されたのは、第二次米英戦争期の米英それぞれで、クエーカー教徒が一八一五年から一六年に始めた平和協会の結成であった。次いで、社会主義運動が平和運動の一翼を担うようになり、一八六八年の第一インターナショナルの第三回大会では反戦が決議された。また、ヨーロッパの社会民主主義政党や労働組合が中心となって組織した第二インターナショナルは、戦争が多発した帝国主義時代に活動しただけに、帝国主義戦争に反対するための労働者の国際連帯を何度も決議した。しかし、第一次世界大戦が勃発すると、多くの社会民主主義政党は、自国の戦争政策に賛成したため、第二インターナショナルは崩壊した。その折に、反戦の立場を貫いたのが、ロシア社会民主労働党の多数派（ボリシェヴィキ）であり、彼らがロシア革命を主導した結果、共産党が世界各地で結成されてゆき、社会主義運動は、社会民主党系と共産党系に二分された。

他方、米国では、南北戦争期にクエーカー教徒を中止に良心的兵役拒否の運動が起こっていた。その上、南北戦争は、米国史上最大の犠牲者を出したため、戦後には、国際仲裁裁判所を設立して、紛争の平和的解決を求める運動が発生した。しかし、実際には、第一次世界大戦が勃発したので、米国では、まず米国の参戦に反対するために、アブラハム・J・マスティやジェーン・アダムズなどによって一九一五年に非暴力的手段による紛争の解決をめざして「友愛会」が結成された。また、クエーカー教徒が中心となって、第一次世界大戦の被害者救済をめざして一九一七年に「アメリカ・フレンズ奉仕委員会」が発足した。また、女性運動の中では、一九一五年にハーグで開催された第一次世界大戦に反対する「女性国際平和自由連盟」が、各国に組織され、米国では一九一九年からジェーン・アダムズを初代会長として活動を始めていた。さらに、一九二三年には、第一次世界大戦への従軍を拒否して投獄された人々を中心に、「戦争抵抗者連盟」がロンドンで結成され、米国でも活動が始まっていた[DeBenedetti, 1990, pp. 14-21]。

このように、民間人も含めて約一五〇〇万人にものぼる膨大な犠牲者を出した第一次世界大戦の経験は、反戦運動を量的に増加させただけでなく、その担い手も、宗教家、知識人、社会主義政党、労働組合、女性運動などと多様化させた。しかし、平和運動の多様化は、同時に、連携の困難さも生み出した。とくに、社会民主党系と共産党系は相互に激しく対立することが多く、大恐慌後のドイツでナチスの台頭を許すことになった。その反省から、一九三二年には、ロマン・ロランなどが中心となって、アムステルダムで反戦世界大会の開催が呼びかけられた。その声明文には次のような訴えが書かれていた。

われわれはあらゆる党派の戦争反対の力強い宣言であるところの大会に諸君をまねく(中略)社会主義者、共産主義者、サンジカリスト、アナキスト、ラジカリスト、すべての共和主義者、自由思想家、キリスト教徒、無所属者、あらゆる平和主義団体および戦争への抵抗者団体、良心的反対者、すべての独立的な個人、そのほかフランスおよびそれ以外のすべての国にあって、かたい決意のもとにあらゆる手段をつくして戦争を阻止しようとしているものをまねく。〔村上ほか、一九六一、二九頁〕

この呼びかけに応えて、大会には二六カ国から社共両党関係者も含む二二〇〇人もが参加し、大会後も「アムステルダム・プレイエル運動」として継続された。このような幅広い平和戦線の結成は、共産党系の国際組織であるコミンテルンの方針にも影響を及ぼし、一九三五年に開催された第七回大会ではディミトロフが中心となって、反ファシズム統一戦線の結成が呼びかけられた。それにもかかわらず、第二次世界大戦の勃発は止められなかったのであり、今度は、ユダヤ人の大量虐殺やヒロシマ・ナガサキの被爆者を含む約五五〇〇万人という想像を絶する被害者が発生した。

米ソ冷戦下の平和運動とその矛盾

第二次世界大戦は、膨大な犠牲者を出すとともに、核兵器時代の到来を告げただけに、戦後世界では、恒久的な世界平和を実現するための様々な努力が始まった。国際法において「平和に対する罪」や「人道に対する罪」という新しい概念が導入された上での戦犯裁判の実施、敗戦国の非軍事化・民主化、さらに米英仏ソ中の五大国協調を前提とした国際連合の設立などであった。

しかし、ほどなく米ソ間では「冷戦」が始まり、際限のない核軍拡競争が発生し、何度か戦争瀬戸際の危機が出現した。それだけに、戦後世界の平和運動では、米ソ間の緊張緩和や核軍縮、核廃絶が切実な課題となった。他方、戦後の東アジアや西アジアでは、民族の独立や統一に関連して局地的な戦争が頻発したため、民族の独立や統一に干渉する戦争への反対も平和運動の重要な課題となった。その結果、この二つの課題の関連づけをめぐっては、中ソ論争も絡んで、平和運動の内部に深刻な亀裂を生むことにもなった。

東西の緊張が高まる中、ソ連や東欧諸国を中心とした平和団体は、一九四九年四月にパリで平和擁護世界大会を開催した。そこには七二カ国から平和団体の代表や知識人が結集し、世界平和のための広汎な国際統一戦線の結成を呼びかけた。その場で、著名な物理学者であるフレデリック・ジョリオ＝キュリーは「戦争の擁護者に、平和を懇請するためにではなく、かれらに平和を受諾させるためにここに集まった」と主張し、平和運動の重要性を強調した〔日本平和委員会編、一九六九a、二三六頁〕。

これらの平和団体の中心には、共産党系の団体が多く見られた。元来、共産党が基本思想とするマルクス・レーニン主義では、帝国主義戦争を不可避と考え、第一次世界大戦期には「帝国主義戦争を内乱に転化する」ことを主張して、ロシア革命を実現させていた。しかし、一九三〇年代の反ファシズム人民戦線の体験や第二次世界大戦における連合国の結束の体験に基づいて、戦後には各国の共産党は、世界平和を実現する幅広い連合の結成を主張するようになっていた。とくに、戦後世界では、核兵器の登場で人類の生存自体が脅威にさらされるとともに、複数の社会主義国家が誕生したという新しい段階の到来が強く意識され、平和運動などにより戦争を阻止し、異なる体制間の平和共存が可能であるとの認識に至った。先のキュリーの発言もその変化を反映しており、戦後世界では、革新政党が主導した平和運動が活発化してゆくが、同時に、そこにはソ連や中国の国家利害が絡むことになり、平和運動内に混乱を引き起こす原因ともなった。

ストックホルム・アピールと世界平和評議会の結成

この平和擁護世界大会は、ＮＡＴＯの結成が迫る中で開催され、軍事同盟や原爆に反対するため、常設の委員会の設置を決定し、ジョリオ＝キュリー夫妻、アラゴン、ピカソ、ポール・ロブソン、エーレンブルク、パブロ・ネルーダ、ルカーチなど著名人が指導部に名を連ねた。同時に、各国に平和委員会を結成するように呼びかけた。

この平和擁護世界大会の常任委員会が、五〇年三月に核兵器の絶対禁止や国際管理、最初の使用は戦争犯罪とみなすことなどを求める「ストックホルム・アピール」を提案し、その直後に朝鮮戦争が勃発した影響もあって、全世界で五億人もの署名が集まった。このような盛り上がりを受け、同年一一月には第二回の平和擁護世界大会がワルシャワで開催され、八〇カ国の代表が参加する中で、朝鮮休戦やベトナム干渉の停止が決議され、恒常的な組織として世界平和評議会の結成が決定され、各国に平和委員会が結成されていった〔日本平和委員会編、一九六九a、四一、四九―五〇頁〕。四九年八月にはソ連が原爆実験の成功を発表したし、一〇月には中華人民共和国の成立が宣言されたので、東側諸国の隆盛を背景に、世界の平和運動は盛り上がりを見せるとともに、中ソの国益との調整という難問を抱え込むことになった。

戦後日本の平和運動とその諸相

アジア太平洋戦争の結果、民間人も含めて三一〇万人という膨大な犠牲者を出した日本では、敗戦直後には、ほとんどの国民が毎日の食糧や住む家の確保に追われていた。その上、米軍を中心とした占領下で、一連の非軍事化や民主化の改革が実行され、原爆投下など米軍の戦争責任に波及する情報は検閲されたものの、それ以外の点では言論や結社の自由が認められた。そうした条件に助けられて、労働運動や農民運動も急速に復活したが、平和運動の再建は遅れていた。その中では、戦没学生の手紙を収集して、『きけわだつみのこえ』を刊行した日本戦没学生記念会(通称、わだつみ会)の結成は一九五〇年四月であり、この例は、日本国内から発生した、比較的早い時期の平和運動の始まりと評価できるだろう[赤澤、二〇〇二、一頁]。

一九四八年七月、パリのユネスコ本部に東西両陣営から科学者が集合し、戦争を防止するための科学的研究を世界に呼びかけた。この呼びかけに応えて、日本では、雑誌『世界』の編集長であった吉野源三郎がテーマが平和であれば、幅広い連合が可能と考えて懇談会の発足を提案した結果、安倍能成を議長に、大内兵衛を副議長とする平和問題談話会が結成された。そのメンバーには、天野貞祐などのオールド・リベラルも含まれていた反面、丸山眞男、新村猛、清水幾太郎など、戦後の平和運動をリードする知識人が多く含まれていた。この談話会は、四八年末に「戦争と平和に関する日本の科学者の声明」をまとめ、翌四九年三月号の雑誌『世界』に発表した。そこでは、まず、言論の自由が奪われていたためとはいえ、日本の侵略戦争を防止する勇気と努力を欠いた点の反省を表明した上で、戦争は自然現象でも宿命でもないこと、平和は「現実の積極的改造」によって実現すること、人種偏見を除去し、二つの世界の平和共存を可能にする条件の研究が必要であること、さらに、平和の確立は「民衆の科学的知識」と「倫理的意志」に依存するとして、平和教育の重要性を訴えて結びとしていた。

また、四九年四月の平和擁護世界大会に呼応して、日本でも代表派遣が計画されたが、占領当局から拒否されたため、東京で独自の集会が開催され、一〇一団体の代表を含む、一二〇〇人もの参加を得て、「日本平和をまもる会」（後に「日本平和委員会」と改称）が結成された。会長には長年の米国亡命生活から帰国した労働農民党（以下、労農党と略記）の大山郁夫が就任した。大山は、平和の実現には社会主義的な変革が不可欠と考え、ソ連を平和勢力と評価し、五一年には国際スターリン平和賞を受賞した人物であった。同じくこの「日本平和をまもる会」の中心的指導者となる平野義太郎は、戦前期に思想弾圧を受け、一時、大東亜共栄圏構想を支持する発言をしたが、戦後になると、平和運動に献身するようになった［黒川、二〇〇二、二一七―二一八、二二三頁］。

つまり、「日本平和をまもる会」の指導部を構成した人々は、戦前の反省から、平和を守るためには、反戦と反ファシズムの革新的統一戦線の結成が不可欠と考え、「平和と民主主義」の実現をめざすことを平和運動の課題と考えていた。この組織が最初に取り組んだのがストックホルム・アピールの署名運動であったが、当初、日本では、全面講和や基地反対への関心が強く、署名運動は低調であった。しかし、五〇年六月に朝鮮戦争が勃発し、核兵器が使用される危険や日本が巻き込まれる心配が高まるにつれ、署名運動も活性化し、最終的には六四五万人の署名が集まったという［日本平和委員会編、一九六九a、二四、四二頁］。

一方、長引いていた占領に終止符を打つべく、日米両政府は講和交渉を開始し、講和後も日米安全保障条約によって米軍基地を日本に残す方式が採用された。その結果、ソ連などの東側諸国が調印を拒否すること(片面講和)が予想されたので、国内では日本の中立化によって東側諸国も調印可能な全面講和を要求する運動が盛り上がっていった。平和問題談話会は、「講和問題について」の声明を、五〇年一月に発表し、全面講和、経済自立、中立不可侵、軍事基地提供反対の立場を表明した。また、社会党も、五〇年四月の第六回党大会で、全面講和、中立、基地反対の「平和三原則」の方針を決定した。この談話会の中心メンバーであった丸山眞男は、五〇年九月に「三たび平和について」という声明を発表するにあたって、「世界中の人々にとって平和を維持し、平和を高度にするということが、それなしには他のいかなる価値も実現されないような、第一義的な目標になった」と語り、イデオロギーを超えた平和の重要性を指摘し、平和共存の思想的根拠の解明に乗り出していった[黒川、二〇〇二、一二二頁]。つまり、戦後日本の平和運動の中には、平和と民主主義を不可分として革新統一戦線を構築して平和を実現しようとする考えと、核時代には平和自体に絶対的な価値を与えるべきとする考えが並存していた。

六月に朝鮮戦争が勃発し、在日米軍の多くが朝鮮に派兵されると、マッカーサーが警察予備隊の結成を命令したため、社会党は五一年一月の第七回党大会で、平和三原則に再軍備反対を追加して、「平和四原則」の採用を決定した。その方向性は総評の大会でも可決されたし、六月には、仏教やキリスト教、神道の有志からなる日本宗教者平和協議会(以下、宗平協と略記)が結成され、総評との共同闘争を決議した。さらに、七月には、社会党、労農党、総評、宗平協などが「日本平和推進国民会議」を結成し、平和四原則を共同方針に採用した。また、共産党や労農党などは、一月に、全面講和、再軍備反対の二点に絞った形で「全面講和愛国国民運動協議会」を結成していたので、全面講和は多くの革新的な政党や労働組合、市民団体の共通した目標となった。しかし吉田茂内閣は、五一年九月のサンフランシスコ講和会議で片面講和の条約と日米安全保障条約に調印した。それが翌一〇月の国会で批准され、五二年四月二八日に発効、日本本土は主権を回復したが、米軍基地が集中していた沖縄は引き続き米国の施政権下に置かれることになった。そのため、以後、四月二八日は沖縄返還を求める運動のシンボルの日となった。

中国革命とアジア・アフリカ連帯運動の始まり

一九四九年一〇月、中華人民共和国が成立したことは、植民地からの独立をめざして戦っていたアジアやアフリカの諸民族に大きな励ましを与えた。また、翌五〇年六月に朝鮮戦争が勃発し、極東の緊張が激化したため、五一年一一月に開催された世界平和評議会のウィーン総会では、五大国間の話し合いによる軍縮が重視され、次いで中国の国連加入が要求されたが、極東情勢では、朝鮮戦争が、対日講和や日米安保条約と並んで位置づけられる程度にとどまった。つまり、メンバーがソ連や東欧などヨーロッパ中心である世界平和評議会の関心事は、第一次インドシナ戦争や朝鮮戦争の最中でも、米ソ協調による軍縮にあった［村上ほか、一九六一、九九―一〇〇頁］。

それに対して、台湾に逃れた蔣介石政権を中国の正統政府と位置づけ、北京政府を敵視する米国と対峙していた中華人民共和国は、世界平和評議会の主流とは異なる情勢認識をもった。しかも、四九年末から五〇年二月まで毛沢東はモスクワを訪問し、中ソ友好同盟相互援助条約の締結を実現したが、その会談の中で、ソ連共産党は米ソ関係などの戦略問題を担当し、アジアの解放運動の指導は中国共産党が主として担当するとの合意が成立したという〔下斗米、二〇〇四、四八頁〕。

こうした合意を背景に、一九五二年一〇月、中国革命から三周年を記念して北京で、世界平和評議会の承認の下、アジア太平洋地域平和会議が開催され、三七カ国から三七八名の代表が参加した。この会議で中国代表団の副団長であった郭沫若は、日本軍国主義の復活阻止、朝鮮などの地域戦争の公正な解決、五大国平和協定の締結、民族独立の擁護、戦争宣伝・人種的憎悪の宣伝禁止など、五議題を提案し、満場一致で承認された。日本からの代表は、日本の国民が二度と過ちを繰り返さない思いで、全面講和や外国基地撤去を求める運動を推進してきた経緯を報告した〔平野・畑中編、一九五三、一五、一九、五七、七一頁〕。

また、民族問題の議題では、ベトナム平和委員会議長であるレ・ディン・タムが報告し、朝鮮、ベトナム、ラオス、マレー半島では外国からの軍事干渉が行われており、ベトナムではフランス軍によってナパーム弾などによる住民の大量虐殺が行われていると告発した〔同、一四四―一五一頁〕。

また、朝鮮戦争の勃発は、アジアの新興独立国に米ソとは一線を画する「第三グループ」として行動する傾向を助長した。とくに、朝鮮戦争への中国人民義勇軍の参戦で戦線が三八度線付近で膠着状態になり、米国政府が原爆使用を示唆したことに危機感を抱いたアジアやアラブの一三カ国が、五〇年一二月初めに国連総会に極東問題解決のための平和会議の開催を提案し、多数の賛成を得た。このような動向が、五四年のジュネーヴ協定に結実したし、同じく五四年四月の周恩来とネルーとの間で合意された平和五原則（領土保全と主権の相互尊重、相互不可侵、相互内政不干渉、平等・互恵、平和共存）の提唱につながっていった。さらに、この流れは、五五年にインドネシアのバンドンで開催されたアジア・アフリカ会議（アジア二三カ国、アフリカ六カ国が参加）が採択した平和十原則につながり、五七年末のアジア・アフリカ人民連帯会議の開催、さらに、六一年の非同盟諸国会議の開催に結び付いていったのであった。

二　原水爆禁止運動の高揚とベトナム支援

ビキニ事件と原水禁運動の始まり

一九五四年三月一日、太平洋上のビキニ環礁で米国が水爆実験を行い、近海で操業していた第五福竜丸が被爆した。船は三月一四日に焼津港に帰港したが、水揚げされたマグロが放射能汚染されていることが判明、汚染されたマグロは廃棄され、船員は病院に入院した。国民の間では「死の灰」ショックが広がり、原水爆の禁止を求める署名運動が杉並区で自然発生的に始まった。杉並区では公民館での読書会活動が盛んで、その館長であった法政大学教授の安井郁《かおる》が音頭を取って、同年一月に杉並婦人団体協議会が発足しており、そこが署名運動の中心団体となり、五月九日には水爆禁止署名運動杉並協議会が発足。超党派的な運動にするため、「平和運動というと、とかく色がついているかのように誤解されやすい傾向をもつ」と考え、署名の趣旨文に「平和という文字は一カ所ももちいない」

配慮をしたという〔宇吹、二〇一四、一二二―一二四頁〕。

同様の動きは、全国各地で始まり、広島では四月二一日に水爆禁止広島市民大会の開催を決定、八月六日までに二〇万の署名集めを決定した。八月八日には東京で署名運動のナショナル・センターとして原水爆禁止署名運動全国協議会が結成された。署名運動進行中の九月二三日、被爆した第五福竜丸乗組員の久保山愛吉が死亡し、核兵器の恐ろしさが改めて実感される中、署名運動は加速され、年末までに署名は二〇〇〇万人を超えた。ストックホルム・アピールが六四五万人だったことと比較しても、その広がりは驚異的であった。このような予想外の国民的盛り上がりを受けて、安井郁らの指導部は、被爆一〇年となる翌五五年八月に原水爆禁止の世界大会を開催し、世界に向けて原水爆禁止をアピールすることを考えた。そこで、五五年一月に開催された世界平和評議会理事会拡大会議に参加し、国際的平和運動とのパイプをつないだ〔同、一二二―一六九頁〕。同時に、日本国内での極めて広範囲で、超党派的な国民的運動に対応した国際的な交流ルートの拡大も模索された。

世界大会は、五五年八月六日から三日間、広島で開催され、それまでに原水爆禁止の署名は、主催者の発表によると、日本国内で三二〇〇万人、世界で六億七〇〇〇万人にも達したという。また、準備の過程で被爆者が重い口を開き始め、大会当日に広島と長崎の被爆者が証言をし、大きな感動を与えた。世界大会には、全国から二五七五人が、外国からは一四カ国、五二人が参加した〔原水協編、一九七五、七―八頁〕。

世界大会の事務総長を務めた安井郁は、総括報告の中で、「あらゆる思想政派をこえて内外の広汎な人々が集ま」り、原爆被爆者が自らの体験を証言したことを高く評価した。また、原水禁運動は

「ヒューマニズムの運動」であると規定し、宗教者などの参加を歓迎した。事実、参加者の幅の広さを象徴するものとして、鳩山一郎首相から「大会の成功を祈る」とのメッセージが寄せられた。他方、大会の分散会では原水爆禁止だけでなく、基地問題の議論も活発に行われた。そのため、安井は、総括報告の中で、「再軍備、基地の問題が出された」点を指摘して、それが「民族の独立、アジアの自由をもとめる日本国民の熱望の現れ」と評価した（原水協、一九五五年「大会の記録」一一四頁）。ここで指摘されていた「ヒューマニズムの運動」と「再軍備や基地に反対する運動」という側面をどう統一するかは、一九六〇年の日米安全保障条約の改定が近づくにつれて、運動内部で論争を引き起こした。

第一回の原水禁世界大会の外国代表は、米国六名、インド五名のほか、ソ連、ルーマニア、ポーランド、フランス、オーストラリア、インドネシア、セイロンから各一名、中国と北朝鮮からは、日本政府が入国を拒否したため、在日団体が代理出席した。外国からのメッセージでは、世界平和評議会会長のジョリオ＝キュリーや、ソ連やイギリスなどの平和委員会、インドやドイツ、ハンガリーなどの平和評議会など世界平和評議会系のものが多かったが、米国からは、被爆者支援を進めていた作家のノーマン・カズンズのほか、女性国際平和自由連盟やアメリカ・フレンズ奉仕委員会などのリベラル系の平和団体からもメッセージが寄せられていた。その女性国際平和自由連盟を代表して、ミルドレッド・オルムステッドは、世界大会での挨拶の中で、米国政府による原爆投下を「深くお詫び」した（原水協、一九五五年一二月、原水爆禁止世界大会「議事速報一」）。また、世界大会では、八月六日を「原水爆抗議の日」とするように全世界の平和団体に呼びかけたし、ニューヨークでは八月一〇日に原爆投下一〇年の記念集会が開かれた（原水協、一九五五年「原水爆禁止運動の歩み」、「世界大会報告資料」）。

この第一回世界大会の成功を受けて、恒常的な組織として原水爆禁止日本評議会が結成された。その代表委員には、学界から大内兵衛、湯川秀樹、宗教界から賀川豊彦、植村環、椎尾弁匡、政界から片山哲、北村徳太郎、女性団体から平塚らいてう、羽仁もと子など、国民的広がりを象徴する多様な顔ぶれがそろった。

米国における反核運動の再生

米国では、原爆投下によって民間人にも多数の犠牲者が出たことが判明するにつれて、投下直後から キリスト者や物理学者を中心として原爆投下を批判する声が出始めていた。とくに、原爆開発を進めたマンハッタン計画に参加した科学者の中には、日本に対して原爆使用する場合には、事前の警告をした上で、無人地帯に投下し、その威力を見せつけ、降伏を促すように提案していたグループがあった。しかし、実際には、この提案は無視されて、多数の民間人に犠牲が出たのであり、これらの科学者の間では挫折感や罪悪感が蔓延した。その上、米ソ間での無制限の核軍拡競争の発生への恐れも加わって、核兵器の国際管理を要求するグループが中心となり、一九四五年一一月に原子力科学者連盟が発足した。その中心メンバーの中には世界政府運動に関わった人物もいたし、一九五七年にはパグウォッシュ会議を開催して、核廃絶をめざす運動を始めていった。

世界政府運動は、米国の場合、ファシズム諸国の脅威が高まっていた一九三七年に遡るが、原爆投下後には賛同者が増加し、『サタデー・レビュー・オブ・リテラチャー』誌の編集者であったノーマン・カズンズはその中心人物となった。彼は、一九四九年八月に広島を訪問し、被爆者への支援に乗り出すとともに、五二年から五四年まで世界連邦建設同盟の会長を務めた。また、ジャーナリストのジョン・ハーシーは、六名の被爆者にインタビューをした記事を被爆一周年の四六年八月号の『ニューヨーカー』誌の特集として発表した。その被爆者の中には、日本人の牧師やドイツ人の神父も含まれていたため、米国世論に大きな衝撃を与え、『ニューヨーク・タイムズ』紙は社説でこの記事に言及したし、ＡＢＣラジオ放送は四日間特別番組で取り上げた。

このような形で原爆の非人道性に関心が集まったため、原爆の開発や投下命令に関係したスティムソン元陸軍長官は、一九四七年二月号の『ハーパー』誌に「原爆使用の決定」という論文を発表し、原爆投下は、終戦を早め、百万もの米兵の生命を救ったと主張した。その上、四九年九月にはソ連が原爆実験の成功を公表したので、米国政府は、原爆より一層強力な水爆開発に乗り出した。その結果、原爆批判の声は急速に沈静化したのであり、米国では、核兵器をソ連に対抗するための必要悪とみなす「核ニヒリズム」が蔓延してゆき、反核運動は逼塞状態になっていった。

その反核運動が復活するのは、一九五〇年代半ばになって米ソ間に雪解けムードが始まったにもかかわらず、原爆より強力な水爆実験が繰り返されていたからであった。とくに、五七年六月に二七名の著名な知識人が核実験停止を求めるグループの結成に乗り出した。その中には、ノーマン・カズンズや社会党のリーダーであるノーマン・トーマス、ベストセラーになった育児書の著者として有名なベンジャミン・スポック博士、ハーバード大学教授のスチュアート・ヒューズなどがいた。この組織は、同年秋には「正気の核政策をめざす全国委員会」（ＳＡＮＥ）と改名し、その後、リベラル派の平和運動の中心的組織に成長していった[Katz, 1986, pp. xi–xii]。このＳＡＮＥ（正気）という名称を採用したのは、激しい米ソ冷戦下の米国社会では、抑止論的な観点から核兵器の所有を肯定する世論が強いため、核実験の停止や核兵器の国際管理といった改良的な要求を出すことで、世論の支持を得ようと狙ったためであった。

また、米国には、非暴力直接行動を推進する急進的平和主義の潮流が第一次世界大戦期から存在していた。このグループの指導者であった、Ａ・Ｊ・マスティやデイヴィッド・デリンジャーらが一九五七年に結成した非暴力行動委員会（ＣＮＶＡ）も注目に値する。その最初の行動は、ネヴァダの核実験場の立ち入り禁止区域に逮捕されることを覚悟で、あえて侵入することにより、マスメディアを通じて、核実験反対の強い意志を全米にアピールした。また、五八年にはマーシャル諸島の核実験水域に船舶を侵入させて抗議の意思を表明した[Danielson, 2014, pp. 279-282]。

一九六〇年代に入ると、核実験による放射能がミルクなどの汚染につながることを恐れた母親たちが、一九六一年一一月に「平和のための女性ストライキの会」（ＷＳＰ）を結成した。この会は、白人中産階級の主婦たちが中心となり、平和を求めて立ち上がることを訴えていた。当初は、核実験や核軍拡の停止が主要な活動目標であったが、六三年ごろからはベトナム問題にも関心を寄せるようになった[Swerdlow, 1993, pp. ix-xi]。

イギリスでも、一九五七年五月に、イギリス政府がクリスマス諸島で水爆実験を行うと発表したため、核実験廃止全国評議会（National Council for the Abolition of Nuclear Weapon Tests）が結成され、バートランド・ラッセルなども参加した。この全国評議会は、五八年一月には核軍縮キャンペーン（Campaign for Nuclear Disarmament）となり、以後、イギリスの反核運動の中心的組織に成長していった

[Wittner, 1997, pp. 44-47]。

原水禁運動の国際連携

日本の原水禁運動は、幅広い国民運動であったとともに、国際的な連携を促進する運動でもあった。一九五六年の第二回世界大会には、海外から八カ国、六国際団体を含む三七名が参加した。海外代表の中ではソ連、東欧、中国、北朝鮮(在日本朝鮮人総聯合会が代理出席)が主で、海外団体としては、世界平和評議会、世界労働組合連盟、国際民主婦人連盟、国際ジャーナリスト機構などのほか、西側の平和団体として女性国際平和自由連盟も代表を派遣していた。海外からのメッセージでは、ソ連首相のブルガーニン、インド首相ネルー、バートランド・ラッセル、エレノア・ローズヴェルトなどのほか、ベトナム平和委員会からも初めてメッセージが寄せられた。

一九五七年に開催された第三回世界大会には、海外から二六カ国、一〇団体、九七名が参加した。原水爆禁止と軍縮を求める勧告のほか、アジア・アフリカ諸国代表の共同宣言が採択された。五五年のバンドン会議以来のアジア・アフリカ諸国の連携が原水禁運動の中でも確認された。メッセージが岸信介首相、ローマ法皇から寄せられたほか、米国代表のホーマー・ジャックは、ネヴァダの実験場に対して非暴力直接行動で抗議したことを報告した。また、インド代表も、非暴力主義的な抗議形態をガンジー主義と呼び、その重要性を強調した。

第四回世界大会は、一九五八年に開催され、海外から三九カ国、一一団体、一二一名が参加した。核武装禁止宣言が採択されたほか、日本大会の決議として、日中、日朝の国交回復や南太平洋住民の被害調査を国連に要請する決議が採択されるなど、運動対象の広がりがみられた。海外からのメッセージは、ソ連首相のフルシチョフ、ユーゴスラビア大統領のティトーから寄せられた。また、この年から初めてベトナム民主共和国から三名の代表が参加した。米国からは、友愛会やアメリカ・フレンズ奉仕会などキリスト教系の平和団体が代表を送ったが、日本からの招聘状に対する米国からの返事を、友愛会の中心的指導者であるA・J・マスティが送っていた。その中で、マスティは、原水協の現状認識や政治的独立の立場に賛意を表明するとともに、これまで東西両陣営から参加可能な会議はなく、今回初めて実現したことを歓迎した。同時に、米国外交の批判とともに、ソ連のそれも批判すべきであるという注文もつけていた(原水協 *No More Hiroshima*(英文ニュース) Vol. 5, No. 2)。

同時に、マスティは、革新統一戦線的な立場で一九五二年七月から刊行していた雑誌『平和』の寄稿依頼を断ったが、その書簡が同誌の五三年二月号に掲載された。その中で、同誌が朝鮮戦争時に米軍が細菌兵器を使用したという「非科学的、非理性的」な記事を載せたことを挙げていたことが示すように、非暴力直接行動の実践者として著名なマスティも、米軍の戦争犯罪への批判的姿勢は弱かったことがうかがえる[黒川、二〇〇二、一二九頁]。

第五回の世界大会は、一九五九年に開催され、日本国内から約一万人、海外から二二カ国、九団体、八四名が参加した。そこでは、「ヒロシマ・アピール」として米英ソ三国間で交渉が始まっていた核実験停止協定の妥結を要求していた。また、日本代表の決議として、日米安全保障条約の改定で日本の核武装と海外派兵が実行される危険性があると批判した。この世界大会に参加した米国代表の中には、ノーベル化学賞を受賞したライナス・ポーリングやSANEのメンバーがいた。

ベトナム民主共和国からは、後に外務大臣になるグエン・ドゥイ・ティンがいた。彼女は、国際予備会議での演説の中で、「ある代表の発言に、ある国を帝国主義と攻撃してはいかん……というのがあった」が、南ベトナムで核武装が進行している状況を指摘し、「帝国主義という言葉を使用しないで、どうして大衆の支持を受けようか」と主張し、満場の拍手を受けていた。また、朝鮮とベトナム代表の懇談会の席上では、ベトナムが朝鮮と同じく分断状況にあることを指摘して、「今、ジュネーヴ協定後五年が過ぎたが、この協定はまだ実行されていない。協定締結後二年以内に、南北双方の選挙で統一することになっていたが、五年過ぎても拒絶されている」と訴えていた(原水協、一九五九年世界大会「議事速報一、二」)。

このように、初期の原水禁運動は、米国のリベラルな平和団体とも交流を進める一方、アジア・アフリカ諸国との連帯姿勢を強めていた。同時に、一九六〇年の日米安全保障条約の改定を前に、原水爆禁止運動を安保条約反対の方向に結び付けようとする方針も示され、それに反発した自民党や民社党系が一九六一年に「核兵器禁止・平和建設国民会議」(核禁会議)を結成してゆくことになった(↓六四頁「コラム2」参照)。

安保条約改定反対運動の高揚

一九五二年に発効した安保条約は、日本に米軍基地の提供を義務づける一方で、米国の日本防衛義務は明記されていなかった。また、日本で内乱などが発生した場合には米軍の治安出動が明記されるなど、不平等性が顕著であった。また、一九五〇年代を通じて、内灘、九十九里、砂川などの各地で

コラム……2

アメリカン・ガンジーと呼ばれた男

アブラハム・J・マスティは、一八八五年にオランダで生まれ、米国移住後は、ラディカル、クリスチャン、平和主義の立場から友愛会に参加し、米国の第一次世界大戦参戦に反対した。戦後は、労農党などの第三政党活動に従事するとともに、労働者教育運動に献身した。一九三〇年代には急進化し、一時トロツキスト系の政党に接近したり、人民戦線運動に参加したが、四〇年には、友愛会の全国書記となり、南部の人種隔離を批判する活動を進めるとともに、第二次世界大戦中も反戦の姿勢を貫き、強制隔離された日系移民の支援や原爆投下を非難した。また、五六年にはスターリン批判を踏まえて、左翼の再結集を図るため『リベレーション』誌を発行し、デイヴィッド・デリンジャーを編集長にすえた。この雑誌の同人から多くのベトナム反戦のリーダーを輩出することになった。さらに、五〇年代末には核政策の変更を求めるSANEに参加するとともに、「非暴力行動委員会」(CNVA)を結成した。このCNVAでは、ネヴァダの核実験場の施設に侵入して抗議の意思を表明したり、マーシャル諸島での核実験水域に船舶を侵入させて、抗議するなど、徹底した非暴力直接行動を実践した。さらに、キング牧師との交流を通じて公民権運動に非暴力直接行動の思想を伝承したともいわれる。このような徹底した平和活動の故に、マスティは「平和運動の長老」として尊敬され、ベトナム反戦運動でも、高齢にもかかわらず、「ニューヨーク五番街平和行進委員会」や一九六六年一一月に発足した春季動員委員会の代表に就任した。六七年初めにはハノイを訪問し、ホー・チ・ミンとも会ったが、帰国後、八二歳で逝去した。一生涯を平和や社会正義にささげた人物であった。

基地反対運動が盛り上がった。そのため、岸信介内閣としては、安保条約の改定により、米国の日本防衛義務を明記させ、「不平等性」の解消を図るとともに、在日米軍の重大な配置変更にあたっては日本政府と事前協議を行うことや経済協力の推進をうたうことで、国民の理解を得ようとした。

しかし、岸首相は、戦争中の閣僚としてA級戦犯容疑者でもあった上、警察の権限を強化する警職法の制定強行や憲法九条の改訂をめざしたりもしたので、国民の間では、戦前的な軍国主義の復活を恐れる心配が広がっていった。そのような気運を背景に、社会党、総評、全日本農民組合などは五九年三月に安保条約改定阻止国民会議を結成した。この国民会議には共産党もオブザーヴァー参加が認められたため、安保反対の国民的な共闘組織が発足したことになった。この国民会議は、国会での安保条約審議と並行して、六〇年一〇月までに二三次にも及ぶ抗議集会やデモを組織した。中でも、岸内閣が、アイゼンハワー大統領の訪日に合わせて条約の成立を実現するため、五月一九日に衆議院で安保条約批准の強行採決に踏み切ってからは、国民の間に戦前のような独裁体制の復活への危機感が一挙に高まり、六月には三次に及ぶ抗議のストライキが決行され、五百数十万人が参加する国民的な運動の高揚が見られた。とくに、岸首相が「声なき声は自分を支持している」と強弁したことに対して、組織に属さない一般市民が個人単位で自発的にデモに参加し始め、後に「声なき声の会」が結成されるなど、一般市民の自発性に基づく平和運動が初めて登場した。

また、アイゼンハワー大統領の訪日に先立って来日したハガティ報道官は羽田でデモ隊に囲まれ、辛うじて救出される事態が発生し、アイゼンハワー大統領の来日は中止となった。さらに、六月一五日には学生運動の急進派、共産主義者同盟（通称、ブント）が国会突入を図り、機動隊との衝突の中で東大の女子学生であった樺美智子《かんば》が死亡する悲劇が発生し、国民の憤激を招いた。結局、安保条約は批准されたが、岸首相は混乱の責任をとって辞任し、代わって池田勇人内閣が登場、経済成長一辺倒で国民の支持回復に努めることになった〔保阪、二〇〇七、一六八―一七三、一七七―一八四、一九三、二一〇―二一三頁〕。

このように安保条約改定反対運動は、安保条約の改定阻止には失敗したが、国民の間に戦前型の独裁政治への復帰を拒否する心情が広汎に存在することを示し、日本における民主主義運動の原点的な位置を占めるにいたった。

新左翼とニューレフトの間

一九五〇年代半ば以降の平和運動の特徴を語る上で無視できないのは、一九五六年に開催されたソ連共産党第二〇回大会でフルシチョフが行ったスターリン批判の影響である。スターリンはすでに五三年三月に死亡していたが、フルシチョフは、一九三〇年代にスターリンが反対派を大量に粛清し、個人崇拝を強めた過程を克明に告発した。この告発は秘密報告として行われたが、米国の国務省が入手し、公開したため、共産主義運動の中で大きな動揺が発生した。

このスターリン批判とそれに続くハンガリー事件は、共産党独裁の下で展開してきたソ連型社会主義の権威を著しく傷つけただけでなく、非社会主義国における共産党の影響力の低下を招いた。その結果、世界の各地で新しい左翼の模索が始まった。日本では、スターリン批判に先立って、分裂した日本共産党の一部が採用していた火炎瓶闘争や山村工作隊などの方針を「極左冒険主義」と自己批判し、議会を重視する方針に一九五五年に転換していた。その上にスターリン批判が起こったため、学生運動の中から一九五八年にブントを結成する動きが発生した。このグループは「真のマルクス・レーニン主義的前衛政党」を自称したので、ロシア革命の系譜を継承した、マルクス・レーニン主義の流れの中での変化であった。このブントは、六〇年の日米安保条約反対運動において国会突入などの急進路線を主導する役割を果たしたが、安保条約の改定が強行された後には分裂し、様々な新左翼セクトに分かれ、対立することになった。その過程で、トロツキーの影響やアナーキズムの影響を受けたセクトも登場したが、マルクス主義の潮流内部の多様化という性格は維持されていたといえるだろう。

東ドイツとの厳しい対決状況に置かれた西ドイツの場合も、ニューレフトの誕生が見られたが、社会民主党の学生組織として一九四六年に結成されていた「社会主義ドイツ学生同盟」（ＳＤＳ）が、五九年にナチス時代の司法関係者の継続性を告発する展示会を実施したため、親組織との関係が悪化していた。その上、親組織の方が五九年のバート・ゴーデスベルグ綱領でマルクス主義との決別を宣言し、階級政党から国民政党への変身を図ったのを批判して、独自色を強めていった。さらに、六一年には機関紙でイギリスのニューレフトの動向を積極的に紹介したため、親組織である社会民主党から分離することになった。その後、フランクフルト学派の「権威主義体制論」とか、米国のＣ・ライト・ミルズやハーバート・マルクーゼの影響を受け、旧左翼の特徴である労働運動中心主義から離れて、学生・知識人主導の社会運動路線を推進していった。

イギリスの場合は、スターリン批判の衝撃を受けて、イギリス共産党を離党した知識人グループ

（エドワード・トムスンなど）が五七年に『ニュー・リズナー *The New Reasoner*』という雑誌を創刊した流れに、大学を中心に同様の方向をめざして、スチュアート・ホールなどを中心に創刊された『大学とレフト・レビュー *Universities and Left Review*』誌が合体して、六〇年一月に『ニューレフト・レビュー *New Left Review*』誌を刊行した流れが中心となった。つまり、イギリスのニューレフトは極めて知識人運動的色彩が強かったのである。

また、米国の場合は、一九六〇年六月に発足する「民主社会をめざす学生組織」（ＳＤＳ）がその中心となるが、この組織は、産業民主主義連盟という社会民主主義的な団体の学生組織として発足した。米国の場合、五〇年代のマッカーシズムの影響で旧左翼が逼塞状態に追い込まれる中で、左翼一般の復興という性格が強かった。しかも、西ドイツのＳＤＳとは異なり、当初は、社会主義を標榜しておらず、参加民主主義などの直接民主主義によって社会の民主化の徹底をめざしていたため、左翼に限定されず、リベラル左派的な性格ももっていた。しかし、冷戦下の米国では反ソ反共が左翼の中にも浸透していたが、米国ＳＤＳは、それでは冷戦の論理を乗り越えられないと考え、社会運動において は共産主義政党も含めた幅広い連合を模索したため、親組織の反共的な立場と対立し、独自の道を歩むことになった。その際、南部社会の人種隔離制度に反対していた公民権運動、とりわけ、「学生非暴力調整委員会」（ＳＮＣＣ）の影響を強く受け、北部社会の貧困問題や反核運動に取り組んでいった。

このように、スターリン批判後に誕生した新しい左翼運動は、それぞれの国の政治状況や文化的特性に応じて多様であったので、日本の「新左翼」と米国の「ニューレフト」は区別して考えた方がよいと思われる［油井編、二〇一二、一四―一六頁］。

ジュネーヴ協定の矛盾

一九五四年七月二一日未明、フランスとホー・チ・ミン政権の間で、北緯一七度線を暫定的な休戦ラインとする休戦合意が成立するとともに、会議参加国の共同宣言で、南北ベトナムの軍事同盟加入の禁止、国際監視委員会の設置、五六年七月の南北統一選挙の実施などが規定された。この共同宣言に関して、アイゼンハワー政権は、尊重はするが、署名は拒否したので、協定の実効性には不安を残す結果となった［松岡、一九八八、一四三―一五四頁］。

案の定、アイゼンハワー政権は、九月に入り、英・仏・オーストラリア・ニュージーランド・タイ・フィリピン・パキスタンの七カ国とともに東南アジア条約機構（ＳＥＡＴＯ）を結成して、ホー・チ・ミン政権や中ソに対抗する姿勢を鮮明にした。このような東南アジアにおける軍事ブロックの結成に対して、インドやインドネシアのような中立志向の国々は、中国も含めて五五年四月にアジア・アフリカ会議を開催して、紛争の平和解決など平和十原則を発表した。

他方、南ベトナムでは、ジュネーヴ協定に不満をもっていたバオ・ダイ帝が米国の後押しを受けていたゴ・ディン・ジエムを首相に指名、五四年七月に政権が発足した。

ゴ・ディン・ジエムは一九〇一年に、フエの裕福で、代々カトリックを信仰する家庭に生まれた。父親は宮内大臣を務めたエリートであったが、フランスが皇帝を退位させたことに激怒して、ファン・ボイ・チャウなどの抗仏民族主義者を支持したという。ジエムも熱烈な民族主義者として育てられたが、ハノイのフランス人経営の法律行政学校をトップで卒業後、州知事などを経て、三三年には若くして内相に任命された。しかし、フランスの傀儡《かいらい》に甘んじていたバオ・ダイ帝と対立、内相を辞職して、日本に亡命していた皇族で、抗仏の姿勢を維持していたクオンデなどと連携していった。日本の仏印進駐時代には、フランス当局から逮捕されそうになったが、日本軍にかくまわれて、終戦を迎えた。

戦後、第一次インドシナ戦争中の四九年五月、バオ・ダイ帝から首相就任を提案されたが、フランス庇護下の政権担当に疑問を感じ、米国への接近を考えて、五〇年九月から短期間、日本を経由して米国を訪問した。次いで、五一年から五三年五月までの長期間、米国に滞在し、全米各地の大学などで講演をして支援を訴え、一種の「ジエム・ロビー」の形成に成功していた[フォール、一九六六、二二五―二三〇頁]。

このようにして、米国の後ろ盾を確保したジエムは、五四年のジュネーヴ協定でフランスの撤退が明確になる中、六月末にサイゴンに戻り、バオ・ダイ帝の要請を受け入れ、七月七日に首相に就任した。そして、一年後には南ベトナムの共和国化の賛否を求める国民投票を実施して、自ら大統領に就任するとともに、バオ・ダイ帝を追放した。さらに、五六年七月に予定されていた南北統一選挙を実施した場合、アイゼンハワーでさえ、ホー・チ・ミンが「八〇パーセント」もの支持を得て、当選すると予測していた[アイゼンハワー、一九六五、一・三三〇頁]だけに、ジエム政権は統一選挙の実施を拒否して、南に独裁体制を樹立していった。

ジュネーヴ協定後のベトナムでは、協定の定めに従って、北ベトナムにいた親サイゴン派の住民、約八六万人が南に移住したが、そのうち、約六〇万人はカトリック教徒で、強固な反共勢力になるとともに、ジエム政権の強固な支持勢力になった。また、ジエムは、人口の圧倒的多数が仏教徒であるにもかかわらず、政権をカトリック教徒や北・中部出身者で固めるとともに、弟のゴ・ディン・ニューやその夫人を政権の中枢に配置して独裁体制の強化を図った〔フォール、一九六六、一五五、一三一—一三二頁〕。

ベトナムは、元来、北部が石炭などの鉱物資源に恵まれ、南部は米やゴムなどの農業資源が豊富であった。その上、北部の農業は小土地所有が主であったのに対して、南部では大土地所有者が多かったので、ジエム政権は、土地改革には不熱心であった〔同、二九九頁〕。

南ベトナム解放民族戦線の結成

G・コルコの大著『ベトナム戦争全史』によると、ジュネーヴ協定締結時、南ベトナムの農村部では民主共和国軍の影響が強く、サイゴン政権の支配は都市部を中心に維持されていたという。とくに南部では、一〇%の地主が六五%の土地を支配しており、土地なしの農業労働者が多数を占めた。しかし、民主共和国軍の進駐下、土地分配や小作料の引き下げが実行された地域もあったが、ジエム政権は、地主支配の復活を図ったので、農業労働者や貧農の支持は民主共和国に集まったという〔コルコ、二〇〇一、一二八—一二九頁〕。

また、一九四五年一一月に民族独立の課題を優先させるためにインドシナ共産党は自ら解党していたが、第一次インドシナ戦争中の五一年二月、ベトナム労働党として復活した。この労働党員は、当然、南でも活動しており、ジュネーヴ協定締結時には約一万五〇〇〇人の党員や民主共和国の支持者が南に残留していたし、南出身の三万人ほどの党員や活動家が北に残留していたという。しかし、ジュネーヴ協定で約束された南北統一選挙が、米国やジエム政権によって拒否された上に、ジエム政権による反対派への弾圧で、南に残留した党員の三分の二が殺害される状況が生まれるにつれて、ベトナム労働党の内部では、南部出身者を中心として武装抵抗の主張が高まっていったという［コルコ、二〇〇一、一三四―一三五頁］。

しかし、ホー・チ・ミン政権首脳部は、当初、北における社会主義建設を優先し、統一ベトナムの受け皿として祖国戦線を結成し、あくまで国際世論に働きかけ統一選挙の実施を要求して、南でのジエム政権への抵抗は政治闘争に限定する方針を維持していた。それでも、偶発的な武力衝突が積み重なる中で、労働党幹部で、南出身者のレ・ズアンが、五六年春に南に潜入し、南ではジエム独裁体制を打倒するには武装闘争以外にないとの声が高まっていることを自覚するに至った［同、一三八―一四二頁］。この提案が労働党中央にも支持され、六〇年一二月に南ベトナム解放民族戦線が結成された。議長にはサイゴンの弁護士であったグエン・フー・トが就任した。彼は、サイゴンで南北統一選挙の実施を要求する秘密組織のメンバーとして活動する中、ジエム政権に捕縛されそうになり、一時ハノイに逃れたが、労働党が武装闘争方針に転換したのを受けて、南に戻ってきた。また、書記長には、ジャーナリストで急進社会党のメンバーが就任したように、解放戦線は南の解放をめざす統一戦線的組織であった。そして、六一年九月にはレ・ズアンが労働党の第一書記に就任し、全党を挙げて南の解放闘争を支援することになる［フォール、一九六六、一五一、一八〇、三五三頁］。

日本のベトナム賠償問題

ジュネーヴ協定によって第一次インドシナ戦争が終結した結果、ホー・チ・ミン政権は、戦争に協力した元日本兵の帰国を奨励するようになった。すでにベトナム人の妻との間に子供をもうけている者もあったが、第一次の帰国者は単身の帰国を奨励されたので、つらい選択になった。加茂徳治によると、一九五四年一一月、七四名の元日本兵が集められ、中国を経由して、舞鶴に帰国した〔加茂、二〇〇八、一四八―一四九頁〕。その後、第二次から四次までは家族連れの帰国が許され、総計、一五〇名が帰国した。帰国後の彼らは、共産圏からの帰国者として冷遇され、就職にも苦労したというが、民主共和国を支援する姿勢を維持し、五五年三月には日本ベトナム友好協会の設立を主導していった。

他方、サイゴンにゴ・ディン・ジエム政権が成立したことは、日本統治時代にジエムと交流のあったグループにとっては、南ベトナムとの関係復活のチャンスとなった。五〇年八月に、短期の訪米旅行の途上、ゴ・ディン・ジエムが日本に立ち寄り、クオンデを訪ねた。松下光広が主催した晩餐会には、クオンデ、小松清、小牧近江が出席し、クオンデの復帰を願ったが、その後、クオンデは、五一年四月に東京で亡くなり、帰国を果たせずに、四五年もの亡命生活の幕を閉じた。その結果、クオンデを応援してきた人々は、ゴ・ディン・ジエムにベトナム独立の夢を託すことになった〔牧、二〇一二、四〇〇―四一三頁〕。

松下は、五六年春にサイゴンに復帰し、大南公司を再開させ、ジエム大統領の私設顧問的な役割を果たすことになった。松下の下には、大川塾の第一期生であった西川や大塚壽男などが結集し、日本と南ベトナム間の貿易や賠償交渉に関与していった〔同、四一七―四一九頁〕。

日本の占領に終止符を打ったサンフランシスコ講和会議には南ベトナムに存在した「ベトナム国」がベトナムを代表して参加しており、初めからホー・チ・ミン政権を排除する偏りがみられた。講和条約の調印時に、「ベトナム国」の首相は、日仏共同統治時代に発生した一〇〇万人以上にものぼる餓死者などへの賠償として二〇億ドルを要求したが、その時点では進展しなかった。具体的な動きが始まったのは、一九五六年三月に日本経済団体連合会副会長の植村甲午郎を団長とする東南アジア経済使節団が南ベトナムを訪問する計画が発表された頃からであった。

その後、五七年三月に、ジエム大統領の弟で、大統領政治顧問をしていたゴ・ディン・ニューが来日し、賠償額を一億ドルに減額してきたが、日本側は五〇〇〇万ドルを譲らず、帰国した後、グエン・ゴク・トー副大統領と植村特使の間で五七年九月から八回もの交渉が積み重ねられ、植村案として、純賠償三九〇〇万ドル、借款一六六〇万ドルが提示された。五六年一二月に石橋湛山内閣が成立、外相に岸信介が就任すると、対ベトナム賠償交渉は急進展をみせるようになった。とくに、岸とは旧知の関係にあった日本工営の久保田社長が提案していたダニム・ダム建設が賠償の目玉になっていった[阿曽村編著、二〇一三、一三九―一四二頁]。

同時に、国会でも社会党を中心にベトナム賠償問題への追及が始まった。とくに、当時のベトナムは南北に分かれていたにもかかわらず、サイゴン政権を、全ベトナム代表とみなして賠償金を支払うことの正当性や、日本統治時代にはほとんど戦闘がなく、当時いわれた比喩では、「鶏三羽」程度の被害しかないのに、巨額の賠償金を支払うことの妥当性、さらに、賠償の中心となるダニム・ダム建設を担う日本工営社長と岸外相の個人的な関係などが追及された[同、一四二―一四三頁]。また、ホー・チ・ミン政権との交流を推進していた日本ベトナム友好協会も、五七年一二月と翌五八年二月の二回にわたり、南の政権だけとの賠償交渉に反対する声明を発表した。

しかし、五八年に米国の南ベトナム援助額が前年比で三八％も減額されることが判明した結果、サイゴン政府は、五八年三月に植村案での妥結を決断し、サイゴン政権との賠償問題は決着をみた。このように、サイゴン政権との賠償交渉には、戦前戦中の日越関係人脈の復活といった様相も呈していた。なお、サイゴン政権の陥落後、当然、民主共和国との賠償交渉が始まり、純賠償額でサイゴン政権に支払った三九〇〇万ドルに近い額で決着をみることになる。

三　米ソ共存への転換とベトナム介入の拡大

ケネディ政権による米ソ共存への転換

一九六〇年の大統領選挙では、四三歳の若さで、初めてカトリック教徒の大統領としてジョン・F・ケネディが当選した。ニューフロンティア政策を掲げ、巧みな弁舌で清新さを訴えたケネディの当選は、新しい米国政治の始まりを期待させた。外交政策面でケネディは、五七年にソ連が人工衛星のスプートニクの打ち上げに成功した点を捉えて、アイゼンハワー政権が核ミサイル競争でソ連に遅れをとったと非難した。また、前政権が、ソ連との核軍拡競争を重視して、第三世界における革命運動への対応を軽視したとして、第三世界への「柔軟対応戦略」の採用も提唱した。

この「柔軟対応戦略」では、まず一九五九年に発生したキューバ革命への対応が試金石となった。キューバ革命は、当初、反独裁の民族革命的な様相をもっていたが、米国系の砂糖プランテーションの接収などで米国政府と対立するようになり、アイゼンハワー政権は、亡命キューバ人を使って、カストロ政権の打倒をめざすキューバ侵攻作戦を密かに支援した。この計画はケネディ政権に引き継がれたが、ピッグス湾への上陸作戦は緒戦で失敗に終わり、ケネディは就任早々に外交的汚点を残すことになった。そのため、中南米政策の再建を図る意図で、六一年三月には土地改革などへの助成を進める「進歩のための同盟」政策を提唱した。それは、社会改良によって中南米におけるキューバ型の社会主義革命の勃発を阻止しようとする意図に基づいていた。

このように、ケネディ政権の第三世界政策は、社会改良による社会主義革命の抑止という点に特徴があったが、東南アジアの場合は、内戦状態にあったラオスが試金石となった。ケネディは、アイゼンハワー政権のダレス国務長官のように「中立は共産主義の隠れ蓑」といった硬直した姿勢はとらず、ラオスでは、共産勢力も含めた連立政権が中立政策を採用する形で、内戦を終結させる妥協策を許容した。それ故、このような「柔軟性」が、ベトナムの場合にも発揮されるかが注目された。

ソ連との関係では、一九六二年一〇月に発生したキューバ危機で戦争瀬戸際的な対決に発展した。それは、米国からの干渉の危機に直面していたキューバの革命政権がソ連に依頼して、ミサイル基地をキューバ内に建設しようとしたことをケネディ政権が察知し、海上封鎖によってソ連船のキューバ入りを阻止したことで発生した。この危機に直面したフルシチョフは、米国がキューバの内政不干渉を約束することを条件として、ミサイルをキューバから撤去することに合意した。

ここに米ソの核戦争は回避され、米ソ間に協調ムードが高まる中、ケネディは、翌六三年六月の演説でソ連に対して「平和共存」を訴えた。その結果、六三年八月には長年の懸案であった核実験の停止条約が、地下を除く形で、米英ソ三国間で実現した。以後、米ソは、明らかに、協調的な関係に転換するが、その状況下でベトナム介入が激化するわけで、平和運動の側は、核軍縮や廃絶の課題とベトナム反戦をどう調整してゆくか、難しい舵取りに迫られることになる。

部分的核実験停止条約と平和運動の分裂

核実験停止条約が調印された折、ケネディは、ＳＡＮＥの長年の努力を評価する意味で、中心的リーダーのカズンズに条約文のコピーを贈呈した。ＳＡＮＥの側も、条約の批准を実現するため、新聞広告を出すなど、世論の啓発に努力した結果、一九六三年九月に議会で条約の批准が成立、ケネディは感謝状をカズンズに贈り、ＳＡＮＥは六年超しの難問解決を喜んだという。しかし、ＳＡＮＥの役割は終わったとして解散の主張も出る中、カズンズらは、軍事費の削減や民間防衛計画の問題などに取り組むことで、会存続の了解をとったが、実態として、以後、米国の反核運動は停滞することになった[Katz, 1986, pp. 84-88]。

この部分的核実験停止条約の評価をめぐっては、深刻な中ソ対立が起こった上、日本の原水禁運動の分裂を招くことになった。核実験に関してソ連は、一九五八年三月に核実験の一方的な停止を宣言して、米英両国に実験停止の圧力をかけていたが、米英が同調しない中、六一年九月に実験を再開した。これに対して、日本では共産党系が、ドイツ問題をめぐる東西対立が第三次世界大戦に発展する危険があり、それを抑止するためにやむをえないと評価した。他方、総評や社会党系は「いかなる国の核実験にも反対」することが原水禁運動の原点だと主張して反対した。原水禁運動広島協議会の事務局長をしていた森滝市郎は、日記に「人類の立場は全然考えられていない。やはり人道への反逆である。「力」を信じるものの犯す誤りである」と書いた〔吉川編、一九九五、一二〇―一二二頁〕。

すでに深刻化していたソ連の核実験をめぐる対立の上に、部分的核実験停止条約をめぐる対立が上乗せされることになった。一九六三年八月の原水協第九回世界大会でその対立が表面化した。ソ連や世界平和評議会系の代表は、当然ながら部分的核停条約を支持し、日本では、総評や社会党系の代表が一歩前進として支持した。森滝市郎は、大会での報告の中で、部分的核停条約が「大気と地球の汚染除去」の点で効果があり、全面的核実験停止への一歩と評価した。他方、中国代表の趙朴初は、この条約が「アメリカにだけ有利」であり、「アメリカは侵略的な軍事ブロックの親玉」で、南ベトナムを特殊戦争の実験場にしていると非難した。また、分散会の場では、日本ベトナム友好協会の代表が、この条約の下で、小型核兵器の開発が進み、民族独立戦争への弾圧に使われる危険があること、「戦争の張本人はだれかという問題については、南ベトナムとラオス戦場が教科書」だと主張〔原水協第九回世界大会議事要録2〕した。結局、大会の決議では、部分的核停条約に関して、「警戒心をゆるめずに、核兵器の全面的な禁止を要求する運動をさらに力強く促進」することが表明された。同時に、「新旧の植民地主義とたたかっているアジア、アフリカ、ラテン・アメリカの民族独立運動とのかたい連帯を表明する」と明記された〔原水協編、一九七五、七八―八一頁〕。

しかし、この第九回大会で総評・社会党系の代表は独自集会を開催したため、原水禁運動の分裂は決定的となり、六五年二月には原水爆禁止日本国民会議（以下、原水禁と略記）が結成された。代表委員には、森滝市郎や広島市長の浜井信三、総評議長の太田薫などが就任した［和田、二〇一四、八〇頁］。

このような日本における原水禁運動の分裂の背景には、核戦争を回避するために米ソ間の平和共存の実現を重視するソ連や世界平和評議会の主流派の路線と、民族解放運動の発展を支援する中国の路線との対立があった。その点に関して、『朝日新聞』の外報部長を務めた後、レッド・パージで退社し、世界平和評議会の評議員やアジア・アフリカ連帯委員会などで指導的な役割を果たした畑中政春は次のような興味深い指摘をしている。

「日本においては、西欧の発達した資本主義国家にみられるような、（中略）現在の世評型の平和擁護運動が発展する基盤もあるが、他面、アメリカ帝国主義の軍事的・政治的・経済的支配を日本から駆逐しなくてはならぬという反帝・民族独立闘争の有力な基盤もある。（中略）この二つの潮流の関係は、周知のように、さいきん微妙になっているとすれば、日本平和運動の進路もまた険しいということは、十分覚悟しなくてはなるまい」［畑中、一九七七、一二〇頁］。この指摘の初出は、雑誌『思想』（一九六三年五月号）に掲載された論文であったから、畑中は、かなり早い時期に、日本の平和運動が抱える先進国型と途上国型の矛盾に着目していたといえるだろう。

ただし、社会党・総評系が部分的核実験停止条約を支持したといっても、ベトナム支援の姿勢は継続していた。一九六三年三月には総評の代表団がハノイを訪問し、キューバやインドネシアの労働組合代表とともに、南ベトナム労働者・人民支援国際労働組合連帯委員会の結成に合意している（『月刊総評』一九六三年一〇月号）。

ケネディ政権とベトナム干渉の拡大

ケネディ政権は、第三世界に対して、社会改良の推進と革命の抑止という二面的な政策の「柔軟対応戦略」を構想していたが、南ベトナムの場合、六〇年末の南ベトナム解放民族戦線の結成以来、各地でゲリラ的戦闘が激化していたため、ケネディは、一九六一年四月末、サイゴン政府軍の訓練を強化するため、四〇〇人の軍事顧問団の派遣に踏み切った。その際ケネディは、南ベトナムを第三世界における革命抑止戦略の試金石と位置づけ、中立化などの選択肢は採用しなかった。また、軍事顧問団の派遣数が少ないことやラオスの中立化交渉の始まりに反発していたジエム政権をなだめるために、ケネディは、六一年五月にジョンソン副大統領をサイゴンに派遣した。ジョンソンは、ジエムを「東南アジアのチャーチル」と褒め上げ、ジエム大統領がサイゴン政府軍の指揮系統に干渉しないことを条件に、軍事援助の増額を決定したが、ジエム政権はその約束を実行しなかった。

また、一〇月に入り、ゲリラ活動が活発化したため、ジエム政権が国家非常事態宣言を出すに至った。ケネディは大統領軍事顧問のテイラー将軍を団長とする使節団を現地に送り、対策を検討させた。帰国後、テイラーは六〇〇〇ないし八〇〇〇人の米軍派遣を進言したが、当時、経済問題担当の国務次官補であったジョージ・ボールは、第一次インドシナ戦争期にフランスの苦境を目撃したことがあったため、実戦部隊を八〇〇〇人程度投入しても効果は薄く、五年も経てば三〇万人に膨らむと予想し、実戦部隊の派遣には反対した。結局ラスク国務長官によると、ケネディは、「米軍を直接介入させず、経済援助と顧問派遣による支援で、南ベトナム人自身が北ベトナムの侵略に対処できるようになるのを望」み、戦闘部隊の派兵は拒否した[松岡，一九九九，四七五，四九八頁]。

六二年に入ると、ゲリラと一般農民の隔離を進める戦略村計画の前進で、ゲリラ活動の低下を伝える楽観的な報告が増加したが、『ニューヨーク・タイムズ』の特派員であったハルバスタムは駐サイゴンの米政府機関からの報告を厳しく批判していた[シュレジンガー，一九六七，五〇—五二頁]。

図2　仏教徒の焼身自殺(1963年)[ベトナム戦争の記録編集委員会編，1988]

その上，六三年に入ると，ジエム政権は，仏教徒など解放民族戦線とは直接関係のないグループに対する弾圧を強行，五月にはフエで仏教徒の反政府デモが起こり，弾圧で仏教徒九名が殺害される事態が発生した。六月半ばには，ジエム政権の仏教徒弾圧政策に抗議して，ティック・クァン・ドク師が焼身自殺を図ったが，ジエム大統領の弟のゴ・ディン・ニューの妻は，それを「人間バーベキュー」と揶揄したため，国際的な非難を浴びた。この頃からケネディ政権内部ではジエム離れが始まり，八月二四日にはニュー一族の排除をジエムに要求するとともに，ジエムに不満をもつ将軍たちとの接触が始まった。ハリマン国務次官やヒルズマン国務次官補は，元来，ベトナム介入慎重派であったが，米国政府からの改革要求を無視し続けるジエム政権を交代させた方が戦争の終結を早めることができるとの判断に傾斜していった〔マクナマラ、一九九七、七七—八一頁〕。

一〇月に入ると、ロッジ大使から反ジエム・クーデタの動きを告げる報告が入り、ケネディは「クーデタを売り込むことはしないが、妨害もしない」との訓令を出したという。そして実際、一一月二日にクーデタが発生、ジエム大統領は殺害された。その知らせを聞いたケネディは顔面蒼白となり、ジエム兄弟の死を宗教上、道義上の問題として悩んだという〔ハルバスタム、一九六八、三七五頁〕〔マクナマラ、一九九七、一二四頁〕。しかし、このクーデタから三週間ほどして、今度はケネディ自身が凶弾に倒れ、代わったジョンソンは、むしろ介入慎重派を除外し、介入拡大派を重視するようになってゆく〔ヒルズマン、一九六八、下・六〇〇頁〕。

「ベトコン」とは誰か

ジュネーヴ協定後の民主共和国は、一九五五年三月に、統一選挙に向けて北における社会主義建設を強化することが南ベトナムのためにもなるとの決定を下した。しかし、統一選挙が流れ、南におけるゴ・ディン・ジエム政権による弾圧が激化する中で、五七年一一月ごろから散発的に南で武装抵抗が始まり、五九年一月に南における政治闘争の防衛を目的とする武装闘争の発動が承認された。その結果、ジエム政権に反対する様々なグループの統一戦線として、六〇年一二月に南ベトナム解放民族戦線が結成されるとともに、南独自の党組織として、六二年一月に統一革命党が結成された〔コルコ、二〇〇一、一三五—一四二、一七三頁〕。

つまり、南ベトナムの解放は、あくまで南の民衆が中心になって実行するという原則で解放戦略が練られていた。これは、朝鮮において北朝鮮が南を武力解放しようとして失敗した教訓から学んだものであったといわれる。しかし、米国によるサイゴン政権に対する軍事援助が増大するにつれて、北からの武器などの供給が必要となり、北からラオス、カンボジアを経由して南に至る「ホーチミン・ルート」の拡張が六四年ごろから始まり、北の人民軍の第一陣が南に入ったのは、トンキン湾事件で米国が北ベトナム爆撃を始めた後の六四年一〇月からであり、それでも当時の解放戦線に占める北出身者の比率は五％以下だったという［同、二〇二―二〇三頁］。

しかし、西側のマスメディアでは解放戦線のことを、ベトナム共産主義者を意味する「ベトコン」と呼ぶことが一般的であった。しかも、「ベトコン」は民主共和国から送り込まれており、北の南に対する「侵略」の証拠とみなす論調も多かった。しかし、西側のジャーナリストの中から「ベトコン」の実態に迫るスクープをあげる記者が徐々に出現していった。

その先駆者は、オーストラリア出身で、中国革命や朝鮮戦争の報道で有名であった、ウィルフレッド・バーチェットであった。彼は北ベトナムから遠く離れたサイゴン近郊のメコン・デルタ地帯の解放区に入り、そこで解放戦線の影響力が強い原因が第一次インドシナ戦争時代に民主共和国軍が不在地主の土地を貧しい農民に分配していたこと、解放戦線が結成されて以降には、主として米軍の武器を流用して武装抵抗を続けている実態を紹介し、解放戦線が南の自主的な抵抗の産物であると主張した。また、解放戦線の議長であったグエン・フー・トに一九六三年秋ごろにインタビューし、彼がフランスに留学してサイゴンで弁護士をしていた人物であること。サイゴン・チョロン地区の平和委員会の代表として統一選挙の実施を要求する活動をしていた頃に、ジエム政権に逮捕されたところをゲリラに救出されて以来、解放戦線に参加したという経歴から、南自生の革命家であることを紹介した。その折のインタビューによると、解放戦線は南の領土の四分の三、人口のほぼ半分を解放したが、いずれ全愛国勢力を糾合した連合政府の樹立をめざすと語っていた〔バーチェット、一九五七、七〇―七三、一二三―一三二頁〕。

バーチェットの『解放戦線』は英語で出版されたので、英語圏でも一定の影響力はもったと思われるが、ハノイの外国語出版局から刊行されたので、西側世界では民主共和国の宣伝物とみなされる限界もあった。それに対して、『ニューヨーク・タイムズ』紙の特派員であったハルバスタムが一九六二年秋から一年半にわたって南ベトナムを取材して刊行した『ベトナムの泥沼から』は大きな注目を浴び、ピュリッツァー賞を獲得した。

ハルバスタムには、サイゴン政権軍に同行して記事を書いたという限界があるが、六二年一〇月にメコン・デルタを取材し、「政府軍の兵隊はしばしばニワトリを盗んだり、民衆をいじめたりした。これとは対照的に、規律正しいベトコン・ゲリラは、つねに田畑で民衆とともに働き、ものを盗むようなことはしなかった」と記している。また、ロンアン省の農村のカトリック教会の神父の証言によると、彼の教区民はベトコンの脅威を話しても信用せず、「ベトコンは共産主義者ではない、民族主義者である」と主張し、その証拠は「神父が安全にベトコン地区を通行できる」ことだという〔ハルバスタム、一九六八、七一、一二八頁〕。

日本でも岡村昭彦がハルバスタムとほぼ同じ時期に南ベトナムで従軍取材し、『南ヴェトナム戦争従軍記』を刊行し、ベトコンが農村に深く浸透し、都市攻撃をさけている様子を証言した〔岡村、一九

六五、一七六頁〕。また、開高健《たけし》は、米国が南に本格介入する直前の一九六四年一一月から六五年二月まで取材し、『ベトナム戦記』を刊行したが、その中でサイゴン政権が一般農民をベトコンから隔離するために建設した戦略村について、「全土において完全に失敗した。閉じ込められた農民は政府に不満と憎悪を抱き、協力しないばかりか、あべこべにベトコンに走った」と書いている〔開高、一九六五、二二四頁〕。

その後、一九六六年末から一〇カ月くらい南ベトナムで『朝日新聞』の特派員として取材した本多勝一の場合は、初めて解放区の側からの取材に成功し、衝撃を与えた。その取材はまず「戦争と民衆」という連載記事として発表され、六八年に『戦場の村』として刊行された。本多はメコン・デルタの解放区で青年隊長へのインタビューに成功するが、解放戦線の武器はほとんど米国製で、それはサイゴン政府軍内に「同志」がいて横流しをしてくれるからだという衝撃的な事実を書いている。また、「解放戦線の原則は愛国心です。主義を超えた民族の独立です。この原則は、末端では、例えば家庭を愛することに通じます」という証言も記している〔本多、一九六八、二五〇—二五一頁〕。

また、カメラマンの石川文洋は、一九六四年末から満四年余も南ベトナムに滞在して、戦場だけでなく、普通のベトナム人の姿を撮り続け、解放戦線が普通の農民の中に根づいている姿を写真を通して示した〔石川文洋、一九八六、一四八頁〕。このような取材を通して、解放戦線は、決して共産主義者だけの組織ではなく、サイゴン政権と米軍の干渉に反対する幅広い連合組織であったことが示されたが、主要メディアはその後も長く「ベトコン」という表現を使い続けた。

米国の平和運動とベトナム問題の「発見」

ジエム政権が独裁色を強め、仏教徒などの弾圧を繰り返す中で、米国の知識人の中からは、憂慮の声が上がり始めた。一九六三年三月にはハーバード大学の社会学者、ピティリム・ソローキンら五五名がケネディ大統領に対して南ベトナムへの米国の関与縮小を求める手紙を送った。しかし、同年四月、核実験停止を求める復活祭集会がニューヨークで行われた折、学生平和同盟などが米軍のベトナムからの撤退を要求する横断幕を掲げたのに対して、主催団体の一つであるＳＡＮＥの代表は、「ベトナム問題の提起などは左翼の押しつけ行為」であるとして、横断幕を取り除くように要求した。しかし、演説を頼まれていたデリンジャーは、ベトナム問題も重要であると考え、演説の中でベトナム問題に言及したところ、演説後、実行委員会の議長から次の平和集会では挨拶させないといわれたという［デリンジャー、一九九七、二二九―二三〇頁］。

つまり、一九六三年春の段階で米国の平和運動の関心は、核実験の停止や核軍縮に集中しており、ベトナム問題は一部「左翼」の関心事にすぎないと思われていた。しかし、非暴力行動委員会（ＣＮＶＡ）に属し、キューバ革命政権の支援活動もしていたデリンジャーにとってベトナムはすでに無視できない問題となっていた。また、同じＣＮＶＡの中心的指導者であったマスティも、核廃絶と第三世界革命の支援がともに必要と考えていたし、六〇年夏に上院の国内安全委員会がＳＡＮＥに対して共産主義団体との絶縁を要求し、ノーマン・カズンズのようなＳＡＮＥの幹部がそれに同調したため、マスティは、反共の論理では冷戦を克服することができないとして、ＳＡＮＥを脱退していた［Danielson, 2014, pp. 299–300］。

その後、一九六三年六月にジエム政権に抗議して仏教徒が焼身自殺をはかり、マスメディアが大きく報道した結果、米国国内でもベトナム問題への関心が徐々に高まっていった。平和のための女性ストライキの会は、元来、核実験の停止を要求して設立された組織であったが、六三年六月に開催された第二回大会の折に、フロアからベトナム問題に取り組むように提案があった。しかし、反対意見も多く、翌年初めまでベトナム問題について学習活動を進めることになった[Swerdlow, 1993, p. 129]。その上、六三年秋には、ジエムの弟の妻で、焼身自殺した僧侶を「人間のバーベキュー」と揶揄して物議をかもしたゴ・ディン・ニュー夫人が訪米し、各地の大学で講演をしたのに対して、学生平和同盟などが抗議行動を展開した。

また、六三年一〇月には、戦争抵抗者連盟が米国のベトナム干渉に反対する初めてのデモを行った。六四年三月にはイェール大学で「米国における社会主義」をテーマとするシンポジウムが開催された中で、ベトナム干渉に抗議する行動が提案され、五月二日に抗議集会がニューヨークで六〇〇人、サンフランシスコで八〇〇人を集めて開催された。この動きは、その後も毛沢東系の革新労働党（PLP）が中心となって「五月二日運動」として継続されたが、動員できる学生数には限度があった[Halstead, 1978, p. 36]。

トンキン湾事件の衝撃

一九六三年一一月初め、クーデタによりジエム政権が倒れてから六五年六月にグエン・ヴァン・チュー政権が成立するまで、南ベトナムでは八回もクーデタが発生し、政情は安定しなかった。他方、米国側では、六三年一一月末にケネディが暗殺され、副大統領から昇格したリンドン・ジョンソンは内政のベテランで、人種問題の解決などを「偉大な社会」建設としてめざしていただけに、外交の担当はケネディ政権の主要閣僚を留任させ、政策の継続性を保とうとした。しかし、六四年三月頃になると、南ベトナムでは解放戦線の攻勢が強まり、その攻勢を抑えるには解放戦線を支援している民主共和国への爆撃(以下、北爆と略記)が必要との意見が出始め、ジョンソンも北爆案の検討を許可したが、同時に、北爆に踏み切るには議会の了解が可能になるようなきっかけが必要と判断した。

その後、南ベトナム人を使って北ベトナムにスパイを潜入させ、攪乱をはかる「三四A作戦」が開始されるとともに、その活動を支援する目的で、米海軍の駆逐艦マドックスが北ベトナム沿岸を航行し始めていた。このマドックスの行動は、ジョージ・ボール国務次官の後の証言によると、明らかに北ベトナムからの攻撃を挑発する意図に基づくものであった。実際、八月二日、北ベトナム軍がマドックスを攻撃した「トンキン湾事件」が勃発した[コルコ、二〇〇一、一六九―一七二頁]。ジョンソンは、直ちに、北ベトナムの哨戒艇基地と石油貯蔵施設を爆撃させるとともに、議会に対して「東南アジア条約機構(SEATO)加盟国を援助する上で必要な、武力行使を含む、あらゆる措置」をとる権限を要請した。このトンキン湾決議は、下院では全会一致、上院では二名の反対のみで可決され、後にジョンソンがベトナムに本格的な軍事介入をするお墨付きとなった。しかも、ジョンソン支持の世論は、八五%にまで上昇した。八月末にアトランタで開催された民主党の党大会の周辺で、ジョンソン政権のベトナム政策に抗議したグループは、CNVAや戦争抵抗者連盟などの四〇〇人程度であった[DeBenedetti, 1990, pp. 98–99]。

トンキン湾事件は、ベトナムへの米軍の軍事介入の本格化を予感させるものであっただけに、ベトナム労働党指導部は南ベトナムでの戦闘の激化を予想し、対応策を練るために、八月一三日にレ・ズアン労働党書記長が訪中し、周恩来や毛沢東と秘密会談を行った。中国側は、北爆による道路や橋、鉄道などの補修を行う「中国人民志願工程隊」の派遣を約束した。それにより労働党指導部は南ベトナムに人民軍の一部の派遣を決定した。ただし、毛沢東は、文化大革命を準備していたため、極力米中戦争に発展するのを回避する姿勢を示した〔栗原、二〇〇〇、一一四—一一五頁〕〔朱、二〇〇一、一二一—一二三頁〕。

他方、ソ連では米ソ共存を優先して民主共和国支援に消極的だったフルシチョフが六四年一〇月に失脚し、対ベトナム政策が変更された。一二月には解放戦線の代表部のモスクワ開設が認められ、米軍の本格介入に対抗して、地対空ミサイルなど高度な兵器提供に踏み切ってゆく。北爆の米軍機が多数撃墜され、米軍パイロットが捕虜になったのは、このようなソ連からの地対空ミサイル提供のおかげであった〔栗原、二〇〇〇、一一七—一二二頁〕〔朱、二〇〇一、一六六—一六八頁〕。その結果、ジョンソン政権による北爆戦略に大きな誤算が生じることになった。

トンキン湾事件後の平和運動

日本では、トンキン湾事件が勃発した直後の一九六四年八月三日から五日に、第一〇回原水爆禁止世界大会の本会議が京都と大阪で開催され、海外から、民主共和国を含む四九カ国、八国際団体、合計一四三人の代表、国内からは三万五〇〇〇人もの代表が参加していた。そこでは、当然、ベトナム情勢が議論され、採択された「国際共同行動のアピール」の中では、「核戦争の危険は、いま、インドシナ半島に集中的にあらわれている。アメリカ帝国主義に決定的打撃を与え、インドシナ半島における戦火が核戦争に発展する危険を未然に防止することは、原水爆禁止運動の当面する最大の急務」と決議した［原水協編、一九七五、八四頁］。

つまり、日本では部分的核実験停止条約などの評価をめぐって原水協と原水禁の間で激しく対立している最中に、トンキン湾事件が発生したのであった。また、六四年一〇月に中国が行った核実験に対して、原水禁は抗議する一方、原水協は「防衛的措置」と評価して対立の持続を印象づけたが、ベトナム戦争に反対する点では両者の間に食い違いはなかった。また、この時期から強まっていた原子力潜水艦の日本寄港に関連しては、六四年九月に佐世保寄港に反対する集会が開催され、中央では分裂したものの、佐世保の現地では社共の統一集会が開催された［日本平和委員会編、一九六九a、二五九頁］。また、一〇月末には、総評弁護団と日本民主法律家協会などが共催して、トンキン湾事件の真相解明の会合が開かれた。

このように、日本では、ベトナム反戦の点では社会党・総評と共産党は一致していたが、原水禁運動の分裂の後遺症は大きく、ベトナム反戦での共闘は難航していた。

他方、米国では、一九六四年は大統領選挙の年で、ジョンソンは、一時的に北ベトナムに対する報復爆撃を強行したものの、内政重視の姿勢を強調するため、ベトナム問題の争点化を避ける戦術をとった。それは、共和党候補のゴールドウォーターが北ベトナムへの核攻撃など好戦的な主張を展開していたので、それとの違いを際立たせる狙いもあった。その結果、「民主社会をめざす学生組織」（S

DS)のような革新的学生運動体ですら、ジョンソンを「ゴールドウォーターよりましな候補」として支持する空気が強かったという[Halstead, 1978, pp. 43-44]。また、SANEの中では、後にベトナム反戦運動の中心的指導者となるスポック博士がジョンソン支持を表明したので、当選後、ジョンソンはスポック博士に電話をかけ、感謝を伝えたという[Katz, 1986, p. 95]。

つまり、トンキン湾決議を契機として米軍がベトナムに本格介入する立法的根拠が与えられたにもかかわらず、米国の平和運動の中でベトナム反戦を明確に主張したのは、「非暴力行動委員会」(CNVA)などの急進的平和主義者や一部の急進的学生運動に限られていた。一二月に開催されたCNVAの執行委員会では、マスティの提案で、戦争反対と一方的な軍縮をめざすとともに、「コンゴやベトナムにおけるアメリカ帝国主義に反対すること」が、激論の末に決議された。また、一二月二〇日にはニューヨークでCNVAや戦争抵抗者連盟、友愛会、学生平和同盟などが共催したベトナム反戦デモが実施され、約二〇〇〇人が参加した[Danielson, 2014, pp. 303-307]。

他方、学生運動の中心的な組織となるSDSは、一九六〇年に発足した時点では、公民権運動に刺激されて、北部の貧困問題の解決や核軍縮などに重点を置いていた。また、六二年のポートヒューロン宣言で「参加民主主義」を提唱し、ニューレフトの中心組織として注目されたときでも、力点は民主党の左派と協力して社会改良を推進する点にあった。また、カリフォルニア大学バークレー校では、六四年夏に南部で公民権運動に参加した学生が新学期のキャンパスでその経験をアピールしようとしたところ、大学当局が「政治的」と見なして、その宣伝活動を禁止したことから、大学内の言論の自由を求める「フリー・スピーチ運動」に発展した。しかも、この運動は勝利しただけに、以後、SD

Ｓは大学内での活動に重点を移すことになる。

それでも、当時のＳＤＳがすぐにベトナム反戦運動に乗り出したわけではなかった。一二月末に開催されたＳＤＳの執行部の会合では、評論家のＩ・Ｆ・ストーンが招かれ、ベトナム問題の重大性がアピールされたが、多くの指導者はバークレーの「フリー・スピーチ運動」の方に関心を示し、ベトナム反戦の取り組みには消極的であった。一七時間に及ぶ激論の末に、翌六五年四月にベトナム反戦集会をＳＤＳが主催して開催することを決定したが、その際、部分的核停条約の調印以来、低調になっていた平和運動の、幅広い再結集がめざされたので、ＳＡＮＥなどのリベラルな平和運動との連携がポイントとなった[DeBenedetti, 1990, pp. 100–101]。

第Ⅲ章

戦争の「米国化」と反戦運動の始動

一　北爆の始まりと反戦運動の越境

ベトナム戦争の「米国化」

ジョンソンは、一九六四年の大統領選挙ではベトナム問題を争点とせず、内政面の成果を強調し、六一%もの支持を得て圧勝したものの、南ベトナム情勢が決して好転していたわけではなかった。トンキン湾事件を米軍介入が本格化する予兆と捉えたベトナム民主共和国は解放戦線への支援を強化し始め、それに勇気づけられた解放戦線は攻勢を強めていた。そのため、ジョンソン政権は、北からの支援を阻止するため、民主共和国に対する爆撃を検討するとともに、南ベトナムに対して、それまでの軍事顧問派遣の段階から米軍が直接戦闘に参加する戦闘部隊の派兵を検討し始めていた。

一九六五年二月七日、解放戦線によってプレイク米軍基地が攻撃され、九人の米兵が殺害されると、ジョンソン政権は、報復として、民主共和国への北爆を恒常化する「ローリング・サンダー作戦」に踏み切った。さらに、三月八日には海兵隊の二個大隊がダナン基地の防衛を名目として派兵された。マクナマラ国防長官は、当時、最大で二〇万人程度の米軍を投入すれば南ベトナムは安定すると楽観していたが、その後も派兵数は増加を続け、六七年末には四八万五〇〇〇人にも達した。それでも南の情勢は安定せず、米国は長期化し、泥沼化する戦闘に巻き込まれていった［コルコ、二〇〇一、二二五―二二七頁］。

民主共和国に対する北爆が強行されたとき、ソ連のコスイギン首相がハノイを訪問している最中であったため、反発したソ連は民主共和国への援助を強化することにした。また、ミサイルとミグ戦闘機と四〇〇〇人の軍人の中国領内通過を中国に要請したが、当初、拒否された。交渉の末、三月末に妥協が成立、地対空ミサイルなどは中国領内を通過して民主共和国に運ばれることになった[朱、二〇〇一、二六八―二七八頁]。つまり、ジョンソン政権によるベトナムへの本格的な軍事介入は、皮肉なことに、深刻な対立状態にあった中ソ両国が、民主共和国支援の一点では歩み寄ることを可能にさせたのであった。その結果、民主共和国の北爆に対する対抗力が強化されただけでなく、南ベトナムへの人的・物的支援を飛躍的に増加することも可能になった。

栗原浩英が中ソの資料にあたって分析したところによると、中国は、一九六五年六月から六八年三月までに約三二万人を派遣し、主として民主共和国軍が南下した留守部隊として、民主共和国を防衛するとともに、北爆で破壊された鉄道、橋、道路などの補修にあたった。他方、ソ連は、戦争の全期間を通して中国よりずっと少ない、延べ六三〇〇人余の将兵を派遣したが、主として地対空ミサイル部隊であったため、米軍機の撃墜に貢献したという[栗原、二〇〇〇、一二五、一一八頁]。

米国における反戦運動の始動

この戦争拡大に真っ先に抗議したのは、八二歳のクエーカー教徒、アリス・ハーズであり、一九六五年三月一六日に焼身自殺をはかった。彼女と親交のあった芝田進午の下に送られた遺書には「世界を　すべての人間が　人間らしく平和に生きる場所にするか　それとも破滅させるか　それをきめる

責任は　皆さんの手にあるのです」と書かれていた〔芝田、一九六八、二五六頁〕。

また、ミシガン大学アナーバー校の教員たちは、抗議のストライキを計画したが、大学当局の圧力で断念し、代わりにベトナム戦争の真相を伝える「ティーチ・イン」という名の講演会を企画した。この名は公民権運動の「座り込み」(シット・イン)から連想したもので、三月二四日から翌日まで徹夜で行われた。三〇〇〇人もの参加者があり、関心の高さが示された。その後、このティーチ・インは一週間以内に全国の三五もの大学で実施され、五月には首都ワシントンで全国ティーチ・インが実施された。中には戦争支持派から妨害を受けるケースもあった。

四月一七日には、SDSが計画していた反戦集会が首都ワシントンで開催され、主催者の予想を超えた二万人もが参加して大成功を収めた。この集会の開催にあたり、SDSは「ベトナム戦争反対」という目的に賛同すれば誰でも参加できるという「非排除原則」を設定した。これに対して、リベラル派の団体は、右翼からの攻撃を恐れて、共産主義団体の排除を主張したが、SDSは反共主義に固執していたのでは冷戦の論理を乗り越えられないとして、「非排除原則」を貫いたので、SANEなどのリベラル派は不参加となった。一方、「デュボイス・クラブ Du Bois Club」のような共産党系の団体が参加した。このようにトロツキストも含めて共産主義系の団体が大規模な集会に参加するのはマッカーシーの赤狩り以来、初めてのことであった。また、集会のスローガンについて、SDSは、当初、「即時撤退」を主張したが、他団体から「極端」との批判が出て、「和平要求」にとどめた。この集会では、フォークソング歌手のジョーン・バエズが反戦歌を披露したほか、SDS会長のポール・ポッターが「米国がベトナムの人々の運命を支配することを許しているシステムとは何か」と問いかけ、その変革を訴えた[Halstead, 1978, pp. 51–61]。

このSDSによる反戦集会に対するマスメディアの注目度は低かったが、大学生の間でのSDSの知名度は一挙に高まり、会員の急増をもたらした。SDSは、元来、アイビー・リーグなどの有名大学の学生・院生が中心であったが、ベトナム反戦の旗を掲げたことにより、全米各地の大学生が参加するようになり、各地の支部が反戦運動に取り組むようになった。

日本におけるベトナム反戦運動の始まり

米国で学生や知識人を中心としてベトナム反戦運動が始まっても、米国の多数派はなおジョンソンを支持していた。開戦当初の世論調査では、ジョンソン大統領の戦争処理策の支持が六五％、そのうち四七％は米軍の増派を支持しており、撤兵支持はわずか一一％であった[マクナマラ、一九九七、二五七頁]。つまり、米国の場合、開戦当初、反戦派は圧倒的に少数だった。運動をまずティーチ・インから始めたのもそれ故であった。

その点について、哲学者のジャン＝ポール・サルトルはこう語った。「アメリカの左翼の政治的重みはゼロにひとしい。かれらは交渉を実現させる力をもっていない。（中略）今日、政府支援のもとに、世論は人種差別反対闘争に動員されているため、国民の注視はジョンソンがヴェトナムでやっていることからそらされています」（『世界』一九六五年四月号、一七一―一七二頁）。

つまり、ベトナムへの米国の軍事介入が本格化した当時、米国の反戦運動は圧倒的に不利な状況から始まったのであり、日本や西欧の運動が米国の運動を支援する必要があったのはそのためであった。

例えば、哲学者のバートランド・ラッセルがベトナム戦争の戦争犯罪を裁く国際法廷(ラッセル法廷)を二回にわたり一九六七年に北欧で開催したのも、それ故であった。

北爆が始まった直後から世界各地で抗議行動が始まった。いいだ ももによると、六五年二月七日にはニューヨークの国連本部前とトロントで、翌八日はニューヨークで、一〇日にはジャカルタ、デリー、カルカッタ、メルボルン、コペンハーゲン、一一日にはサンチャゴ、ピサ、ジェノヴァ、一二日にはパリ、オスロ、ウィーンなどであった[「ベトナムに平和を!」市民連合編、一九七四、上・二五頁]。

それに対して、日本で最も早く抗議行動を起こしたのはベトナム人留学生で、二月一三日に約五〇人で抗議デモをした。彼らはほとんど南ベトナム出身者で、日本に来てからサイゴン政権の「傀儡性」に気づき、強制送還の危険を冒して抗議行動を始めたグループで、後に「ベトナムに平和と統一を求めるベトナム留学生の会」(べ平統)を結成して活動した。次に、嘉手納《かでな》などの米軍基地からベトナムへの出動が激しくなっていた沖縄では二月一五日に一五〇人の抗議行動があり、本土では二六日に東京で総評傘下の東京地方労働組合評議会が三〇〇〇人の集会を開催した[吉川、一九九一、九一頁]。また四月二二日には、武藤一羊など部分的核実験停止条約などの評価で原水協を離れた平和運動家を中心に、「ベトナムの平和を願う市民集会」が五〇〇—六〇〇人を集めて開催された(『季刊 運動〈経験〉』二八号、二〇〇九年八月)。日本平和委員会の場合は、四月二四日から四〇〇〇人を集めて「アジアの平和のための日本大会」を開催し、日本のベトナム戦争加担に抗議するとともに、反戦運動の幅広い統一を実現するため、六〇年の安保反対国民会議の再開を要求した[日本平和委員会編、一九六九b、二八一—二八八頁]。

このように、日本での反応は欧米や他のアジアに比べて、遅い印象があり、いいだももは、「スロー・スターティング」「セルフ・スターティング」と特徴づけた〔「ベトナムに平和を！」市民連合編、一九七四、上・二六頁〕。それは、原水禁運動をめぐる社共の分裂のしこりが残っていたことに加え、日韓基本条約が六五年二月二〇日に仮調印され、多くの平和運動家の関心がそれに集中していたためでもあった。そうした中で、三月に鶴見俊輔と「声なき声の会」の事務局長をしていた高畠通敏《たかばたけみちとし》が北爆に抗議する運動の開始を相談、『何でも見てやろう』の刊行で著名になっていた小田実《おだまこと》に若手の代表として参加してもらい、四月二四日に「ベトナムに平和を！市民文化団体連合」として抗議デモを呼びかけることになった。この時点で「市民文化団体連合」となっていた（後に市民連合と改称）のは、「声なき声の会」や「わだつみ会」、「新日本文学会」などが団体として参加していたからであった〔小林、二〇〇三、九一―九二頁〕。この集会の呼びかけにはこう書かれていた〔「ベトナムに平和を！」市民連合編、一九七四、上・xi、五頁〕。

言いたいことは、ただ一つです――「ベトナムに平和を！」

この声は、私たちのみでなく、世界のほとんどすべての人間、いや人類の声でしょう。アジアの地のこの一角、東京で、私たちは今この声をあげる。この声は小さいかも知れない。しかし、こだまはこだまをよんで、世界に、すみやかに、着実にひろがって行く。たとえばアメリカに、中国に、もちろんベトナムに。そしてその声は、私たちの政府を、動かすだろう。（中略）

私たちは集まり、集会をひらき、歩く。私たちは、ベトナムについて、おのおの言いたいことをもっている。それを声にだして言おう。（中略）

「私たち」というのは、つまり、この文章を読むあなたのことです。
来て下さい。一人一人。ベトナムに心をはせる日本人の一人として、人類の一人として、声をあげて下さい。

そして、小田実、開高健《たけし》、堀田善衛《よしえ》、高橋和巳、小松左京などの著名人など二一名の呼びかけ人の名前が列挙されていた。

この呼びかけ文は普通の市民が個人として行動するように促していた。日本の社会運動は、長い間、組織が中心で、中央の指導部の指示で個人が動員されるのが一般的であったが、べ平連は、個人が自発的に結びつく新しい市民運動として誕生した。その特徴は、小田実のような著名な知識人が多数参加したことによるマスメディアの高い注目度、「声なき声の会」のような草の根の市民運動の参加による広がり、その上、部分的核実験停止条約の評価で原水協を離れた武藤一羊や、平和委員会を離れた吉川勇一らのような社会変革志向の平和運動家も参加したところにあった。この第三グループの代表として武藤は、鶴見俊輔に会い、合意の上でべ平連に参加したという。このグループは、一九六六年一一月に共産主義労働者党を創設するが、この党とべ平連との関係について、武藤はこう証言している。「もともと共産党の中でも、大衆運動の現場にいた人が多かったですから、党の大衆運動に対するひきまわしだけはしたくないということは自覚的に感じていた」と［池田・天野編、一九九四、三一―三四頁］。

つまり、社会変革志向のグループもべ平連に個人として参加し、あくまで「大衆運動優先」の立場にたち、政党の意向でべ平連運動を「引き回す」ことは自制したという。ただし、吉川がべ平連の事務局長に就任したように、このグループの長年の反戦運動経験がベ平連運動に一定の影響を与えたのは事実だろう。六五年四月二四日午後、清水谷公園には約一五〇〇人が集まり、平和的だが個性的なデモを実行した。先に触れた日本のベトナム反戦運動が、「遅く(スロー)」始まったが、「自発的に(セルフ)」始まったと特徴づける議論があるのはこのベ平連の誕生を念頭に置いていたからであろう。

日本の世論と一日共闘の実現

米国の場合は、当初、反戦運動が国民世論から孤立した状態でスタートせざるをえなかったのに対して、日本の場合は、多数の世論がベトナム戦争に批判的であった。例えば、五月に統計数理研究所が実施した「マス・コミュニケーションの効果の統計数理的研究」の中で、「現在、ベトナム問題で一番悪いのは、つぎのうちどこですか」という問いに、アメリカが三三%、ベトコンが八%、中共が六%、ソ連が四%、北ベトナムが三%、南ベトナムが二%となり、わからないが三〇%もあったが、多くが米国の責任と考えていた〔内閣総理大臣官房広報室編、一九六六年、一五六頁〕。また、『朝日新聞』が八月五・六日に行った世論調査では、①ベトコンが勝つと日本やアジアの他の国も共産主義になると思うかの問いに、共産主義になると思うが一七%、直接の影響はないが四二%、②北爆に賛成が四%、反対が七五%、③ベトナム戦争が米中などの大国間戦争になる恐れがあるかの問いに、心配があるが五七%、心配はないが二〇%、④ベトナム戦争が拡大すると日本が巻き込まれる心配があるかの問いでは、心配があるが六〇%、心配はないが一九%であった(『朝日新聞』一九六五年八月二四日)。

つまり、一九六五年半ばごろの日本の世論の多数は、ベトナム民主共和国による「侵略」から南ベトナムを守る戦いという米国政府の論理には懐疑的であったし、ベトナムの共産化は日本を含む他のアジア諸国の共産化につながるという「ドミノ理論」にも批判的であった。むしろ、北爆の実態は、アジア太平洋戦争中の空襲体験から、民主共和国側への同情的な意見を抱かせたし、戦後の日本で高まったアジアやアフリカの民族運動への関心は、ベトナムの民族自決や統一への共感を生み出していたといえるだろう。米国では、本格介入後も、当初は、ジョンソン支持が圧倒的であったのと著しい対照をなしていたのである。

ベトナム戦争に多くの国民が疑問を感じていたにもかかわらず、社共は原水禁運動分裂のしこりから統一行動になかなか踏み切れなかった日本の状況からすると、ベ平連のような市民の自発性に基づく新しい運動スタイルが誕生したのも自然なことであった。ただし、自発的な市民運動といっても、参加者の数は限られており、欧米ではすでに何万人もの大規模集会が開催されていたことに比べると、日本の運動の立ち遅れは明らかだった。

そのため、社会党系の知識人が結集していた国民文化会議の日高六郎（東京大学教授・社会学）のほか、阿部知二（作家）、小林直樹（東大教授・憲法学）、中野好夫（作家）、野上茂吉郎（物理学者）などが一九六五年五月一一日にベトナム反戦のための一日共闘の実現を呼びかけた。その際の趣旨は、①ベトナム問題はベトナム人民の手へ、②米軍の北と南での軍事行動の即時停止、③一切の非人道兵器の使用反対、④日本政府の協力反対、の四点であった（『世界』一九六五年七月号、八五―八六頁）。

この呼びかけに社会党、共産党、総評、中立労働組合連絡会議などが賛成したほか、ベ平連や声なき声の会など多くの市民団体も参加した形で六月九日に一日共闘が実現した。

図3　社会党・共産党の一日共闘(1965年6月9日，機関紙連合通信社提供)

「六・九ベトナム侵略反対国民行動の日」と称したこの集会は昼と夜の二回開催され、主催者を代表して中野好夫は、六〇年の安保闘争以後「運動はとめどなく分裂に分裂をかさね、徒らにお互い罵詈雑言を投げ合って、ほんとうの敵に対して向けなければならない筈のエネルギーを、お互いのなかで自爆させ、雲散霧消させてしまってきた」と語った。つまりベトナム反戦を、日本の平和運動に訪れた貴重な大同団結の機会にしようという呼びかけであった。この呼びかけに応えて、主催者発表で三万七〇〇〇人(警察発表で三万人)が参加した(『朝日新聞』六月一〇日)。六一年の政治的暴力行為防止法反対運動以来の盛り上がりを示したが、いいだ ももによると、永山公安委員長は、閣議で六・九集会について、「文化人の呼びかけに応じて開かれた点、安保以来最大の規模に達した点、一部に先鋭な動きが見られた点で、注意を払わなければならない。全国約二百箇所で十万八千人が動員され、二十名の検挙者を出した。ベトナム反戦の運動は今後もかなり活発化する可能性があり、警戒の要がある」と報告したという(『世界』一九六五年八月号、一九三、一九九頁)。

　ここにベトナムの平和を願う広汎な連合の芽が誕生したが、一日だけの共闘に終わった限界もあった。それは、共産党が六〇年安保闘争時に結成された国民会議のような恒常的共闘組織の再開を要求したのに対して、社会党の右派は共産党との恒常的な共闘には反対していたし、院内では民社党や公明党との共闘を重視する意見も強かったからであった。また、原水禁運動の分裂によるしこりも影響していた。

日本政府の対応

北爆が本格化する直前の一九六五年一月、日米首脳会談が開催され、ジョンソンは就任間もない佐藤栄作首相にベトナムでの苦境を訴え、「旗幟を鮮明に show the flag」するように迫った。すでに韓国は医療部隊の派遣を決定していたし、八月には戦闘部隊の派兵にも踏み切り、最終的に、延べ三一万二〇〇〇人も派兵して、米国に次ぐ外国部隊となった。その他、オーストラリア、ニュージーランド、タイ、フィリピンなどが派兵したので、日本に対しても派兵圧力が高まっていた。それに対して、佐藤首相は、沖縄返還に執念を燃やしていただけに、ベトナム戦争の拡大が沖縄の米軍基地の重要性を高め、返還が遅れることを懸念していた。また、憲法九条の制約もあり、ベトナム戦争における米国の立場に支持を表明しつつも、非軍事面での協力を約束するにとどめた〔シャラー、二〇〇四、三三二—三三四頁〕。

ジョンソン政権側からすると日本政府の態度は不徹底なものと映ったが、米軍の介入が本格化した二月以降の展開に対する佐藤政権の反応はその不信感を一層強めるものであった。三月に佐藤政権は、元外交官の松本俊一を政府特使として東南アジアに派遣し、実情の調査にあたらせたが、その報告書では、①ベトコンは共産主義運動というより民族主義運動であり、ソ連・中共・北ベトナムの支配を受けているわけではないので、②北爆を継続しても北ベトナムが和平に応じたり、ベトコンがゲリラ活動をやめるかどうか疑わしいと書かれていた。その報告書に対して米国政府は強く反発し、四月七日に開催された上院外交委員会の非公開聴聞会の場で、フルブライト委員長とボール国務次官の間で論争が発生した。その場で、松本報告を報道した『朝日新聞』と『毎日新聞』が槍玉に挙げられ、ボール次官とマッカーサー次官補は両紙は「共産主義者に浸透されている」としてその信頼性を否定した（『世界』一九六五年七月号、一五二頁）。

このようなジョンソン政権の反発に驚いた日本政府は、松本報告は政府見解でないとの弁明に追われた。また、椎名外相は、四月一四日の衆議院外務委員会で、「ヴェトナムはフィリピン以北ではないけれども、しかし周辺である、しかもその周辺に起った事実が極東の平和と安全に至大の影響を持つものである、（中略）したがって直接日本の施設を利用してそこから作戦行動を起こすという場合にはこれは事前協議の対象になりますが、（中略）いろいろの補給等のために日本の施設を利用するということは、これは安保条約のたてまえから日本が当然やるべきことである」と答弁した（『世界』一九六五年七月号、一五二―一五四頁）。

この答弁では、六〇年の安保改定時に問題となった安保条約解釈の重大な変更が行われた。その第一は、安保条約の対象となる「極東の範囲」を「フィリピン以北」という当時の答弁を拡張して、ベトナムを「フィリピン周辺」として含めたこと、第二に、在日米軍基地からベトナムへの直接的な出動は事前協議の対象となるが、補給であれば対象外との答弁をしたことである。それ故、以後、在日米軍基地からの米軍の行動が「直接出動」か「補給」かが重要な争点となった。

このように、日本政府は椎名外相の答弁で、ジョンソン政権のベトナム政策への協力を表明したが、それでも、不信はぬぐえず、ジョンソン政権は、四月二四日にロッジ元駐ベトナム大使を日本に派遣して、ジョンソン政権のベトナム政策を支持するように強く要求した。

戦争報道規制の動き

ベトナム戦争がエスカレートするにつれて、それを批判的に報道することが多かった日本のマスメディアに対する圧力も強まった。一九六五年五月九日、日本テレビが放映した「ベトナム海兵大隊戦記」の中に米兵が「ベトコン」を殺害する残虐シーンがあったことに橋本登美三郎官房長官やアメリカ大使館が抗議し、続編の放映が中止となった。一〇月五日には、ライシャワー駐日大使が、『毎日新聞』の大森実外信部長や『朝日新聞』の秦正流外報部長が北爆でライ病院などの民間施設が被害を受けていると報道したことをとらえて、「日本の新聞のベトナム報道は均衡のとれた報道をしていない」と二人を名指しして批判し、大問題になった。ジョンソン政府が北爆で民間施設も標的にする「ジェノサイド」を行っているとの批判にいかに過敏となっていたか、を示す事態であった。『朝日新聞』はすぐハンフリー副大統領やラスク国務長官などジョンソン政権高官のインタビューを載せて「均衡」をとったが、大森は結局、辞職に追い込まれた〔大森、一九七一、二四、三五五頁〕。

日本では、国民世論の多数はベトナム戦争に批判的であったので、それを背景に、現場の記者は勇気を奮って、解放区や民主共和国に入り、虐殺や北爆の「ジェノサイド」的実態を暴露したのであった。しかし、米国政府は強く反発し、日本政府もそれに追随して、報道の自由が侵された事例が発生した。しかも、それは、戦争初期に限定されず、六七年一〇月三〇日、ＴＢＳテレビの人気番組「ニュースコープ」のキャスター田英夫《でんひでお》による「ハノイ・田英夫の証言」の名で、芸術祭参加作品として放映された番組でも発生した。ちょうど、吉田茂元首相の国葬の前日であったこともあり、自民党の幹部がＴＢＳの首脳部を呼んで、この番組を「いまどきハノイに行けばああいう共産主義の宣伝的なものが出来ることは決まってる」と批判した。その結果、翌六八年三月、田英夫は、成田闘争の報道も絡んで、「ニュースコープ」のキャスターを降板させられることになった[田、一九七二、一五〇―一五四、一八二頁]。

米国における反戦連合の形成

各大学でのティーチ・インの成功を受けて、全国的なティーチ・インを開催すべく「ベトナム公聴会のための大学間委員会」が発足し、一九六八年五月一五日に首都ワシントンで開催された。当初、大統領補佐官のマクジョージ・バンディの出席が予定されていたため、マスメディアの注目が集まったが、ジョンソン大統領から横槍が入り、代わって歴史学者のアーサー・シュレジンガー二世が出席した。その場で、彼は、北爆を縮小し、南ベトナムへの地上部隊を増派した上で、交渉を行うように主張したので、参加者から批判の集中砲火を浴びた。反対派としては国際政治学者のハンス・モーゲンソーが出席したが、白熱した討論の模様はテレビ中継され、一〇万もの人々が視聴したという[Benedetti, 1990, pp. 114-115]。

続いて、五月二一―二二日にかけて、三六時間に及ぶティーチ・インがカリフォルニア大学バークレー校で開催され、延べ二万人が参加した。このティーチ・インの成功からジェリー・ルービンなどを中心として「ベトナム・デー委員会」が誕生し、西海岸における反戦運動の中心となるとともに、べ平連との交流の窓口となった。

このように各地で開催されたティーチ・インは、ベトナム問題に対する学生の関心を高めたが、六月に開催されたSDS大会では、トム・ヘイドンらの幹部が「戦争は労働者階級にとっての関心事ではない」として、活動を設立当初の目標である北部の貧困地帯でのコミュニティ活動に戻すように主張し、受け入れられた〔デリンジャー、一九九七、二四一―二四二頁〕。確かに、全米の労働組合の中央組織であるアメリカ労働総同盟産業別組合会議（以下、AFL・CIOと略記）はジョンソン政権のベトナム政策を支持しており、反戦運動の主要な担い手は学生や知識人、宗教家に限定されていた。その結果、SDSは反戦運動の司令部から、一時的に撤退することになるが、各大学支部の連合体的な性格の強いSDSは、個々の大学支部の判断で反戦運動を継続するところもあった。

一九六五年八月六日と九日は広島と長崎への原爆投下二〇周年にあたったため、非暴力行動委員会や戦争抵抗者連盟、学生平和同盟などが中心となり、原爆犠牲者の追悼も兼ねて、「代表されざる人民議会」を開催した。この会合では、アメリカ人とベトナム人の「講和宣言」が発表され、それを連邦議会に手渡すデモの先頭には、『リベレーション』誌の編集者、デイヴィッド・デリンジャー、SNCCの指導者、ボブ・モーゼス、歴史家のストートン・リンドなどが立ったが、米国ナチのグループから赤いペンキを浴びせられ、マスメディアはそれに注目した。この会合の中で、ルービンが秋に国際反戦デーの開催を提案し、その準備機関として、諸団体の連合体である、「ベトナム戦争終結全国調整委員会」(NCCEWV、以下、全国調整委と略記)が発足した。

この全国調整委には、非暴力行動委員会、戦争抵抗者連盟、社会主義労働者党、共産党、SNCC、SDS、アメリカ・フレンズ奉仕委員会、平和のための女性ストライキの会(WSP)など新旧左翼が中心で、SANEのようなリベラル派は参加しなかった[Halstead, 1978, pp. 98–99]。

日本における原水禁運動分裂とベトナム反戦

日本では日韓基本条約が一九六五年六月二二日に正式調印され、革新陣営はその批准阻止に関心を集中させ始めていた。同時に、日韓の国交正常化は、長年、米国が中国封じ込め政策の一環として強力に推進してきたことであり、ベトナム戦争の「米国化」と連動して北東アジアの反共封じ込め体制(NEATO)を結成する狙いがあると判断されていた。それ故、ベトナム反戦と同時に日韓条約反対も社会党・総評と共産党の一致する課題となっていた。

事実、六月初めにはハノイで第二回のベトナム労働者人民支援国際労働組合委員会が開催されたことを『月刊総評』八月号が報じていた。また、一二月号で、総評事務局長の岩井章は、米国のAFL・CIOがベトナム戦争支持の方向で各国の労組に働きかけを強めたため、共産党系の世界労連に対抗して一九四九年に結成された国際自由労働組合連盟の内部でヨーロッパ系の労組から反発が出ていると報告した。また、北川義行教宣局長の巻頭言では、総評大会で新産別(一九五二年に産業別労働組合の結成をめざして総評を脱退した労組の連合体)の代表が「アメリカも悪いが、アメリカにそうさせたベトコンや北ベトナム側も悪い」という「喧嘩両成敗」論を展開したことを批判し、ベトナム問題の解決には「アメリカにジュネーブ協定を尊重させてアメリカ軍を撤退させ、ベトナムのことはベトナム人自身に解決させる」べきだと主張していた。

社会党では、青少年局が総評青年対策部や日本社会主義青年同盟〔略称、社青同〕に呼びかけて、八月三〇日に反戦青年委員会を結成、一〇月一五日には「日韓条約粉砕・ベトナム侵略反対のための全国青年学生総決起集会」が開催され、一万数千人が参加し、米国の全国調整委からのメッセージが紹介された。この反戦青年委員会は、それまでの組織統制の強い運動とは異なり、個人の創意、運動の自主性、青年学生の広範な統一の三原則を掲げて発足〔高見編著、一九六八、七三―七六頁〕し、職場ごとに個人参加の原則で組織されたが、後に新左翼系党派の影響が強まり、社会党や総評と対立するようになる。

他方、原水禁運動では、前年の一〇月に中国が原爆実験に成功したことをめぐって、原水協はアジアの核戦争防止のための「防衛的措置」と評価したのに対して、社会党や総評は抗議声明を出した〔和田、二〇一四、八六頁〕ので、社会主義国の核実験をめぐって再び対立が表面化した。原水協の第一一回世界大会は、七月二九日から八月二日まで東京で開催されたが、ソ連・東欧などの団体が不参加となった。それでも、ベトナム民主共和国と解放戦線からの代表参加の意思表示があったが、日本政府が拒否したため、テープによるメッセージが会場に流され、ベトナム侵略を糾弾し、ベトナム人民支援の特別決議が採択された〔日本平和委員会編、一九六九b、四二七―四二八、四三一―四三四頁〕。

原水禁運動では対立が継続したが、日韓条約批准阻止とベトナム反戦を掲げた社会党・総評と共産党との一日共闘が一一月九日には実現し、中央集会だけで一七万八〇〇〇人が参加したが、佐藤内閣は一一月一二日に日韓条約を衆議院で強行採決した。それに抗議して総評傘下の国鉄労組では時限ストが決行された［日本平和委員会編、一九六九a、二七九頁］。

べ平連の発案者には鶴見俊輔のように戦前に米国留学し、帰国後、『思想の科学』を発行して日常の経験から思想を構築する姿勢を重視した哲学者とか、小田実のように一九五〇年代の末に米国留学し、帰路で見た世界旅行の見聞を『何でもみてやろう』というヒット作にまとめた人物がいただけに、米国の事情には詳しかった。その上、六四年四月二四日の第一回デモには米国の平和運動家が参加し、帰国後、ベトナム・デー委員会とのパイプ役を果たした。その結果、五月二二日に実施された第二回デモは、ベトナム・デー委員会との同時開催となった［「ベトナムに平和を！」市民連合編、一九七四、上・一七、二七頁］。

また、八月一四日から一五日には「徹夜ティーチ・イン――戦争と平和を考える」が赤坂プリンスホテルで開催され、国際政治学者の坂本義和、経済学者の長洲一二、日高六郎、いいだもも、開高健が参加したほか、自民、社会、公明、共産の政党関係者も参加した。司会は、桑原武夫、鶴見俊輔、久野収が務め、東京12チャンネルがテレビ中継したので、べ平連の名を一躍広める効果をもった。この会合には、ＳＤＳのカール・オグルスビーが参加し、自民党議員と激しい論争を展開したし、戦争体験を語る第二部で、司会の無着成恭が天皇の戦争責任に触れた途端にテレビ中継が中断されてしまった。受付には、後に東大闘争全学共闘会議（略称、全共闘）の議長となる山本義隆が座っていたという［小熊、二〇〇九、下・三一一―三一二頁］。

その後、べ平連は九月から毎月一回の定例デモを実施するようになったが、自主性を尊重し、規約も綱領も会員登録もない、あくまで「個人原理」を重視する運動体というユニークな実験を始めた。また、翌一〇月からは機関紙『べ平連ニュース』の発行が始まり、「言い出しっぺがその行動の責任をもつ」習慣が定着し、『ニューヨーク・タイムズ』紙に反戦広告を出そうという企画は、提案者の開高健が担当し、二四〇万円もの募金を集めて、一一月一六日の掲載を実現した〔「ベトナムに平和を!」市民連合編、一九七四、上・四五―四六、五八頁〕。

米国における反戦運動の拡大と内部対立

米国で全国調整委が一〇月半ばの国際反戦デーを準備する過程で、全国各地に反戦の地方組織の結成が進んだ。中でも、九月に、ハーレムの教師で公民権運動の指導者であったノーマ・ベッカーとデリンジャーが呼びかけて、「ニューヨーク五番街平和行進委員会」が結成され、東海岸での反戦運動の中心に成長していった。一〇月一五―一六日に実施された国際反戦デーは、全米の数十都市で実施され、約一〇万人が参加したが、マスメディアが一部の都市で発生した徴兵カードの焼却に注目したため、カッツェンバック司法長官は、デモ隊への「共産勢力の潜入」を調査すると主張した。また、いっこうに撤兵の姿勢を見せない政府の姿勢に苛立ち、一一月初めにはクエーカー教徒のノーマン・モリソンが国防総省前で抗議の焼身自殺を強行した。三二歳であった。この光景を目撃したマクナマラ国防長官は、のちに「モリソンの事件は、わが家に緊張をもたらし、ベトナム戦争をめぐる意見の対立や批判が、拡大し続けるにつれて、この緊張も深まるばかりでした」と回想した〔Wells, 1994, pp. 57–58〕〔マクナマラ、一九九七、二九二―二九三頁〕。

他方、急進的な反戦運動に対するマスメディアの批判や政府の規制強化の動きを受けて、一一月半ばに実施されたリベラル派のSANE主催の反戦集会は、即時撤兵を主張するラディカル派を排除する形で実施され、ジョンソン政権の和平姿勢を評価するとともに、星条旗を掲げて、正装で参加することまで求められたという［デリンジャー、一九九七、二四六―二四九頁］。また、全国調整委の内部では、秋に行われた統一行動の成功を受けて、トロツキスト系の社会主義労働者党が全国調整委を全国的な統一組織に格上げするように提案したが、共産党系が激しく反対した。このような党派対立の激化に、無党派層が幻滅する事態となり、かろうじて翌六五年三月末の統一行動を決定したものの、全国調整委の指導力は急速に低下していった。

小田実の「海外平和遊説」

小田実は、一九六五年九月にミシガン大学で行われたベトナム反戦国際集会に参加した後、全米各地で平和運動家と交流し、さらに、足を延ばして西欧からソ連、インドなどを回って翌六六年四月に帰国した。また、六月から七月には世界平和評議会の大会に出席したほか、九月にはソ連のバクーで開催された作家会議にも出席し、ベトナム反戦のネットワークづくりに奔走した。その体験は雑誌『世界』に連載した後、『義務としての旅』と題して一九六七年に刊行された。

小田は、欧米のアジア専門家の中に、アジアへの無知や保護者的態度があると批判した。つまり、「ライシャワーをはじめとして多くのアメリカのアジア（中略）研究者と話すとき、どうしようもないもどかしさを感じるのだが、そのもどかしさは、彼らの多くがベトナム反戦運動のなかでの若者のように、アジア・アフリカの新興国を自分と対等なものとして見るという視点を十分にはもっていないから」と。そこで、小田は、日米の市民が交流する会合をもって、「アジアの意見と行動を直接的なかたちで体得してもらう」会議を計画していった〔小田、一九六七、一八、一五八頁〕。

また、アメリカ人がベトナム戦争での残虐行為に無関心であるとのデリンジャーの指摘に関連し、小田は、アメリカ黒人の多くから「ヒロシマ」や「ナガサキ」とベトナム戦争の共通性として人種戦争の側面があることを聞いたと指摘し、アメリカ人の無関心の背後に人種の壁があると示唆した。さらに小田は、自分が一三歳のときに大阪で空襲を体験したことが原点になっており、「絶対平和主義、非暴力を自分の根本原理としてもっているのだろう。それは、私の戦争体験に根ざした根本原理であり、(中略)私が日本国憲法第九条を強く擁護しようとするのも、そこにそうした原理が背骨としてあるから」だという実感を確認した〔同、六一、一六六頁〕。

他方、ソ連を訪問した折、小田は、ベトナム民主共和国や解放戦線の代表と会談し、日本における反戦運動の実情を伝える貴重な機会を得たものの、「社会主義国の平和運動、あるいは、その根底に横たわる人々の考え方に微妙な異和《ママ》感をもった」という。それは、ソ連のベトナム反戦集会が「官製」で個人の自発性に基づくべ平連の集会とは全く異なると感じたからであった〔同、一六〇―一六八頁〕。

このようにして、欧米の多くの平和運動家と懇意になった小田は、一九六六年に米国の指導的な平和運動家を日本に招き、連続講演会や日米反戦市民会議を開催してゆく。

アメリカ人のハノイ訪問

ジョンソン政権は、北爆を軍事目標に限定している、と説明していたが、ベトナム民主共和国政府は、民間人にも被害が及んでいると非難し、その実態をアメリカ人に目撃させ、証言してもらうために、アメリカ人を民主共和国に招待することを計画した。しかし、ジョンソン政権は、敵対している民主共和国を「渡航禁止地域」に指定していたため、渡航すれば、パスポートの剝奪などの法的処罰を受ける恐れがあったし、反共意識の強い米国社会故に社会的に排斥される危険もあった。それにもかかわらず、反戦の意思表示として、あえてその招待を受け入れ、ハノイを訪問する勇気あるアメリカ人もいた。

最初の訪問者は、一九六五年五月に開かれた第二次世界大戦終結二〇周年の集会でモスクワを訪問した平和のための女性ストライキの会(ＷＳＰ)の二名だった。そこに参加していたベトナム女性同盟のメンバーが、二人をハノイに招待した。当時の民主共和国ではアリス・ハーズの焼身自殺による抗議が広く宣伝され、記念の通りさえ設けられていたように、米国政府と人民を区別する意識が徹底していた。この招待に応じたメアリー・クラークとロレイン・ゴードンは、ＷＳＰの承認を得ていないため、あくまで個人の資格で訪問するので、公表はしないとの条件でハノイを訪問した。ハノイに着いた二人は病院を訪問し、ナパーム弾やクラスター弾で負傷した多数の負傷者を目撃するとともに、ファム・ヴァン・ドン首相から米国とベトナムの女性団体間の正式会議をジャカルタで開催するよう提案された[Hershberger, 1998, pp. 2-4]。

帰国した二人は、ＷＳＰの指導部にジャカルタ会議の提案について報告したが、中には「敵国」との接触で反核運動が困難になると反対した者もあった。しかし、和平促進のためにも、市民間の交流が大切として、受諾を決定した。七月一二日から五日間、米国から一〇名、民主共和国と解放戦線から合わせて九名での会合が開催された。解放戦線の代表の中には後に臨時革命政府の外相になるグエン・チ・ビンも含まれていた。会合の結果、両者は「ジュネーヴ協定の実施がベトナムでの戦闘停止に向けた唯一の解決策」という点で合意した。WSPは、当初、戦争の非人道性などから反戦を主張していたが、この会談を通じて戦争の植民地主義的なルーツを自覚して、米軍の撤退が平和への道と自覚するようになったという[ibid., pp. 6–10]。

この会談結果をWSPはホワイトハウスに報告するとともに、マスコミにも発表したが、主要紙の反応は否定的で、『ニューヨーク・タイムズ』紙は「一〇人のアメリカ人、ベトナムの赤と交流、ハノイのプロパガンダに同調」と報じた。しかし、大学などでの報告会では好評で、その後のハノイ訪問のきっかけとなった[ibid., pp. 23–28]。

八月に開催されたヘルシンキの会議に出席していた進歩的な歴史家として知られたハーバート・アプセーカーは、より多様なメンバーでハノイを訪問することを計画し、イェール大学の歴史家で、公民権運動でも著名なストートン・リンドやSDSの創設者の一人として著名なトム・ヘイドンを誘った。SDSの指導部はハノイ行きに反対したので、ヘイドンは個人の資格で行くことにした。ハノイで三人は、ファム・ヴァン・ドン首相と会い、民主共和国の和平条件が北爆の停止と米軍撤退であることを確認したが、同時に、撃墜されて捕虜となっていた米兵との面会を許された。

アプセーカーは、この折の訪問記を邦訳『アメリカを告発する』として刊行しているが、ベトナムが二〇〇〇年間にも及ぶ抵抗の歴史をもっていることに驚嘆するとともに、ベトナム戦争に抗議して焼身自殺したノーマン・モリソンのことがよく知られており、その子エミリーを気遣う詩があることを知った。その詩は、ベトナム労働党の中央委員会書記のトー・フーが書いたもので、最後の一節はこう書かれていた。

いとしエミリーよ　　夕闇がせまる。
こよい、わたしはそなたを家につれ帰ることができない。
火がもえおわるとき、ママが来てそなたをつれ帰るだろう。
わたしに代わって　　そなたはママを抱きしめ口づけするだろうか。
そして告げよ　　「パパは喜んで行ったよ、ママ、悲しまないで」
ワシントン
いまもなお生き、生きてきた　　たましいのたそがれ、
いまわが心はいやがうえにも燃えさかる、
燃えるわがからだは、真理のたいまつとなる。

この詩を読んで、アプセーカーは、ベトナム人が「するどい国際主義と深いヒューマニズムの感覚」をもつことに感動したという［アプテーカー、一九六七、五七、七五、八一頁］。

帰国後、三人は渡航禁止地域に入ったとしてパスポートを取り上げられたが、その後の訴訟に勝利して、二年後にはパスポートを取り戻した。しかし、ヘイドンは、海兵隊員だった父との関係が断絶したし、離婚していた母は居住地を変えなければならなくなった。また、リンドは、上院外交委員長

のフルブライトに外交委員会での視察報告を提案したが、拒否された。さらに、勤めていたイェール大学はリンドに対する終身雇用の付与を拒否したので、彼は、七二年まで労働組合の専従として活動することになった。それでも、三人の報告会には多数の人々がつめかけたという[Hershberger, 1998, pp. 34-54]。

戦争拡大と和平の間で動揺するジョンソン政権

ジョンソン政権は、一九六五年末のクリスマスを利用して北爆を一時停止し、和平の可能性を探ったが、北爆の無条件停止に応じなかったため、民主共和国との接点は見いだせず、翌年二月初めから北爆を再開した。当時、民主共和国からの解放戦線への物的・人的支援は拡大していたので、南ベトナムの情勢はいっこうに安定せず、派兵された米軍は二一万人にも達していた。南ベトナム米援助軍司令官のウェストモーランドは、六六年七月までに三二万五〇〇〇人への増加を要請していた[マクナマラ、一九九七、二八八頁]。同時に、米軍内部には、米軍の北ベトナムへの侵攻や核攻撃さえ主張する者がいたが、ジョンソン大統領は、北進すれば、朝鮮戦争のように中国軍の参戦の恐れがあるとして、米軍の北進を拒否した。また、「偉大な社会」建設などの内政改革と両立させるため、正式な宣戦布告は避け、「大砲もバターも」実現させる「限定戦争」方針をとった。

その結果、正式の戦争でないため、報道管制は導入できず、「お茶の間戦争」といわれたように、悲惨な戦闘シーンがテレビなどを通じてそのまま各家庭に届くことになった。また、北からの物的・人的支援が止まらないまま、親米のサイゴン政権を擁護しようとすれば、ずるずると米軍の派兵を拡大し、米兵の戦死者も増加するという戦争の「泥沼化」を招くことにもなった。

二　反戦運動の日米交流と国際反戦デーの始まり

フルブライト公聴会の開催と批判意見の増加

米軍の本格的な軍事介入から一年が経過しても、戦況が好転しないため、連邦議会の中では少しずつハト派の議員が増加していった。例えば、上院外交委員会のフルブライト委員長は、当初、ジョンソン大統領のベトナム政策を支持したが、一九六五年四月末のドミニカ侵攻のころから懐疑的になりはじめ、六六年二月半ばになると、ベトナム問題に関する公聴会の開催に踏み切った。フルブライトは、開催の理由に反戦デモの活性化を挙げたが、証言者には、ラスク国務長官などの政府高官とともに、ギャヴィン将軍や元外交官のジョージ・ケナンなどの戦争批判派も含まれていた。ギャヴィン将軍は、ベトナムのような農業国で、都市への人口集中の少ない地域への空爆の効果は限られていると証言した。またケナンは、米国にとってのベトナムの戦略的重要性を否定し、戦争を拡大すれば、米中戦争に発展し、対ソ、対日関係の悪化を招くと批判した。この公聴会はテレビ中継され、何百万もの国民が視聴し、ジョンソン政権のベトナム政策に疑問をもち始めた。事実、世論調査の結果を見ると、ベトナム戦争を「正しい」とする者が六五年八月の六一%から翌年五月には四九%に減少し、誤りとする者が二四%から三六%へと増加していた(一七四頁グラフ参照)[Mueller, 1973, p. 54]。

一九六六年三月末に全国調整委の呼びかけで開催された第二回国際反戦デーでは、全米一〇〇都市で集会が開催され、ニューヨークでは五万人が参加した。サンフランシスコでは、「解放戦線はわれわれをニガーとは呼ばない」という横断幕を掲げて、黒人団体が初めて反戦集会に参加したのが注目された。また、この日には、西ドイツ・フランス・イタリア・オーストラリア・フィリピンでも集会がもたれたほか、日本では原水爆禁止運動も合流して盛り上がりをみせた。また、春ごろからナパーム弾を製造していたダウ・ケミカル社などに抗議する活動も始まった。

さらに、宗教家による反戦の声も上がり始めた。ジョンソン政権が反戦運動を「共産主義勢力の陰謀」と非難した姿勢に疑問を感じた宗教家が、一九六五年一〇月に宗派を超えて声明を発表した。その中で「抗議のあらゆる行動を共産主義の浸透とか、反逆的と特徴づけることは、忠誠なアメリカ人を守ろうとする民主主義そのものの否定になる」と主張した。この声明がきっかけとなり、六六年一月には全国組織が結成され、北爆の停止と解放戦線も含めた和平交渉の実現を要求した。つまり、穏健な立場に徹することで、幅広い宗教家の結集をめざしたのであり、この組織が五月には「ベトナム問題を憂慮する牧師・信者の会」（ＣＡＬＣＡＶ）に発展し、六九年には一〇〇支部、四万人を擁する宗教家最大の反戦組織に成長した[Small/Hoover, eds., 1992, pp. 39-42]。

六六年六月末には、テキサス州のフッド基地で三人の兵士がベトナム行きの命令を拒否する事件が起こった。ベトナム戦争中、初めての現役兵士の反抗であったため、マスメディアも注目し、反戦運動もすぐに、この「フッド基地の三人」の支援体制を組織した。また三人は、ベトナム戦争が「違法」だとして訴訟を起こして争う姿勢を示したが、軍当局は彼らを拘束し、軍法会議で二年間の禁固刑を決定した。

ベ平連と反戦運動の日米交流

非暴力行動委員会のマスティや作家のバーバラ・デミングらは、サイゴンで平和グループと交流する途上、一九六六年四月初めに来日し、サイゴンで接触すべきグループの情報を日本の平和運動家から仕入れた上で、サイゴンに向かった。サイゴンで交流した学生は、平和を主張すると「共産主義者」扱いされるとか、カトリックの神父は解放戦線と和平交渉をすべきだが、米軍の撤退がないとそれは不可能などと証言したという。その後、マスティらは交流の成果を記者会見で発表しようとしたが、警察に妨害され、国外追放処分を受けた[Hershberger, 1998, pp. 58-60]。

その後、マスティらは東京でベ平連の反戦デモに参加し、「ベトナムの運命はベトナム人の手で決められなければならない。米国の運命も米国人の手で、というべきところだが、私はあなたがた日本人に、米国が軍国主義から立ち直るのを手助けしてもらいたい」と述べた(『東京タイムズ』四月二四日、立教大学共生社会研究センター所蔵)。この発言には、日本の運動へのお世辞の要素もあっただろうが、米国の平和運動が、この時点では孤立し、苦戦を強いられていたことの告白でもあった。

次いで、六月一日に、歴史学者のハワード・ジンとSNCCの活動家、フェザーストンが、小田の誘いに応じて来日し、二週間にわたって北は北海道から南は沖縄まで全国一三大学、二三カ所で連続講演を行い、延べ一万五〇〇〇人が参加した。二人は米国におけるベトナム反戦運動の状況を話すとともに、非暴力直接行動の意義を訴えた。どこの会場も満員で、熱のこもった質疑が遅くまで繰り返された。この熱気が後に各地でのベ平連結成につながった。

この講演の中で、フェザーストンは、「日本では諸集団の間で話合いが進まないということだが、どうか共同の敵に対して、共同のたたかいを進めてもらいたい」と語った。また、ジンは、「きわめて行動力に富む小田氏を軸にしたベ平連と、アメリカからやってきた新左翼の理論家と反戦・公民権運動の活動家の間には、心からの了解」が成立しており、「両者に共通するのは、権力にまっこうから衝突するよりもむしろ、権力とは別に、何ごとかをつくりだそうとする、いわば並行主義と、組織より運動を重視する行動主義」にあると指摘した(『朝日ジャーナル』一九六六年七月三日、二一―二三頁)。

この講演旅行に同行した鶴見俊輔は、講演からの教訓として、第一に、日本の学生は理論志向が強すぎるのに対して、ＳＮＣＣの運動は行動から理論を生み出している点を学ぶべきであり、ナパーム弾を製造している工場に座り込みをかけるような市民的不服従を日本でも実践すべきと主張した(「ベトナムに平和を！」市民連合編、一九七四、上・八〇―八六頁)。

ジンにしても、フェザーストンにしても、公民権運動で非暴力直接行動を実践し、米国南部における法的差別を禁止する公民権法の制定に貢献した人物であるだけに、ベトナム反戦運動に非暴力直接行動や市民的不服従という運動形態を導入することを促したのであった。この非暴力直接行動という思想や行動は、当時の日本にはなじみの薄いものであったが、鶴見俊輔は例外的で、ベ平連とは別に非暴力行動委員会を組織して、ハノイ・ハイフォン爆撃の直後にアメリカ大使館に抗議の座り込みなどを実践した。このような抗議の座り込みは道路交通法違反などとして短期間拘留される可能性はあるが、あくまで「非暴力」であるので、新左翼系学生のように、角材で機動隊とやり合うような「暴力的行動」はとらない。また、議会活動中心の革新政党のように、「合法的デモ」に自己限定する方式もとらないのである。それ故、運動形態としてユニークなものであったが、当時の日本では例外的にしか実行されなかった。

この一連の講演を聞いたべ平連事務局長の吉川勇一は「二人のアメリカ人活動家の語る教条主義とは無縁な自由な思考、不服従と直接行動の思想、そして参加する民主主義の実践、それらは当時の日本の運動にとってまったく新鮮なものであり、薄紙が水を吸いとるように講演会に参加した人びと、とくに青年、学生たちによって共感され、吸収された」と述べている［吉川、一九九一、一二四頁］。

日米市民会議の開催

べ平連は、一九六六年八月一一日から一四日まで日米市民会議を東京で開催し、日米反戦平和市民条約を採択した。日本側の参加者は、べ平連の中心メンバー以外に、新村猛、中野重治、森滝市郎、日高六郎、藤井日達、吉野源三郎、北小路敏《きたこうじさとし》など六一名、米国側は、デイヴィッド・デリンジャー（『リベレーション』編集長）、デイヴィッド・マックレイノルズ（戦争抵抗者連盟書記）、ハワード・ジン（ボストン大学教授）など九名で、その他、オブザーヴァーとして、英三名、仏三名、ソ連二名、モンゴル二名、世界民主青年連盟一名、世界平和評議会一名などが参加した。

会議の冒頭、小田が趣旨説明を行い、ベトナム戦争を、平和に生きる権利の破壊と把握すること、日本人はベトナム戦争において加害と被害の二重性を負っており、市民的不服従で加害の立場を拒否すること、国家の原理を拒否して、人類の原理に立脚するが故に、徴兵を拒否する米国の若者を支持することと、日米安保条約による国家間同盟に対抗するため、人民による反戦平和条約の締結を提案する、というものであった。この会議には、ジャン＝ポール・サルトルやアイザック・ドイッチャーに加え、入国を拒否されたベトナム作家同盟からもメッセージが寄せられた（『文藝』一九六六年一〇月、一八二―一九六、二〇九―二一一頁）。

討論の部では、米国側が、米国のマスメディアが反戦運動に敵対的であり、労組も戦争支持であるため、反戦運動は孤立しており、米軍の非人道的な行為をアメリカ人に知らせる方法の解明が必要で、具体的な行動としては、米国製品のボイコット、滞日中の米兵への働きかけ、ナパーム弾の製造会社への抗議などが提案された。日本側では、鶴見俊輔が、国家間の条約とは異なり、市民条約は「自分が自分に対して結ぶ」という道徳的意味はあるとした。新左翼系学生運動の中核派の指導者、北小路敏は、べ平連には運動の官僚統制を打破する意味があるが、ベトナム反戦を各々の「国内問題に転化」させ、「アメリカがベトナムから兵隊を引き揚げなければ、アメリカのジョンソンの体制がつぶれてしまうかもしれない」という社会的危機感を作り出す必要があると強調した。また、傍聴者の意見のまとめとして、日米市民会議がインテリ的で、普通の市民の意識とずれがあるが、相互の立場を理解して議論する姿勢は大切との指摘があった。また、桑原武夫からは、べ平連の発足当初にあった「余裕」が、道徳主義への転換で、「ややなまけもの的な要素を」追い払う作用をしないか心配、と語った。同様に、新村猛は、戦前のファシズムに抵抗した体験から、「もっと穏健な人との連帯」が大切と指摘した（同、二一二―二七二頁）。

つまり、討論では、中核派のリーダーである北小路敏のようにベトナム反戦と革命とを結びつけて一層急進化すべきという意見が出される一方、年齢の高い層からは穏健派との連携の大切さが指摘されていたわけであった。

結局、討論の末、市民条約は部分的な修正の末、賛成する人が署名し、国家の壁を超えた連帯を形成することが大切と確認し、最終日の国際ティーチ・インに集まった一六〇〇人の参加者の前で署名式が行われた。べ平連の会議に初めて出席したという中野重治は、『文藝』の特集号に感想を寄せているが、米国の運動がヴォランタリーに行われている点に感心するとともに、最後に「ウィ・シャル・オウヴァーカム」を皆で歌って「感動を受けた」と記した（↓一四九頁「コラム3」参照）。中野のように、共産党との関係で組織と個人の対立に苦悩してきた知識人からすると、個人原理で展開する米国の運動は大変新鮮に思えたのであろう（『文藝』一九六六年一〇月、三〇〇―三〇五頁）。

なお、日程の都合で出席できなかったサルトルは別途来日し、九月二一日の日比谷公会堂での講演で、知識人の二重の機能を指摘した。それは、実践的知識の技術者として支配階級に育成される存在である一方、人間全体にとって価値ある目的の追求者という二重性である。その二重性の故に、知識人は「孤独のなかでしか、かれの矛盾にみちた状況を生きることができない」が、その孤独は、「不断に大衆の側に立とうとする努力という、とりわけ有益な孤独なのです」と語った（『朝日ジャーナル』一九六六年一〇月九日、一二一―一二五頁）。

このサルトルの指摘は、孤立した個人の社会的実践の意味という実存主義的な実践観を提起し、一九六八年からの大学闘争において「自己否定」の論理に影響を与えたと思われる。

中ソ対立と国際共産主義運動の多様化

中ソ対立は、両国の国家利益の対立を背景にしながら、共産主義運動の路線対立も意味したので、国際共産主義運動の多元化はもはや否定のしようもない現実となった。同時に、ベトナム戦争の拡大は、民主共和国と解放戦線への支援では中ソが歩み寄る可能性も示唆していた。そうした中、日本共産党の書記長、宮本顕治が一九六六年二月から三月にかけて、民主共和国、朝鮮民主主義人民共和国、中国の三カ国訪問の旅に出た。それは、ベトナム支援の点で国際共産主義運動の統一再建をめざす旅であったが、二月一五日にはベトナム労働党との間で反帝民主勢力の統一再建を訴える合意が成立した。朝鮮労働党とも同様の合意ができたが、問題は中国共産党にあった。最初、劉少奇や鄧小平との会談で共同コミュニケ案に関する合意が成立したが、毛沢東の了解を取り付ける段階になって、毛はソ連を名指しで批判する文句がないと反対した結果、共同コミュニケの発表は取りやめになった。日本共産党の立場は、ソ連共産党の路線を修正主義と批判はするが、ベトナム反戦のための国際統一戦線の一翼を担いうるとの判断であった。毛は反米反ソの統一戦線に固執した上、日本の共産党が一九五〇年代に誤りとして清算した武装闘争方針や毛沢東思想の押し付けも試みようとしたため、両党の決裂は決定的となった。その結果、日本共産党は六六年一〇月の第一〇回大会で自主独立路線の採用を決定する［日本共産党中央委員会、一九八二、二二五―二三二頁］。

日本共産党の自主独立路線への転換は、八月の原水協の第一二回世界大会における中国共産党を支持する団体の脱退として発現した。具体的には、世界民主青年連盟代表の大会参加に反対して、中国共産党を支持する一六カ国の代表が一斉に脱退していった。逆に、自主路線を支持する共産党としては、ルーマニア、キューバ、北朝鮮、北ベトナムなどが鮮明となったが、中ソを含んだ国際統一戦線の結成は困難になった。ただし、日本共産党の自主独立路線への転換を、原水禁運動の統一回復のチャンスと受け止める動きも表面化した。

原水禁の大会で、科学者の間では少しでも統一に近づくため、原水爆の禁止をめざす科学者の統一をめざして、歴史学者の江口朴郎らの呼びかけで、原水協の傘下ではあるが、原水爆禁止科学者会議が発足した。第一二回の原水協世界大会の席上で、江口朴郎は「現実に存在する統一の困難を十分知りながらも、これを回避することなく、……われわれ自身が人民大衆の中で原水禁運動を実践することを通じて、運動の統一に寄与したい」と語った。江口の思いは、政党間の路線の違いを大衆運動の中で相対化し、統一の実現を図ろうとするものであったが、統一は実現しなかった（原水協、一九六六年「議事要領二」一五―一六頁）。

米国における新たな連合体の結成

米国における反戦の声は、当初、学生や知識人に限られていたが、宗教界や現役兵士にも広がり始めていた。しかし、全国的な連合体のレベルでは、一九六六年三月の第二回国際反戦デーを最後に、内部の党派対立の激化により全国調整委は機能マヒに陥っていた。そのため、全国ティーチ・インを主催した団体の呼びかけで、七月末に一五団体の代表がクリーヴランドに集まり、新たな連合体の結成について協議した。

その呼びかけの中心となった、ウェスタン・リザーブ大学の社会学者で『リベレーション』誌の同人であったシドニー・レンズは、「ベトナム戦争に反対する人々が学生や奇人、変人に限定されず、……米国政治の主流の一部であること」を示すために大規模な全国集会が必要と考えた。ただし、穏健派の団体の中には、全国調整委が旧左翼政党間の対立で混乱した経緯から、旧左翼系の除外を主張する者もあったが、「平和運動の長老」として尊敬を集めていたマスティが「非排除原則」の継続を主張したため、新しい組織でもその原則が維持された[Wells, 1994, pp. 92-93]。

この合意を受けて、六六年九月には一層多数の団体が参加し、翌年四月に統一行動を実施することで合意した。この方針に基づいて、一一月初めに「春季動員委員会」(以下、春季動員委と略記)が結成され、マスティが議長に選出され、副議長にデリンジャー、レンズなどが就任した。トロツキストを含めた共産主義系団体の排除を主張したＳＡＮＥは、クリーヴランドの支部長が参加した以外、本部組織は参加しなかった。また、国内改革の活動を重視するＳＤＳ本部も参加を見送った。

この頃、アフリカ系学生団体であるＳＮＣＣは、六六年二月にアフリカ系団体としては初めて徴兵拒否を主張した上、六月にはアフリカ系の自立をめざす「ブラック・パワー」を提唱し、組織のメンバーをアフリカ系だけに限定する動きを始めた。また、一〇月にはアフリカ系の地域自治と武装自衛を主張するブラック・パンサー党(Black Panther)が結成された。このようなアフリカ系運動の急進化は、ＳＤＳにも影響を与え、「スチューデント・パワー」が提唱されるとともに、反戦運動を「第三世界革命」と結びつける急進的立場に傾斜していった。その背後には、毛沢東思想を支持する革新労働党(ＰＬＰ)がＳＤＳへの介入戦術を採用したため、ＳＤＳ内でＰＬＰの影響が高まったためでもあった。

こうした急進化の流れを受けて、六六年六月にはSDS委員長のカール・オグルスビーがSNCC委員長のストークリー・カーマイケルと徴兵制反対の共同声明を発表した。また、秋には各大学で「我々は行かない We Won't Go」運動が活発になっていった。徴兵拒否には、五年以下の懲役と一万ドルの罰金を覚悟しなければならなかったので、学生たちはその決意をした上でこの運動に参加した。それが、一二月のSDS大会の場で「抗議から抵抗へ」のスローガンの下で、SDS全体の方針となった。また、SNCCが「ブラック・パワー」を標榜して以来、黒人解放運動から白人が排除されていった関係で、六六年夏ごろからSDSは反戦運動に本格的に参加するようになった。同時に、穏健派も含んだ春季動員委の結成に対応して、一二月末にはシカゴに学生の代表が集まり、学生動員委員会(SMC)が結成された[Wells, 1994, pp. 100, 115-116, 124]。

軍事情勢の行き詰まりとハノイ・ハイフォン爆撃

北爆が開始されてからほぼ一年が経過した時点で、ジョンソン大統領はホノルルでサイゴン政権の首脳、グエン・ヴァン・チュー国家指導委員会議長やグエン・カオ・キ首相らと会議を開き、民政安定計画の推進をうたうホノルル宣言を発表した。この会議は、上院の外交委員会が開催したベトナム問題の公聴会から国民の関心をそらす意図があったといわれる。また、この会議で民政安定計画の重要性が強調されたのは、南ベトナムの解放戦線支配地域への激しい爆撃で、多数の難民が都市部に移住し、都市での食糧や住宅の価格が急騰し、生活が難しくなっていたためであった。とくに、サイゴンは、二年前には一四〇万人だった人口が三〇〇万人に増加し、生活必需品の急騰に悩まされていた。

また、農村部では解放戦線が支配地域で土地分配を実施したので、都市部に逃亡した地主を支持基盤とするサイゴン政権が貧農や農業労働者が喜ぶ土地政策を進めることは困難であった。

つまり、ジョンソン政権とサイゴン政権が民政安定計画を掲げること自体が、その支配の不安定化を自白するもので、一九六六年四月九日には南ベトナム統一仏教会がグエン・ヴァン・チュー政権に対してその退陣を要求した。チュー議長は民政移管の意向も示したが、時間稼ぎにすぎないとの反応も出たという。『朝日ジャーナル』の記者が六五年六月にインタビューしたある南ベトナム市民は、匿名を条件にこう語ったという。「アメリカはわたしたちの自由と安全のためにといって、わたしたちの家よりも大きな戦車を上陸させたが、それはジャングルだけではなく、バナナの林も田畑もつぶしてしまう。ベトコンを殺すといって空からナパーム弾をまかれると、ゲリラよりもっと多い普通の農民が焼き殺される」と(『朝日ジャーナル』一九六六年四月二四日、一〇―一七頁)。

このように民衆の支持を確保するのが難しい米軍としてはますます軍事的手段に傾斜して、増派に次ぐ増派を繰り返したのだが、マクナマラ国防長官は、当初、六五年のクリスマスには米軍の撤退が可能になると公言していたので、増派自体がジョンソン政権への不信の増大となった。

そうした軍事的手段の手詰まり状態の中の、六六年六月二九日、米空海軍は人口の密集する首都ハノイや重要な貿易港のハイフォンを爆撃し、ベトナム戦争は新たな段階に入った。爆撃には、B52の大型爆撃機が投入された。B52は、元来、水爆搭載用の爆撃機で、高い高度からの爆撃が可能であるので、民主共和国軍からの対空砲火を免れるが、しかし、軍事目標に限定した爆撃は困難で、広域に対する無差別のじゅうたん爆撃になり、それだけ民間人の被害が増加したという。そのB52は、当初、グアム基地から南ベトナムを爆撃していたが、グアムからよりも沖縄からの方が近距離なので、六五年七月、台風避難を理由としてB52が沖縄に飛来し、以後、沖縄からの発進が恒常化していった。また、北爆には六六年四月一二日から初めて投入されたという(『朝日ジャーナル』一九六六年四月二四日、一五―一六頁)。

ハノイ・ハイフォン爆撃と総評の一〇・二一反戦スト

総評は、一九六五年の大会でハノイ・ハイフォン爆撃を牽制する意図で、もしハノイやハイフォンが爆撃された場合には、ストライキで抗議すると決定していたので、実際に爆撃が強行されたことに抗議して、一〇月二一日を国際反戦デーに指定して、抗議ストの実施を宣言した。しかし、ベトナム反戦という政治目標でストを組むことには多くの困難が予想された。公務員の場合は処分が予想されたし、組合員が賛成するかどうかも不安だった。

しかし、総評によるこの国際反戦デーの提案に対しては、社会党も共産党も賛成したので、社共共闘が成立した。両党は、六五年六月九日のベトナム反戦集会を共闘して以降、秋には日韓条約反対とセットにしてベトナム反戦の一日共闘を繰り返してきた。日韓条約の批准が国会で強行された後には、米軍原子力潜水艦の横須賀や佐世保への寄港に反対する現地での共闘が実現していた(『月刊社会党』一九六六年八月、一五九―一六三頁)。米軍原子力潜水艦の日本寄港は、六四年一〇月に核実験に成功した中国への牽制であるとともに、ヒロシマ・ナガサキの被爆体験に由来する日本人の反核意識の弱まりを狙うものでもあった。

このような社共共闘の蓄積があったといっても、それは集会やデモの形態にとどまるものであって、ベトナム反戦を目的とするストライキは世界でもまだ行われていなかった。そこで、阿部知二、大内兵衛、大江健三郎、丸山眞男など著名な知識人、三四八名の連名で一〇・二一の反戦ストを支持する声明が一〇月一三日に発表された。そこには「今日のアジアの危機と、これに対するわが政府の態度を考えあわせるとき、私たちは、日本の労働組合がついに抗議のストライキに起ちあがったことを、言論による説得と並ぶ行動による説得として、その意義を高く評価せざるを得ない」と書かれていた。同時に、サルトルも反戦ストを支持するメッセージを寄せた（『世界』一九六六年一二月号、一六七―一六八頁）。また、翌一四日には前哨戦として社共統一集会が開催された。

図4　1966年10・21ベトナム反戦スト（国労大宮分会の早朝集会.『しんぶん赤旗』提供）

そして、一〇月二一日当日、賃上げや物価上昇反対、腐敗政治の追放など身近な要求と絡めながら、三五組合が三〇分から二四時間のストを敢行、一九組合が勤務時間外の職場集会を実施した。中でも、地方自治体や教員の組合が中心的な役割を果たしたが、国鉄や私鉄、郵便などの労組では大幅な戦術ダウンを余儀なくされた。また、合成化学、鉄鋼、電信電話、国鉄運転手などの組合はストを中止した。マスコミは「全体として迫力に欠ける」が、「日本で初めての反戦スト」となり、「新たな一ページ」となったと評価した(『朝日新聞』一〇月二一日夕刊)。社会党の伊藤茂国民運動部長によると、実力行使や職場集会に参加したものは五二〇万人にものぼり、ベトナム問題に関する「生産点」での闘争としての意義は大きいと指摘した(『月刊社会党』一九六七年一月、八頁)。夜には全国、一九三カ所で統一集会が開催され、一六万七〇〇〇人が結集したという。しかし、翌二二日には三都県の日本教職員組合事務所を警察が「違法スト」の疑いで一斉捜査に入るなど、ベトナム戦争に協力する佐藤政権の強硬姿勢も目立った。

三　ジェノサイドをめぐる深い溝

ソールズベリのハノイ報告

ベトナム戦争が米国の「侵略」によるかどうかは、戦中を通して重要な争点であったが、同時に、米軍がベトナムで民間人に対して大量・無差別攻撃、つまり、ジェノサイドを行っているかどうかも、もう一つの重大な争点であった。『毎日新聞』や『朝日新聞』のハノイ報告に米国政府が激しく反発し、大森実外信部長が辞職に追い込まれたのも北爆にジェノサイド的な側面があると批判したためであった。同様に、ハノイを訪問したアメリカ人がジェノサイドの存在を報告しても、その人物がハノイのプロパガンダにのせられていると米国政府は切り捨ててきたし、主要なマスコミもそれに同調してきた。

そこで、デリンジャーは、一九六六年夏に開かれたべ平連による「日米反戦市民会議」に出席した後、サイゴン・モスクワ・北京経由でハノイを訪問、北爆により多数の民間人が犠牲になっている実態を目撃した。その現実を広く米国国民に知らせるには、主要なマスメディアの記者に取材させる方がよいと考え、民主共和国政府に提案した結果、受け入れられ、『ニューヨーク・タイムズ』のハリソン・ソールズベリが一二月末にハノイに入った。ソールズベリは、北爆により多数の民間人に被害が出ている事実を詳しく報道し、ジョンソン政権が行ってきた「北爆はもっぱら軍事施設に限定している」との説明に深刻な疑問を投げかけた［ソールズベリ、一九六七、一三二―一三三頁］。

ただし、ソールズベリがハノイに滞在していたころ、日本からも米国戦争犯罪調査団が派遣されており、その一員だった陸井《くがい》三郎は六七年一月に、ハノイで記者会見を開き、外国からの特派員の前で、「当時まだほとんど知られていなかった対人殺傷専用兵器ボール爆弾、ドンホイ病院の壁に付着していたナパーム弾の燃え残り」などの証拠物を示すとともに、「米軍機が当時すでに系統的に河川や運河の堤防、水門、防波堤を攻撃目標にして爆撃している」と告発した。その記者会見にはソールズベリも出席していたが、しかし、彼の記事はもっとマイルドなものになっていたという［陸井、一九七六、二二一頁］。

つまり、ソールズベリの告発も、遠慮がちであったのだろうが、それは、マスメディアが、元来、報道の自由を掲げながらも、重要な情報の多くを政府に依存している関係で、無意識的に政府に配慮する報道に偏る傾向があるためであろう。ベトナム戦争の場合は、正式な宣戦布告はなく、戦争報道に検閲は課されなかったが、国民の愛国的なムードはマスメディアを拘束し、解放戦線は「残忍なベトコン」、民主共和国政府は「冷酷で、狂信的」とのイメージで報道されることが多かった。そうした中で、ソールズベリが米国の主要メディアの記者として初めて民主共和国を訪問し、民主共和国政府を正統な交渉相手として扱う報道をしたことは重要な意味をもった。

このソールズベリ報告に対しては、ジョンソン政権のみならず、米国のメディアから強い反発が出たが、以後、北爆批判の論調やベトナム戦争のジェノサイド的側面への批判が米国内でも徐々に高まっていった。ただし、米国内の反戦運動に対する多くのマスメディアの報道姿勢は依然として冷淡なもので、警察との間で暴力的衝突などがあると詳しく報道する傾向が続いていた[Halstead, 1978, p. 319]。

マスティの死とキングの参加

一九六七年一月、マスティは、年長の宗教家グループとともに、ハノイ訪問から帰国した後、四月一五日に予定されていた春季動員委の集会準備に奔走していたが、海外旅行の疲労から二月一一日に心臓発作で死去した。八二歳であった。彼は「ＡＪ」の愛称で呼ばれ、筋金入りの平和活動家として多くの人々から尊敬され、様々な運動のつなぎ役であっただけに、彼の死は大きな痛手であった。デリンジャーは、『リベレーション』誌に載せた追悼文で「彼の偉大さの一部は、独善的にならず、また、彼の活動や態度のすべてを共有しない人々を卑下したりもせずに、自分が正しいと感じられたことであった。彼にとっては、彼らが彼の道の一部をともに歩み、一緒に歩きながら、お互いに相手から学び合えるように思索し、検証し、分析することで十分であった」と書いた。この追悼文をトロツキスト系の社会主義労働者党の指導者、ハルステッドも高く評価し、自著に引用している[Halstead, 1978, pp. 321-322]。

つまり、行動の中で共通点を拡大してゆこうとするプラグマティックで寛容な精神こそ、米国の多くの平和運動家に共有されていたものであり、マスティの死後にもそれは継承されていった。

他方、ジョンソン政権の下で一九六四年の公民権法、翌六五年の投票権法を実現したアフリカ系の公民権運動指導者の場合、ＳＮＣＣのようなラディカル派は六六年一月には反戦の意思表示をしていたものの、穏健派は、ジョンソン政権との対決を避けるため、ベトナム戦争については沈黙することが多かった。しかし、反戦運動の側からすれば、アフリカ系の公民権運動家、とりわけ、ノーベル平和賞の受賞者であるキング牧師が反戦の声をあげることは、世論を大きく変える上で重要な要素と考えられた。それ故、デリンジャーは、六七年一月の春季動員委の会合で、その事務局長に、キングの側近で「南部キリスト教指導者会議」(ＳＣＬＣ)の有力メンバーであるジェームズ・ベーヴェルを迎えるよう提案し、了承された。

一方、キング自身は、非暴力直接行動の思想をマスティから学んだ経緯があり、マスティから時々、電話で反戦運動の状況を報告されていたので、反戦運動への関心は早くからもっていた。また、六六年半ばに宗教家の反戦組織が発足したときには、共同議長を引き受けていた。しかし、多くの公民権運動指導者がジョンソン政権に遠慮して、沈黙する中で、キングも公式な反戦表明は自制していたが、六七年一月半ば、マイアミ空港で『ランパーツ』誌に載っていたナパーム弾で焼けただれたベトナムの子供の写真を見て、反戦の公式表明に踏み切ることを決断したという[Wells, 1994, p. 117]。

その結果、四月四日にキングはニューヨークのリヴァーサイド教会での説教で、こう語った。「今日の世界における最大の暴力の実行者、つまり、私自身の政府だが、それに対して最初にはっきりともの申すことなしにゲットーにおける抑圧されたものの暴力に反対する声を再びあげることはできないだろう」と[Halstead, 1978, p. 315]。

しかし、キングのこの勇気ある発言に対して、多くのマスメディアは反発の声をあげた。例えば、『ニューヨーク・タイムズ』は、見出しで「キング博士のベトナム見解を　「全米黒人地位向上協会」公然と非難　公民権と平和問題の結合は　両者にとって有害な「重大な戦術的誤謬」と指摘」と批判した。つまり、全米黒人地位向上協会のような伝統的な公民権団体はキングの反戦表明を非難したのであり、アメリカ・ユダヤ人復員軍人協会も同様であった[デリンジャー、一九九七、三三〇―三三一頁]。さらに、二日後の『ワシントン・ポスト』はこう述べた。「尊敬の心をもって彼の話を聞いてきた多くの人々は、二度と再び彼に同じ信頼を寄せることはないだろう。彼は、彼の大義、彼の国、彼の民衆に対して有益な人物ではなくなってしまった」と[Halstead, 1978, pp. 315-316]。

ハト派大統領候補者の登場

このように一九六七年春の時点でも、『ニューヨーク・タイムズ』や『ワシントン・ポスト』のような有力紙は、ベトナム戦争支持の立場に立っていたのであったが、有力議員の中には翌年の大統領選挙を意識しながら、ハト派的立場の表明に踏み切る者も出始めた。例えば、ジョン・F・ケネディの弟で、民主党の有力な大統領候補の一人であったロバート・ケネディ上院議員は、六七年二月にパリを訪問し、北爆の無条件停止などの民主共和国側の和平条件を持ち帰ったことが『ニューズウィーク』に暴露された。それを知ったジョンソン大統領は激怒して、ロバート・ケネディに対してこう語ったという。

「戦争は今年終わるよ。終わったら、おれはきみをはじめ、ハト派のきみの友人どもを一人残らず叩きつぶしてやる。きみは六カ月のうちに政治的には死んだも同然になるぞ」と〔マクナマラ、一九九七、三四八頁〕。

ジョンソンは、元来、テキサス州出身のたたきあげタイプの政治家で、ケネディ兄弟のようなアイビー・リーグの大学出身で弁舌さわやかな知性派の人間に対して強い劣等感を感じていたというが、この発言の露骨さにもそうした心理が表れている。と同時に、ジョンソンは六七年春の時点でもベトナム戦争に勝利できると考えていたことが読み取れる。ただし、ロバート・ケネディが大統領選挙にハト派候補として立候補を表明するのは一年以上先の六八年三月のことであり、ジョンソンとしては自分のライバルを恫喝しておく効果を考えての発言でもあっただろう。

　ハト派の候補としては、ほかにもユージン・マッカーシー上院議員が二月に大統領選挙への関心を示していたが、彼は、反戦運

表1　ベトナム戦争期の連邦支出と国防費の推移(*Economic Report of the President*, 1970, 1973)

	国防費	連邦支出総額	財政収支
1964	536	1,186	−59
1965	496	1,184	−16
1966	568	1,347	−38
1967	701	1,583	−87
1968	805	1,788	−252
1969	812	1,845	−32

（単位：億ドル）

動とは一線を画し、ＳＤＳのオグルスビーたちのことを、「極端な反対者」で、「抗議のための抗議者」と評していたという[Oglesby, 2008, p. 140]。つまり、議会におけるハト派の動きは、ＳＤＳのようなラディカル派の動きとは対立する側面もあったが、それは、連邦議会内のハト派がまだまだ少数であったことの反映でもあった。例えば、同年三月に行われた一二二億ドルものベトナム戦費の追加支出に関する上院の議決は、七七対三で可決されていた[Powers, 1984, p. 165]。

表1はベトナム戦争中の連邦予算における国防費の増加状況を示したものであるが、財政赤字が一九六八年に著増していることがわかる。それがドル危機の深刻化を招いた。

四・一五春季動員委の反戦集会

キング牧師の反戦演説に対して、古くからの公民権運動指導者から強い反発が出たことはキングに衝撃を与えた。キングはすでに一九六七年四月一五日に予定されていた春季動員委主催の反戦集会への参加を了承していたが、彼にとっての支持母体である南部キリスト教指導者会議の資金集めパーティーで、大口支援者から四月一五日の反戦集会にキングが参加するのであれば、資金援助は停止するとの圧力がかかった。また、長年の盟友であったベイヤード・ラスティンも強く反対した。動揺したキングが四月一五日集会への参加を再考すると言い出したため、デリンジャーら春季動員委の幹部は、キングの側近と激論をかわすことになった。その場でデリンジャーはこう主張したという。

「彼(キング)がいようがいまいが、それ(四月一五日集会)はこれまでで最大の反戦デモになるだろう。もしもキングが退けば、それは彼に、反戦の態度表明がもたらすよりもはるかに大きな打撃を与えることになるだろう。彼はすでに時機を失しかけているんだ。もし今行動に移らなければ、歴史は彼をおきざりにして進み、その後の彼の影響力は最低のものとなるだろう」と[デリンジャー、一九九七、三三二頁]。

この殺し文句がきいたのかどうかわからないが、結局キングは、四月一五日の反戦集会への参加を決断した。しかし、この集会の進め方についてはほかにも重大な対立があった。当時、前年秋から急進的な学生の間では投獄覚悟で徴兵カードを焼却する動きが始まっていたが、コーネル大学の学生を中心としてこの集会でも徴兵カードを焼却するという提案があった。デリンジャーはそれを了解したが、徴兵拒否が一般国民から強い反発を受けることを恐れた穏健派から異論が出て、結局、春季動員委の反戦集会とは別に行うことになった。

反戦集会当日、全米で三〇万人が参加した。小雨の中、ニューヨーク市のセントラル・パークは推定一〇万―二〇万の人波で埋めつくされ、それまでの反戦集会で最大規模となった。参加者の顔ぶれも、それまでの中心であった学生だけでなく、数百人の帰還兵、中年のビジネスマンや医師、看護師、主婦などが加わり、参加者の多様化がめだった。また、集会とは別に午前一一時からセントラル・パークの一角には徴兵拒否の学生が集まり、当初の目標としていた五〇〇人には届かなかったが、六〇人が集結した。愛国派からの妨害を防ぐため、支持者が周囲を囲む中、学生たちは次々と自分の徴兵カードを燃やすことで抗議の意思を表明した。結局、この日、全米では一七〇人が徴兵カードを焼却したという。

春季動員委は、この集会の成功を高く評価したが、ジョンソン政権は反戦デモを「共産勢力の陰謀」と非難する姿勢を変えなかった。ラスク国務長官は集会の翌日、NBC放送のインタビューで、「反戦デモはハノイを喜ばせるだけ」と非難した。また、『ニューヨーク・タイムズ』は春季動員委の活動を揶揄して、「ベトナムにおける戦争は、英雄と悪漢の間の単純なベットタイム・ストーリーではない」とし、米軍の一方的な撤退の主張は、「ロマンティックな立場」という罪を犯していると批判した[Powers, 1984, p. 184][Wells, 1994, p. 135]。

全米労組の戦争支持と反戦労働者の台頭

春季動員委による四月一五日集会の盛り上がりは、逆に、愛国団体に危機感をいだかせ、四月末に「対外戦争帰還兵の会」が中心となって、大統領とベトナムに派兵された兵士を支持するパレードが組織された。しかし、目標の一〇万人にははるかに及ばない七五〇〇人の参加にとどまったため、五月半ばに第二波のデモが組織され、多数の労働者を含む、二万人が参加した。この集会は、「ベトナムにいる我々の子供たちを支持する行進」と題され、行進の中では「今、何が欲しいか、勝利だ」とか、「ハノイを燃やせ、我々の国旗でなく」といった愛国的なスローガンが叫ばれていた[Powers, 1984, pp. 199-200]。

このように米国社会では、ベトナム戦争をめぐって深刻な対立状況に陥っていたのであるが、戦争支持者の中に多くの労働者がいたことは、労働運動を中心として革命戦略を構想していた旧左翼には戸惑いを与えた。

全米の労組を代表するＡＦＬ・ＣＩＯのミーニー会長は、外交政策では時の政府を支持するのが当然という愛国的な立場を表明していたが、米国の労組は、元来、民主党政権を支持する傾向にあり、冷戦開始直後には三〇年代に拡大していた共産党系の組合を排除して、米国政府の反ソ・反共政策に協力してきた。その上、ジョンソン政権になると、「偉大な社会」政策などの国内改革を支持するとともに、戦争による雇用の拡大や生活水準の向上にも期待を寄せていた。

それでも、ベトナム戦争が拡大し、犠牲者が増えるにつれて、労働者の中にも反戦の声が高まっていった。一九六六年三月末にニューヨークで開催された反戦デモには、ＡＦＬ・ＣＩＯが戦争を支持し続けていることへの不満をもつ労働組合員が「平和を求める労組員」という横断幕を掲げて参加する姿があった。この集会を機にＳＡＮＥの労働者分会が結成された[Foner, 1989, p. 36]。

四月一五日の集会後、多様なグループに反戦の声が広がり始めた。五月末の新聞に、「平和を求める重役たち」名の意見広告が載ったし、九月にはジョンソン大統領に即時無条件の爆撃停止を要求する書簡を提出した。また、連邦準備制度理事会の元議長、マリナー・エクルズは、八月の財界人の会合で、戦費や帰還兵への手当の増大に加えて、戦費増大による短期の対外債務が二六〇億ドルにも膨らんでいる状況を指摘し、即時の撤兵を主張した[Powers, 1984, pp. 197–198]。

六月初めには、「ベトナム戦争に反対するベトナム帰還兵の会」(ＶＶＡＷ)が発足した。その発案者は、四月一五日デモの際、先頭に立った帰還兵に対して愛国派も敬意を払い、妨害行為を自粛する様子を見て、帰還兵の組織化を思いついたという。当時、帰還兵は、孤立した生活を送っていたので、彼らの名誉回復のためにも必要なことであった[Wells, 1994, pp. 139–140]。

他方、リベラル派の人々は、「直ちに交渉を！」とする運動を始めた。作家のノーマン・カズンズ、経済学者のジョン・K・ガルブレイス、民主党の左派系知識人の団体である「民主的行動をめざすアメリカ人の会」(ADA)の代表であるロー、全米自動車労組(UAW)のウォルター・ルーサー、歴史学者のアーサー・シュレジンガー二世などが主要なメンバーであった。このグループは、米軍の一方的な撤退には反対で、交渉による終戦をジョンソン政権に働きかけることを重視し、大規模集会でなく、新聞などへの意見広告の掲載などを行った[Halstead, 1978, pp. 344-345]。

それに対して、大規模集会の開催を重視するグループは、秋の大集会の準備として、「ベトナム夏季計画」と称し、無関心な学生層や農村への啓蒙活動を一万人の学生が夏休みに実施する計画を立てた。その計画の中心には『ディセント』誌の編集者、マイケル・ウォルツァーやSDS元会長のポッターなどがいた[ibid., p. 345](『朝日ジャーナル』一九六七年七月九日、一〇五頁)。

ラッセル法廷の開廷

著名な哲学者で、平和運動家でもあるバートランド・ラッセルは、一九六六年春にベトナムにおける米国の戦争犯罪を裁く法廷の開設を世界の著名な知識人に呼びかけた。その際、彼は、「われわれはいま、二十五年前にユダヤ人がガス室で絶滅させられた当時に世界が感じたのと同じような気持でいる。われわれは、ベトナムでおかされている犯罪に抗議して発言するのをおさえることができない——いやむしろ、叫ばざるをえないのである」と述べていた。この呼びかけの背景には、米国内で米軍による残虐行為の実態が十分認識されず、残虐行為に歯止めがかかっていないという危機感があった。そのため、民間の「法廷」であるが故に、ニュールンベルク裁判のように敗戦国政府を「被告」

として出廷させる強制力をもたないとしても、世界の世論を変える「一種の国際調査委員会」として機能することが期待されていた〔ベトナムにおける戦争犯罪調査日本委員会編、一九六七、七頁〕。

しかし、ラスク国務長官が「九四歳のイギリス老人とゲームをする気はない」と一蹴したように、ジョンソン政権は協力しないどころか、パリでの開催を妨害した。その結果、第一回法廷は、六七年五月にストックホルムで開催された。この会合に向けて、フランスと日本に調査委員会が設置され、ラッセル法廷からも四次にわたる調査団がベトナム民主共和国に派遣され、民主共和国側の戦犯調査委員会と交流するなど、徹底した調査が行われた。

第一回法廷では、①米国政府は国際法に照らして侵略行為を犯したか、②米軍は純然たる民間目標に対して砲爆撃を行ったか、の二点に集中して審議が行われた。高齢のラッセルに代わって、サルトルが裁判長の役割を果たし、他の正式メンバーにはユーゴスラヴィアの歴史家のウラジミール・デディエ、イタリアの国際法学者のレリオ・バッソー、フランスの作家のシモーヌ・ド・ボーヴォワール、ポーランド出身の歴史家のアイザック・ドイッチャーなど一七名が出席したほか、法律家や科学者などの専門家がテーマに応じて証言した。米国からは、デリンジャーとオグルスビー、SNCCのコープランド・コックスが出席し、日本からは弁護士の森川金寿が正式メンバーに名を連ねたほか、米国研究者の陸井三郎が日本の調査委員会の結果を報告した〔同、一四―一七頁〕。

第一の審議項目である「侵略行為」については、当初、ニュールンベルク裁判で確定した「平和に対する罪」が基準として想定されていたが、「平和に対する罪」は大国間での侵略戦争の計画に関わるもので、ベトナム戦争の場合は、「民族の基本権に対する侵害」という新しい法理で裁くべきとの

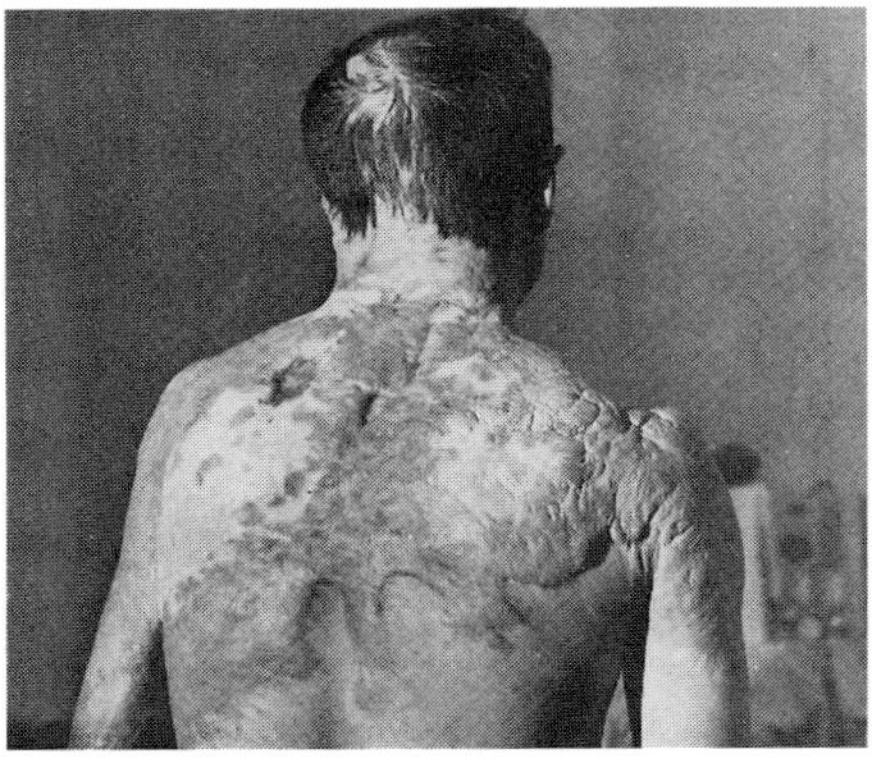

図 5　ナパーム弾の被害者[ベトナムにおける戦争犯罪調査日本委員会編，1967]

主張が民主共和国や日本から出され、変更された。

また、米国代表の中には、デリンジャーのように、国際法が禁じている「内戦不介入」論で裁く方が米国内で理解が得られやすいと発言する者があった。しかし、ベトナム戦争を「内戦」と把握することは、ジュネーヴ協定が定めた統一選挙を米国政府が拒否して介入した結果、南北分断が発生したという歴史的経緯を無視するものだという反論が、同じく米国から来ていた、当時はペンシルヴェニア大学教授だったガブリエル・コルコなどから出され、不採用となった。同様に、米国の反戦運動家の中には、ストートン・リンドのように、米国政府の戦争犯罪を裁くだけでは不公平で、解放戦線側の犯罪も裁くべきとしてラッセル法廷への参加を断った者もいた[藤本、二〇一四、一〇二頁]。この点についてラッセルは、ニュールンベルク裁判でレジスタンス運動側の暴力を「犯罪」として取り上げなかった先例をあげて、ラッセル法廷でも解放戦線側の暴力を審議の対象とはしないと宣言していた[ベトナムにおける戦争犯罪調査日本委員会編、一九六七、二一八頁]。

第二の審議事項である民間人への虐殺行為に関しては、ナパーム弾やボール爆弾の被害を受けたベトナム人の被害者(九歳の男児も含む)の生々しい証言があった。また、調査団によって収集された爆弾の現物や破壊された病院の写真などが提示された。

このような審議を経て、裁判長のサルトルは、最終日に、米国がベトナムに対する侵略行為を犯したことと、学校、ダム、病院などの民間目標を攻撃したことを認定し、それが満場一致で承認された。

この二項目以外にラッセル法廷が設定した項目には、ベトナム人捕虜の扱いや強制キャンプの開設の有無などがあった。同時に、韓国、オーストラリアなどジョンソン政権の要請で派兵した国も侵略行為を犯しているとの批判が出る中で、日本や沖縄の加担責任の問題が提起され、独自に東京法廷で検討した上で、一〇月に予定されたラッセル第二法廷に報告することになった[同、二三五頁]。

日本の加担責任と東京法廷

ベトナムにおける戦争犯罪調査日本委員会は、ベトナム民主共和国や解放戦線の協力を得て、二回にわたる現地調査の末、一九六七年八月に東京で「ベトナムにおけるアメリカの戦争犯罪と日本の協力・加担を告発する東京法廷」を開催した。第一日目には、北ベトナムの現地調査にあたった科学者や医師が報告し、ボール爆弾、枯葉剤、ナパーム弾、毒ガスなどの非人道的な兵器が米軍によって使用されている実態が報告された。第二日目は、弁護士や平和運動家などが、日本による加担の実態について報告した。具体的には、第一に、在日米軍基地からの出撃・兵站・補給・修理・訓練・療養・慰安などの協力の実態、第二に、ナパーム弾やヘルメット、ジャングル・シューズ、パラシュートなどの製造に日本企業が協力(ベトナム特需)している実態、第三に、南ベトナムへの軍需物資の輸送を任務とした上陸用舟艇(LST)の運転要員の派遣(六七年一月現在で一三六八人)に日本政府が協力している実態、第四に、医療協力による医師・看護師の派遣、第五に、マスコミに対する戦争報道の規制の実態などであった。これらの報告を受けて、最終日には、哲学者の古在由重《こざいよししげ》が主席検察官的な役割として、ベトナムにおける米国の戦争犯罪と日本政府の加担について総括的な報告を行い、法学者の野村平爾が参加者の総意として、米国政府と日本政府ならびに日本の独占資本に対する「有罪」を宣告した。この結果が第二回ラッセル法廷に報告されることになった［岩倉、二〇一二、四五一―四五二頁］（詳細は、［ベトナムにおけるアメリカの戦争犯罪と日本の協力・加担を告発する東京法廷編、一九六七］参照）。

日本のベトナム戦争への加担責任の自覚は、キリスト教会の場合は、アジア太平洋戦争における戦争責任の「告白」につながっていった。例えば、日本基督教団では、北爆が始まった一九六五年二月の時点でジョンソン大統領に北爆の停止を求める書簡を送るとともに、夏には教団総会議長の大村勇を団長とする平和使節団を米国に送り、米国のキリスト教会への働きかけを強めていた。それでも、ベトナム戦争が容易に終結しない中で、一九六八年二月に再度「ベトナムに平和を求める書簡」を米国の教会と国民宛に発するが、その冒頭はこう書かれていた。「ベトナム戦争は、今や全世界の人々の憂いであります。私たち日本のキリスト者は、過去において日本の国が他の国々に対して犯した誤りの責任を痛感する故に、今この問題についてもその正しい解決のために、常に祈り、また努力してまいりました」と［日本基督教団宣教研究所教団史料編纂室、一九九八、二六六―二六九頁］。つまり、日本基督教団においても、ベトナム戦争批判は、アジア太平洋戦争における日本の戦争責任の反省に結びつき、六七年二月には「戦争責任告白」を公表するに至っていた。

コラム……3

ジョーン・バエズの日本公演

一九六七年一月、米国の著名なフォーク・シンガーのジョーン・バエズがべ平連の招きで来日し、「ウィ・シャル・オウヴァーカム」など多くの反戦歌を披露し、聴衆を魅了した。その折、司会兼通訳をした鶴見良行は、彼女が、「第一に人間、第二に平和の戦士、第三に歌手」と自己紹介したと証言しているが、まさに彼女は、様々な運動のために曲を作り、それを歌って運動を励ます「歌う活動家」であった。

バエズは、一九四一年に、メキシコ系の牧師であり医師でもあった父と、スコットランド系の牧師の娘であった母との間に生まれた。小学生のころ、褐色の肌をからかわれたが反撃し、高校時代から歌とギターを始め、ボストン大学時代には民謡やバラードに惹かれるとともに、ピート・シーガーやボブ・ディランの影響を受けた。一九五九年のニューポート・フォーク・フェスティバルに出場して注目を浴び、その澄み切った声から「フォークの女王」と称賛されるようになった。以来、その時々の社会的テーマを取り上げて、プロテストする姿勢を一貫させてきた。「雨を汚したのは誰？」は核実験に抗議する歌であったし、ベトナム戦争を批判する歌には「サイゴンの花嫁」があった。この歌はバエズに贈られた詩に彼女が曲をつけたものだが、その歌詞には「流れをとどめるダムを建設するためにこれからも何人の男が死に、いく人の子どもが殺されてゆくことだろうか」と歌われていた。また、「ポートランド・タウン」では、「私はポートランドで生まれた。子どもが三人できたが、皆戦争に出ていってしまって、いまはひとりものこっていない」と悲しげに歌われていた［『ベトナムに平和を！』市民連合編、一九七四、上・一八五―一九二頁］。

第Ⅳ章

反戦運動の高揚と和平交渉の始まり

一　米日両国における反戦運動の高揚

戦争の「泥沼化」と支持率の低下

米国の主要なマスメディアは依然として反戦運動に対して冷淡な反応であったが、南ベトナムの戦況に関しては、特派員からの報告とジョンソン政権の発表との間にギャップがある点を鋭く批判し始めていた。それは、政府が米軍をいくら増派しても南ベトナムの戦況はいっこうに安定せず、北爆を強化しても北から南ベトナムへの物的・人的支援はいっこうに減る気配を見せなかったからである。さらに、米兵の戦死者数は、一九六六年までに六七〇〇人を超える規模に達し、戦死者数の増加に比例して戦争支持率が低下する傾向がはっきりと出ていた(**図6**、**図9**〈一七四頁〉)。

図6から明らかな通り、米軍の戦死者は一九六八年まで増加の一途をたどっていた。しかし、ニクソン政権が地上戦闘をサイゴン政権に任せる「ベトナム化」政策を採用して以来、米軍の戦死者は急減したが、代わってサイゴン政府軍のそれが増加したことがわかる。

その結果、六七年三月半ばに行われたギャラップの世論調査では、「ジョンソン政権が国民にベトナム戦争について国民が知るべきすべての情報を語っているか」の問いに対して、「語っていない」が六五%、「語っている」が二四%であった。また、四月半ばに行われた調査では「ベトナムに部隊を派遣したのは誤りと思うか」の問いに対して、「誤り」が三七%、「誤りでない」が五〇%で、その

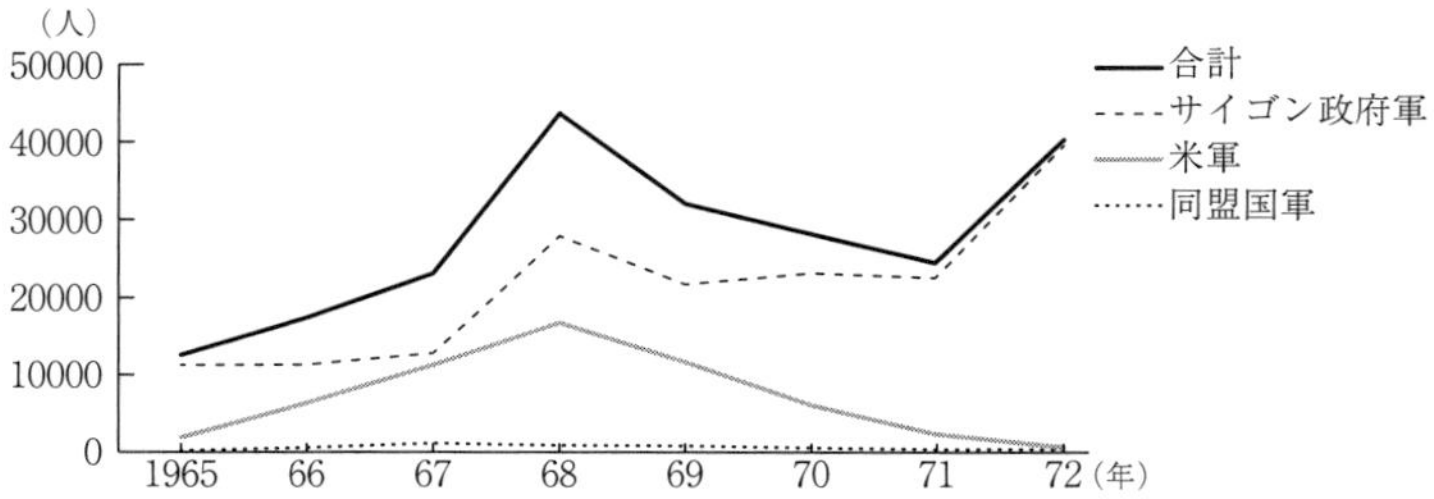

図 6　サイゴン政府軍・米軍・同盟国軍の戦死者数の変遷［ベトナム戦争の記録編集委員会編，1988］（*Statistical Information about Casualties of the Vietnam War*, National Archives）

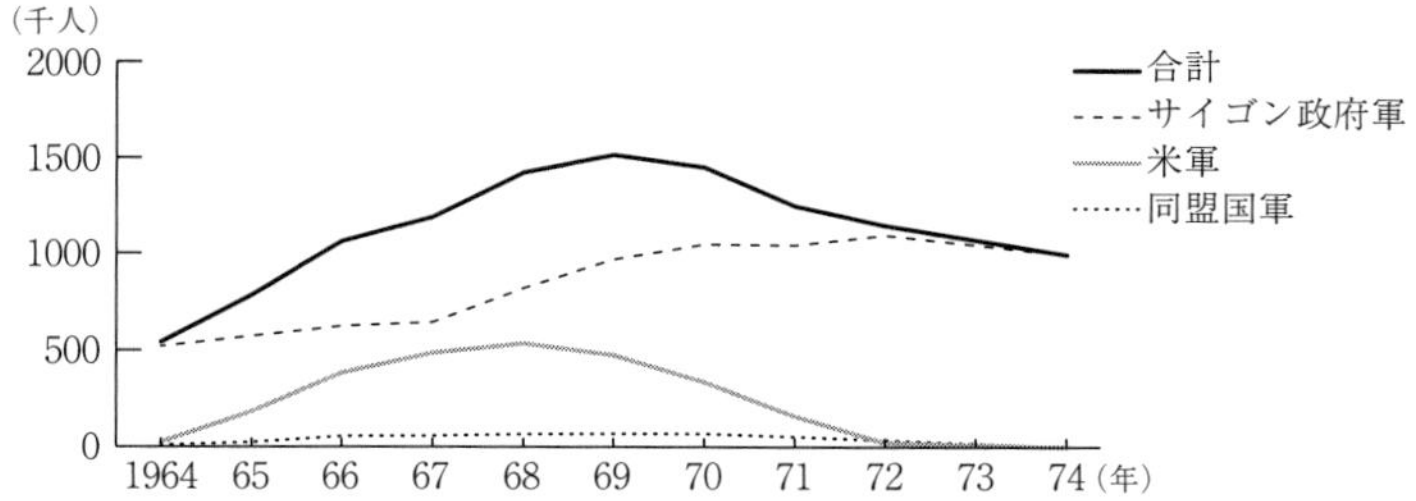

図 7　サイゴン政府軍・米軍・同盟国軍の総兵力の変遷［ベトナム戦争の記録編集委員会編，1988］

差が縮まっていた。さらに、同じ四月半ばの調査で、「ベトナム情勢に対するジョンソン大統領の対応を肯定するか、否定するか」の問いに対して、「肯定」が四八％、「否定」が三七％で、否定意見の増加がみられた（*Gallup Poll 1935–1971*, pp. 2058, 2062–2063）。

つまり、米国の国民は、ベトナム戦争に米国が本格介入してから二年が経過してもいっこうに南ベトナムの戦況が安定しないことに対して、不信感を強め始めていた。しかし、ウェストモーランド司令官は、六七年三月半ばにすでに派兵数が四七万人に達している（**図 7**）にもかかわらず、さらに、二〇万人の追加派兵とともに、戦線をラオス・カンボジアに拡大し、北ベトナムに対する爆撃強化と機雷敷設を要求していた。戦争が「泥沼化」の様相を呈しているのに、軍部はさらなる介入拡大を要求していたのであり、さすがにジョンソン大統領も、ウェストモーランドに対して、「アメリカが師団を増派すれば、敵も師団を増派できるのではないのか？　もしそうなら、どこまでいけばすっかり終わるのかね？」と尋ねたという〔マクナマラ、一九九七、三五五頁〕。

このジョンソンの発言には、ベトナム戦争の本質的なディレンマが表現されていた。ベトナムは元来一つであり、民主共和国としては、ジュネーヴ協定で約束されていた南北統一選挙が米国によって拒否されたからには、南における解放運動を支援する権利があると考えたのも当然だろう。しかし、ジョンソン政権は、北ベトナムに直接地上軍を侵攻させれば、中国の参戦を招き、朝鮮戦争で体験したような苦戦を強いられることを恐れ、北に対する爆撃を強化するだけにとどめる「限定戦争」戦略をとった。しかし、それでは北から南への物的・人的支援は止められないというディレンマであった。つまり、ベトナム戦争は、一九六七年春には大きな岐路に立っていたのであり、軍部がいうように一層戦争を拡大するか、戦闘を縮小して和平の道を本格化させるかの選択に迫られていた。

マクナマラの苦悩

とくにマクナマラ国防長官は、岐路にあることを自覚し、ジョンソンに方針転換を進言する覚書を一九六七年五月一九日に提出した。その上で、彼は当面、増派を三万人に限定し、それ以降は上限を設けること、北爆を北緯二〇度線以南の狭い浸透ルートの往来を阻止することに限定するように進言した。同時に彼は、翌六月に米国がベトナム問題に介入するに至った経過を明らかににする文書の作成を秘密裏に行うように、マクノートン国防次官補に指示した。この文書が、後に「ペンタゴン・ペーパーズ」と呼ばれる機密文書になる[マクナマラ、一九九七、三六三、三七五頁]。

しかし、マクナマラの方針転換の提言は、統合参謀本部(JCS)などの軍部から激しい反発を招いた。五月二〇日に軍部が提出した覚書では、米軍の北ベトナム・ラオス・カンボジアへの進攻とタイでの展開、さらに、相当な可能性をもって中国南部での核兵器使用も示唆していた。つまり、軍部は、ウェストモーランド司令官が主張する戦争拡大路線を支持していたのであり、北ベトナムに軍事進攻し、米中戦争になれば核兵器の使用も辞さないという強攻路線を進めようとしていた。さすがにジョンソンもこの強攻策は採用せず、七月初めに南ベトナム情勢の視察をマクナマラに命じた。

サイゴンを訪れたマクナマラは、ウェストモーランドから「われわれはゆっくりと、ただし着実に勝利しつつあり、この成功にテコ入れすれば、ペースを促進することができます」との楽観的な報告を受け、帰国後、大統領に南ベトナム情勢は好転しているが、北爆の効果は限られている旨の報告を行った[同、三六八—三七一、三七九—三八〇頁]。

この間のマクナマラと軍首脳との対立は、議員にも知られることになり、八月に開催された上院軍事委員会軍備小委員会の公聴会で、タカ派議員は軍部の意見を代弁してマクナマラを追及する挙に出た。サーモンド議員にいたっては、マクナマラの主張を「共産主義者への宥和声明」で「勝利を放棄する声明」と非難した[同、三八一—三九二頁]。

また、八月三日にジョンソンは、ベトナムに四万五〇〇〇人の増派をするための費用として、法人税と所得税の一〇％増税を発表した。この決定は、彼がそれまで約束してきた「大砲もバターも」政策の破綻を意味し、支持率の低下に大きな影響を与えた。

和平交渉の模索と第二回日米首脳会談

反戦運動の側でも、独自にハノイとの接触を模索していた。一九六七年夏ごろから「ブラック・パワー」の影響で、白人が北部都市でアフリカ系貧困層を支援する運動に従事することが難しくなったので、ヘイドンは本格的に反戦運動に参加するようになった。九月にはチェコスロヴァキアのブラティスラヴァで開かれた平和集会で北ベトナム代表団と接触し、南ベトナムにおける連合政権樹立による和平案を示されたが、サイゴン政権の保持に固執していた当時のジョンソン政権にとって、和平交渉の糸口になるものではなかった。

このような様々な和平工作が進められる中で、ジョンソンは、九月末に、北ベトナムが北爆停止を利用して南への浸透を強めなければ、和平交渉に入る用意があるとの意向を表明した。この和平方式は、演説がなされた場所の名前をとって、「サン・アントニオ方式」と呼ばれたが、この時点でハノイは好意的な反応を示さなかった[Johnsonn, 1971, p. 267]。

一方、日本では、佐藤栄作が、一九六四年七月に池田首相に対抗して自民党の総裁選挙に立候補する際に、沖縄返還の重視を表明し、一一月の首相就任後、六五年一月の第一回日米首脳会談の際にも、ジョンソン大統領に沖縄返還の希望を伝えていた。しかし米国政府としては、ベトナム戦争が拡大し、沖縄の米軍基地が発進基地としてフル稼働している中での沖縄返還は困難であった。佐藤首相としては、七〇年に日米安保条約の終了通告が可能になった後も安保条約の継続を図るためにも、沖縄返還のメドをたてる希望が強かった［菅、二〇一六、一八六頁］。

このように日米両政府の思惑がずれた状態で、六七年一一月半ばに佐藤訪米が設定され、二回目の日米首脳会談で沖縄返還の合意が取り付けられるか、が焦点となった。他方、ジョンソン政権側では、行き詰まっているベトナム戦争への日本の協力を取り付ける良い機会と位置づけ、それをラスク国務長官は、「日本のメジャー・リーグ入りに向けての大切な会談」とジョンソンに進言していた［同、一八四―一八九頁］。

つまり、佐藤首相には、ベトナム戦争に関して、和平仲介といった米国政府からみると中途半端な態度ではなく、もっと明確に米国のベトナム政策を支持する態度表明が求められていた。その結果、佐藤首相は、訪米に先立ってのサイゴン訪問を決断した。日本国内では、サイゴン訪問が日本の参戦国化につながるとして強く反対する動きがあったが、佐藤首相は、一〇月八日からの東南アジア訪問の一環として、非派兵国の首脳としては初めてサイゴンを訪問した。折しも、吉田茂元首相が死去したため、サイゴン滞在は四時間のみとなったが、サイゴン政権首脳と会談し、その反共と自由擁護の姿勢を評価する発言をした［藤本、一九九八、一五五頁］。

次いで佐藤首相は、六七年一一月一二日から二〇日まで訪米し、ジョンソン大統領と二回目の日米首脳会談に臨んだ。米国側は、佐藤のサイゴン訪問を評価、佐藤も、東南アジアにおける米国の自由を守るための犠牲を評価、北爆について日本国内で批判するのは少数派だが、気が咎めると発言した。また、米国が求めていた東南アジア援助の拡大やドル防衛策への協力などについては、財務省中期債券の三億ドル以上の購入やアジア開発銀行への二億ドル出資などを約束し、ジョンソンは「すばらしい会談」になったと満足した。他方、佐藤が期待していた沖縄・小笠原返還の時期明示について、小笠原返還は約束されたものの、沖縄については、日米共同声明で「両三年内に双方の満足しうる時期につき合意」と書かれたのみで、時期の明示を期待していた佐藤としては不満だった［菅、二〇〇二、一〇二頁］。

沖縄の返還時期の明示が先送りにされた背景には、沖縄の米軍基地がベトナム戦争の発進基地としてフル稼働している上、沖縄にあるといわれていた核兵器の扱いが不明であったからであった。それ故、佐藤は、帰国後、原子力空母エンタープライズの佐世保入港を許可するなどして、日本国民の「核アレルギー」解消に乗り出すことになった。

新左翼系学生による第一次羽田闘争

新左翼系の学生運動は、一九六〇年に日米安保条約の改定が強行されて以来、それに反対した運動の評価をめぐって分裂を繰り返し、全体として沈滞していたが、六五年の日韓条約問題や個別大学の学費値上げ反対とか、学生会館の管理問題などをきっかけとして再生し始め、六六年一二月には中核派（日本革命的共産主義者同盟系の学生組織、マルクス主義学生同盟中核派の略称）、社学同（一九六〇年安保闘争を主導した共産主義者同盟（ブント）の系譜を引く学生組織、社会主義学生同盟の略称）、社青同解放派（社会党の青年組織、日本社会主義青年同盟から分離した学生組織）の三派による全日本学生自治会連合（通称、全学連）が再建された。しかし、革マル系（日本革命的共産主義者同盟系の学生組織、革命的マルクス主義派の略称)と民青系(日本共産党系の青年組織、日本民主青年同盟の略称)の全学連は別に存在し、鼎立状態にあった。ここでも、大衆運動としての学生運動が党派別に系列化される傾向が示されていた。その中で、新左翼系の学生運動という場合、主として三派系と革マル系を指し、彼らの当面の運動目標は安保条約破棄にあり、関連づけてベトナム反戦に取り組んでいた。

ただし、東大では、六〇年安保闘争を学部生として経験した世代が、六〇年代後半には大学院生や助手になっており、その世代が中心となって、六六年九月に東京大学ベトナム反戦会議が結成された。その中心となったのが、当時、新聞研究所の研究生であった所美都子《ところみつこ》であったが、彼女は、ずっと個人と組織の関係を考え続けており、「運動の組織論として上下の関係があるのではなくて反戦の意思を持った個人の集まりが横に繋がっていくというもの」として反戦会議の結成を提案し、発足した。後に東大闘争の中心人物となる山本義隆もメンバーの一人であったが、この会議の組織論は「その後、東大闘争で実現をめざした組織論のハシリのようなもの」だったと回想している。また、山本が、ベトナム反戦運動に参加した動機は、日本が戦争に巻き込まれるのは嫌だという「一国主義的で被害者的」なものではなく、日本がベトナム戦争に加担しており、「加害者としての自覚」に基づいて、「国際連帯を志向」するものだったという〔山本、二〇一五、八三―八四、九二頁〕。この「内なるベトナム」への批判は、すでに小田実が日米市民会議などで主張していたことであるが、新左翼系の学生運動にも広く共有された信条であった。

そうした中で、佐藤首相は、六七年一〇月八日からインドネシア、オーストラリア、ニュージーランド、フィリピン、南ベトナムなどへの訪問に出発した。佐藤首相の南ベトナム訪問には多くの団体が反対を表明した。

前日の七日には、ベ平連などの約六〇〇人が首相官邸からアメリカ大使館に抗議デモをしたし、当日は、空港ロビーには社会党・総評などの八〇〇団体が結集して抗議の意思を表明したが、共産党は、数百人を羽田に送っただけで、数万人は「赤旗祭」に集結していた。その結果、この日の行動の中心となったのは三派全学連の約二〇〇〇人と穴守橋に集結した反戦青年委員会の約八〇〇〇人となった。中でも、中核派は、佐藤首相の東南アジア訪問の「実力阻止」をうたい、初めてヘルメットをかぶり、角材を手にして、機動隊の規制線を突破して、空港近くに接近した〔小熊、二〇〇九、上・四六二―四七〇頁〕。

街頭実力闘争の衝撃

当時、三派全学連の委員長をしていた秋山勝行によると、「安保闘争以来、機動隊によってサンドイッチにされるという、デモにしてデモでないという屈辱感を羽田闘争は明らかに打ち破り、反戦闘争の今後に、大衆的にして最も戦闘的な行動がいかにあるべきかの教訓を非常に豊富に」与えてくれたという〔秋山、一九六八、六二頁〕。三派全学連では、この羽田闘争を七〇年の安保闘争の前哨戦と位置づけていただけに、以後、新左翼系の学生デモでは、ヘルメットと角材を使用した街頭実力闘争が一般的になっていった。しかも、この闘争で、機動隊は一時、規制線を突破されたので、学生側はこの闘争形態に自信をもったという。

しかし、この羽田の弁天橋での衝突の中で、京大の一回生、山﨑博昭が死亡するという事件が起こ

図8　第一次羽田闘争(1967年10月8日，金山敏昭撮影)

り、多くの人々に衝撃を与えた。その死因をめぐって、学生側は「機動隊による撲殺」を主張し、警察側は「学生が乗っ取った警備車による轢死」と主張して対立したが、一人の学生の悲劇的な死は多くの人に衝撃を与えた。後に刊行された追悼集の中に収録された彼のノートでは、「現代社会の総矛盾的有様を示しだしたベトナム戦争に対し、君はいったいどういったかかわり方をするのだ」と問いかけていた。当時、同年配の学生だった人の追悼文の中でも、日本がベトナム戦争に加担している状態が、佐藤首相のサイゴン訪問で一層ひどくなる現実を前に、何もしないことは自分が「加害者」になることを意味するといった切羽詰まった心境がつづられているものが多い。また、高校時代から初期マルクスの『経済学・哲学草稿』などに示された疎外論に関心をもち、運動参加を自己解放の道と考える発想も共通していた［10・8山崎博昭プロジェクト編、二〇一七、六八、一〇二、二四三頁］。

このような三派系学生の行動に対して、主要なマスメディアはこぞって非難した。例えば、『朝日新聞』は翌日の社説で、「暴力的な行動で、（中略）世間の注目をあびようとするのが〝革命的〟なアピールの仕方であると考えているとすれば、余りにも学生として社会に甘え、表現の自由を乱用し、自らのクビをしめるもの」と批判した(『朝日新聞』一九六七年一〇月九日)。『読売新聞』は「思考なき〝暴力集団〟」との見出しの下に、「帝国主義、独占資本体制の打倒を旗じるしに、四十五年安保闘争の前哨戦として過激な行動を繰り返す彼らに、ひとりぎめの理屈はあっても、そのハネ上がりぶりは目に余る」と非難した(『読売新聞』一九六七年一〇月九日)。政党レベルでは、社会党が「今回の一部学生の行動が党の考える方向と違ったことは遺憾」としながらも、「南ベトナム訪問を強行した佐藤首相に一切の責任がある」と非難した(『社会新報』一九六七年一〇月一一日)。共産党は、「トロツキストの反革命挑発と分裂破壊策動」と批判し、それを「粉砕」し、「広範な民主勢力の統一と団結をまもる」ため引き続き奮闘する、との見解を明らかにした(『赤旗』一九六七年一〇月九日)。

このように、社会党は、当初、新左翼系学生の行動に同情的な姿勢を示したのに対して、共産党は「暴力学生」として排除を主張したので、ベトナム反戦の社共統一集会を開催するにあたって、この新左翼学生集団の参加を認めるかどうかも、重大な対立点となった。他方、べ平連の事務局長、吉川勇一によると、「べ平連の事務所によせられる地方の人びとからの手紙は、べ平連の大使館デモへの支持を表明するとともに、学生への共感と山﨑君への哀悼の意をあらわすものが非常に多くなっていた」たという〔『ベトナムに平和を!』市民連合編、一九七四、上・二六二頁〕。以後、べ平連は、新左翼と社共との橋渡しに努力してゆくことになる。

このように三派系による第一次羽田闘争は、国民世論の保守的部分を「暴力反対」で結集させ、自民党政権に有利になる側面ももったが、他方で、青年層の革新的部分を目覚めさせ、参加者を増やす効果ももった。その点を、大江健三郎はこう指摘していた。「首相が……ベトナム戦争への加担の道をなおも独走する時、若い学生たちの内部の緊張感はますます増大するであろう。そして一九七〇年に向って内面の不安、焦燥感にかられてデモにおもむくべき一般的な学生たちの数とその爆発力はなおも積みかさねられつづけるほかはないであろう」と（『朝日ジャーナル』一九六七年一〇月二二日、一二頁）。

一〇・二一国際反戦デーと佐藤首相の訪米抗議行動

第二回目となった一九六七年一〇・二一の国際反戦デーは、米国の全国動員委員会（四・一五集会後に春季動員委から改名）の呼びかけもあって、文字通り、世界的な広がりをもった。ヨーロッパでは、英・仏・オランダ・西ドイツ・デンマーク・スウェーデン・ノルウェーなどで反戦集会がもたれた（『朝日ジャーナル』一九六七年一一月五日、六―八頁）。

日本では、前年の国家・地方公務員労組による反戦ストライキに対して、逮捕者五一人、解雇者四二人もの処分が加えられた関係で、全国金属労組などの民間ストが打たれるにとどまり、総評や中立労連が呼びかける形で昼夜二回の集会がもたれた。社会党と共産党の間では意見の対立が埋められず、社共の一日共闘ではなく、総評と中立労連が呼びかける形となった。その結果、集会には、主催者発表で、全国六〇〇カ所、八六万人（警察発表は、反代々木系も含めて四六万人）、東京の集会は、主催者発表で八万人（警察発表で四万人）が参加したが、前年より参加者が減る結果となった。また、べ平連や国民文化会議、東京唯物論研究会、東大ベトナム反戦会議などの市民団体は別途集会をもち、二五〇〇人が参加した。さらに、三派系の全学連は独自に集会をもち、約二七〇〇人を集めたが、結果的に、国際的統一行動日でありながら、日本では三種の集会に分かれて開催されることになった(『世界』一九六七年一二月号、一二一頁)(『朝日新聞』一九六七年一〇月二二日朝刊)。

一一月一二日の佐藤首相の訪米の場合は、前日に、七三歳になるエスペランティストの由比忠之進が首相官邸前で焼身自殺した。由比は、東京工業大学出身の技術者で、満州で会社の重役も務めた人物だが、退職後、エスペラントのインターナショナリズムを学ぶ中で、平和運動に参加していった。佐藤首相の南ベトナム訪問の段階から抗議文を送っていたが、無視された上、佐藤首相がベトナム戦争支持を表明する訪米計画を強行しようとしていることに、命がけの抗議を決行したのであった。その抗議文の末尾にはこう書いてあった。

「戦争当事国(中略)の人民でもない第三国人の私が焼身することはあるいはもの笑いの種かもしれないが、真の世界平和とベトナム問題の早期解決を念願する方々が私の死をむだにしないことを確信する」と(『朝日ジャーナル』一九六七年一一月二六日)[日本平和委員会編、一九六九b、五二四—五二五頁]。

この焼身自殺のことを聞いた、佐藤首相に同行していた総理秘書官の楠田實は、その日記にこう書いた。「焼身自殺を図った老人はついに絶命。全学連の行動については世論も支持せず、その点は全くの暴徒扱いしているので、別の次元で考えればいいが、焼身自殺は後を引く恐れがあり、新聞もその点を注意しているのか、あまり派手に扱っていないことがわかる」[楠田、二〇〇一、一一八頁]。

一一月一二日には多様なグループが各地で抗議の声をあげた。芝公園には市民団体、約五〇〇〇人が結集したが、「首相訪米阻止」というスローガンを掲げたせいで、参加者が一〇・二一のときより五分の一くらいに減っていた。また、反戦青年委員会のデモには、四〇〇〇人(警察発表で一七〇〇人)くらいが集結し、大鳥居駅につながる産業道路に座り込んだ。しかし、羽田周辺の警備にあたる機動隊は一〇・八のときより倍以上に増強されていたため、三派系の学生たち（約二三〇〇人）の空港進入は容易に阻止された。しかし、合法的デモの参加者や見物人にまで警棒でなぐられる者が続出したため、学生に反発する地元の商店街関係者だけでなく、学生に同情的な「群衆」も登場した。

空港ロビーには、自民党青年部を中心とした佐藤首相の応援団が約一六〇〇人いた反面、共産党系は約六〇〇人、社会党系は三〇〇人くらいが集結し、訪米反対を叫んでいた（『朝日ジャーナル』一九六七年一二月二六日、一四―一五頁）。

つまり、第二次羽田闘争の結果は、ヘルメットと角材で「武装」しても、機動隊がそれ以上の警備体制をしいた場合には政府の行動を実力で阻止することの難しさを示していた。六七年一一月に大森実の『東京オブザーバー』紙が実施した世論調査でも、羽田事件での学生の行動を「よくない」とするものが七八・四％、「よい」とするものは四・九％に過ぎなかった［大沢、一九七一、二五七頁］。つまり、「実力行使」という反対の強い意思表示によって共感者を増やす効果をもつ反面、警察による取り締まりの強化で、指導部の逮捕や負傷者の手当などの負担を負う上、世論の反発を招き、かえって自民党政権支持が強化される面もあった。

イントレピッド脱走米兵の衝撃

一九六七年一一月一三日の夕方、ベ平連の幹部、小田実、鶴見俊輔、小中陽太郎、吉川勇一、武藤一羊らは記者会見を開き、横須賀に停泊中の空母イントレピッドから四人の水兵が北爆に反対して、脱走したと発表。同時に、四人の証言映画が上映された。彼らの声明では、我々は「米国軍隊を離れた四人の愛国的脱走兵である。（中略）われわれは、アメリカがすべての爆撃を中止し、ベトナムから撤退し、ベトナムをベトナム人のみずから決するところにまかせなければならないと考える。われわれは、みずからの信念のために、軍の懲戒処分に直面している。それでわれわれは、日本もしくはこの戦争に関係していない第三国に政治的保護を求める。最後に、われわれが軍隊を脱走するという行動を公表すると決めたのは、それによって他のアメリカ人、（中略）日本およびその他すべての国々の人びとが、この戦争を止めさせる行動に起ちあがることを願ってのことである（後略）」と語っていた［関谷・坂元編、一九九八、二二三―二二九頁］。

四人の脱走兵は、当初、日本への亡命を希望したが、日本には政治的亡命者を受け入れる制度がないため、べ平連は、ソ連に頼んで、横浜港から出港するバイカル号に四人を乗せ、船が公海上に出たところで、経緯を発表したのであった。このニュースは、日本の新聞やテレビのトップ・ニュースになっただけでなく、米国の新聞でも、佐藤首相のワシントン入りよりも大きな扱いを受けた。その後、一一月二〇日にソ連のタス通信は、四人の水兵がモスクワにいると公表。テレビにも出演したのち、年が明けた一月九日にスウェーデン政府から居住許可を得たという［同、二二九―二三一頁］。

元来、四人は空母を離れた後、一〇月二六日の夜に日本人の学生に日本への亡命希望を伝えたのだが、処理に困った学生がべ平連に相談したのだった。四人は、当初、特定の政治的な色眼鏡で見られることを恐れ、政治団体との接触を嫌ったが、べ平連は、米軍基地の周辺で反戦活動や脱走を助長する活動をしていたので、ちょうどよい選択であった。

しかし、べ平連は、自ら「組織ではなく、運動」と自称してきただけに、高度の秘密性を要し、それなりに費用のかかる脱走兵支援を、べ平連として今後も続けるのは困難と判断した。当時のべ平連は、会報が通常は二〇〇〇部程度、毎月第一土曜に開催している定例デモには三〇―三〇〇人くらいが集まる小規模団体(『朝日ジャーナル』一九六七年一二月一〇日、一〇三頁)で、全国各地に地域べ平連が多数結成されていたが、それぞれ独立性をもっていた。そこで、脱走兵支援には別途、専門の組織を作ることになり、文芸評論家の栗原幸夫の提案で、「ジャテック Japan Technical Committee」(日本技術委員会)が発足した[関谷・坂元編、一九九八、五〇頁]。その後、脱走兵を装ったスパイの潜入などもあり、活動の重点は米軍内の反戦活動支援に変わっていった。脱走兵にせよ、米軍内の反戦活動への支援にせよ、対象が少人数であっても、直接、米軍の統制力に動揺を与える心理的効果は大きかった。

米国における一〇・二一国際反戦デーの準備

一九六七年四月一五日の反戦集会は、多様な勢力が結集し、大きな盛り上がりをみせたが、マスメディアの反応は冷淡であった上、ジョンソン政権はいっこうに終戦に向かう気配をみせなかった。そのため、反戦運動指導部の間には焦燥感がただよい始め、全国動員委の事務局長ベーヴェルは、ジョンソン政権に終戦を決断させるためには、大規模な市民的不服従が必要と考え、秋の行動方針として提起した[Halstead, 1978, pp. 342-343]。

市民的不服従は、公民権運動では効果を発揮した戦術であったが、この場合は、違憲判決の出た南部のジム・クロウ(人種隔離)制を違法として拒否し、関連施設に座り込んだりしたもので、世論やマスメディアの支持や、場合によっては連邦政府の調停的介入も期待できた。しかし、ベトナム反戦運動にそれを適用すると、連邦政府との全面対決となり、マスメディアの応援も期待できなかっただけに、実施した場合、反戦の強固な意志を国民にアピールする効果はあるが、大量の逮捕者が出る可能性が高く、指導部内部では意見が分かれた。その意見対立は、一〇月二一日の国際反戦デーでのペンタゴン封鎖デモの進め方をめぐって一層激しく露呈することになった。

また、六月初めに勃発した第三次中東戦争に対して、ユダヤ系を中心とするリベラル派の多くはイスラエルを支持し、ラディカル派にはアラブ側を支持する団体が多かったので、全国動員委の足並みが乱れた。その上、四月集会の開催で出た赤字の返済も重くのしかかっていた〔メイラー、一九七〇、三四六、三五九頁〕。さらに、六月末に開催されたＳＤＳの全国大会で、秋の反戦行動への参加を決定したが、大規模集会に集中する方式には否定的な意見が出されていた。

八月末、全国動員委は一〇月二一日に大規模な反戦集会を開催することを決定した。ラディカル派の中には単なる集会ではなく、大規模な市民的不服従の実行を迫る意見も高まっていた。そうしたムードを反映して、事務局長には西海岸の反戦運動の中心人物であったルービンが指名されたが、当時のルービンは、アビー・ホフマンなどの影響を受けてカウンター・カルチャー的な立場に移行していた。そうした影響もあって、ルービンは、一〇月二一日の反戦集会では市民的不服従によってペンタゴンのマヒを狙う戦術を提案した。これに対して、穏健派は強く反発し、スポック博士らは全国動員委からの脱退まで示唆したため、委員長のデリンジャーが平和的な集会と穏健な市民的不服従によるペンタゴン封鎖デモの二本立てを提案して、なんとか妥協が成立した。

また、学生たちの間では一〇月一六―二〇日を「徴兵阻止週間」と位置づけ、集中的に徴兵を拒否する活動が準備された[Wells, 1994, pp. 191-193]。

一〇月二一日の国際反戦集会

ジョンソン政権はペンタゴン封鎖デモによる混乱を憂慮し、一九六七年九月二〇日の会議で、ペンタゴンの防備に警察だけでなく、連邦保安官、憲兵、さらに軍隊まで投入することを決定した。大恐慌期の三二年に退役軍人が恩給の支払いを要求して起こした「ボーナス・マーチ」の規制に軍隊を投入して以来のことであった[マクナマラ、一九九七、四〇六―四〇七頁][デリンジャー、一九九七、三五〇頁]。

反戦集会前日の二〇日、『裸者と死者』の作家として著名なノーマン・メイラーは、友人であり米国を代表する詩人のロバート・ローウェルや文芸評論家のドワイト・マクドナルドとともに、翌日の市民的不服従の行使が予定されていたペンタゴン封鎖デモに参加し、逮捕されることを確認した。それは、「もしぼくたち三人が逮捕されたら、新聞は問題を引き起したのはヒッピー族と愚連隊だけだと主張」できなくなるとの思いからであった[メイラー、一九七〇、一二六―一四三頁]。

一〇月二一日、晴天の下、リンカン記念堂の前には、警察発表で五万五〇〇〇人、主催者発表で二〇万人が集結した。多くは学生や若者であったが、ミドルクラスの白人や子連れの家族の姿もあった。集会では開始早々、米国ナチの三人が司会のデリンジャーを襲うというハプニングがあったが、すぐに収拾され、平穏に進行した。ピーター、ポール・アンド・マリーが反戦歌を歌い、レニー・デーヴィスがハノイから持ち帰ったクラスター爆弾の破片を披露した。集会の最後にデリンジャーは、次の行動としてペンタゴンに移動し、「兵隊に反戦を訴えるティーチ・イン」を行う計画を発表。市民的不服従の行動をともなうので逮捕される恐れがあることを告げ、希望者だけの参加を促した。正午を過ぎてから、アーリントン記念橋を渡ってペンタゴンに向かう約五万四〇〇〇人の隊列の先頭には、「我々の兵士を支持し、彼らを家に帰らせよう」という横断幕が掲げられた[DeBenedetti, 1990, p. 195][デリンジャー、一九九七、三五二頁]。

ペンタゴンの周りには、首都警察一五〇〇人、州兵二五〇〇人のほか、空挺部隊六〇〇〇人が待ち構えていた。デモ隊の中にはSDSのように規制線を突破してペンタゴンの内部への突入をめざす数百人のグループもいた。このSDSの急進派は、ペンタゴンへの突入を試みたが、兵士らの厚い壁にはばまれ失敗した。他方、デリンジャーらの全国動員委の主流派は、ペンタゴンの北側広場に座り込んで、取り囲んだ兵士たちに反戦活動への参加を訴える「ティーチ・イン」を実行した。この折の模様を『ナショナル・ガーディアン』誌はこう報じた。

憲兵の一個中隊が、操り人形みたいに不器用に駆けながら、右手からあらわれた。かれらは傾斜路《ランプ》のまえで立ちどまって、隊列を組みなおし、銃を水平に構えて前進した。生れてはじめて「われわれの若者たち」に銃をつきつけられたデモ隊は、信ずることもできず、胆《きも》をつぶし、ただ啞然としてかれらを見つめた。それから、何かすばらしいことが起った。みんなが声をあげて笑いだしたのだ。何人かが憲兵に黄色な花を投げた。憲兵たちはいまは停止して、自分たちとおなじ年齢の若い男たちや女たちに銃を向けたまま、凍りついたようになっていた。［メイラー、一九七〇、三九九―四〇〇頁］

夜になり、ペンタゴン前には徹夜覚悟の二〇〇〇―三〇〇〇人が座り込みを続けていた。デリンジャーたちは小グループでペンタゴンの西側に移動して、兵士への説得を開始したが、そこで、著名な言語学者のノーム・チョムスキーとともに逮捕された。しかし、真夜中過ぎになり、北広場に残っていたデモ隊に対して、警察や軍隊は退去命令を発したあとに、強制的な排除行動を開始した。デモ隊側はスクラムを組んで「ウィ・シャル・オウヴァーカム」や「この国はわたしの国」などを歌いながら非暴力の抵抗を続けた。しかし、警察や軍隊は女性を狙い打ちにしてスクラムをくずし、非暴力のデモ隊を排除した。結局、逮捕者は一〇〇〇人にも達したという。

ペンタゴン封鎖デモの波紋

一〇月二一日のデモでは、合法的な平和的デモや非暴力行動に参加した者が圧倒的多数であったが、主要メディアは少数グループによる暴力的衝突の方を大きく取り上げた。例えば、『ニューヨーク・タイムズ』の看板記者、ジェームズ・レストンは「多くの戦闘的分子の醜い俗悪な挑発を、公然と報道することは困難である。かれらは国防総省《ペンタゴン》の第一線に立つ兵士たちの何人かに唾を吐きかけ、最も悪意にみちた個人的悪罵でかれらを刺激した」と書いた[メイラー、一九七〇、四三四―四三五頁]。また、ある新聞の見出しは、「ジョンソン、ピースニックたちを倒す」と記し、反戦デモの参加者を、ビートニックをもじった「ピースニック」と変人のように呼んだ上で、ジョンソン政権がデモ隊の抑え込みに成功した面を強調した。

しかし、政府内部では動揺する者もあった。マクナマラは、ペンタゴンの建物の中から一部始終を目撃し、「群衆は統制がきかない。本当に恐ろしかった」と語ったという。当時の彼は憔悴しきっていて、ジョンソンは「壊れる寸前にあるのでは」と心配したという[Wells, 1994, pp. 197–198]。また、ランド研究所からペンタゴンに出向して「ペンタゴン・ペーパーズ」の編纂にあたっていたダニエル・エルズバーグは、やはりペンタゴン・ビルの中からデモ隊を見て、「この人たちは自分の良心に従って生きているのだ、彼らは自分の心《ハート》と理性《マインド》がある場所に自分の身体を置こうとしている。私だったらどうなるのだろう」と自問自答し、ベトナム戦争に対する疑問を抱き始めたという。ここに始まる疑問が、七一年六月に彼をして守秘義務を破り、機密文書である「ペンタゴン・ペーパーズ」を新聞に暴露することで、終戦を早めようとする行動に結びついていった[デリンジャー、一九九七、三六一頁]。

ジョンソン不支持率の増加

一九六七年一〇月中旬に実施された世論調査では、ベトナムへの軍事介入を「誤り」とする意見が四六％、「正しい」とする意見が四四％で、初めて「誤り」が「正しい」を上回った(図**9**)。この調査は、一〇月二一日の反戦デモ以前に行われたものだが、デモ後の六八年一月三日に発表された調査では、ジョンソン大統領のベトナム政策について「よい」とする意見が三九％、「よくない」とする意見が四九％で、「わからない」とする意見が一二％となり、一層ベトナム戦争に反対する意見の増加が確認できる。

このようなジョンソン批判の高まりは、すでに六七年八月末に実施した調査にみられ、ジョンソン

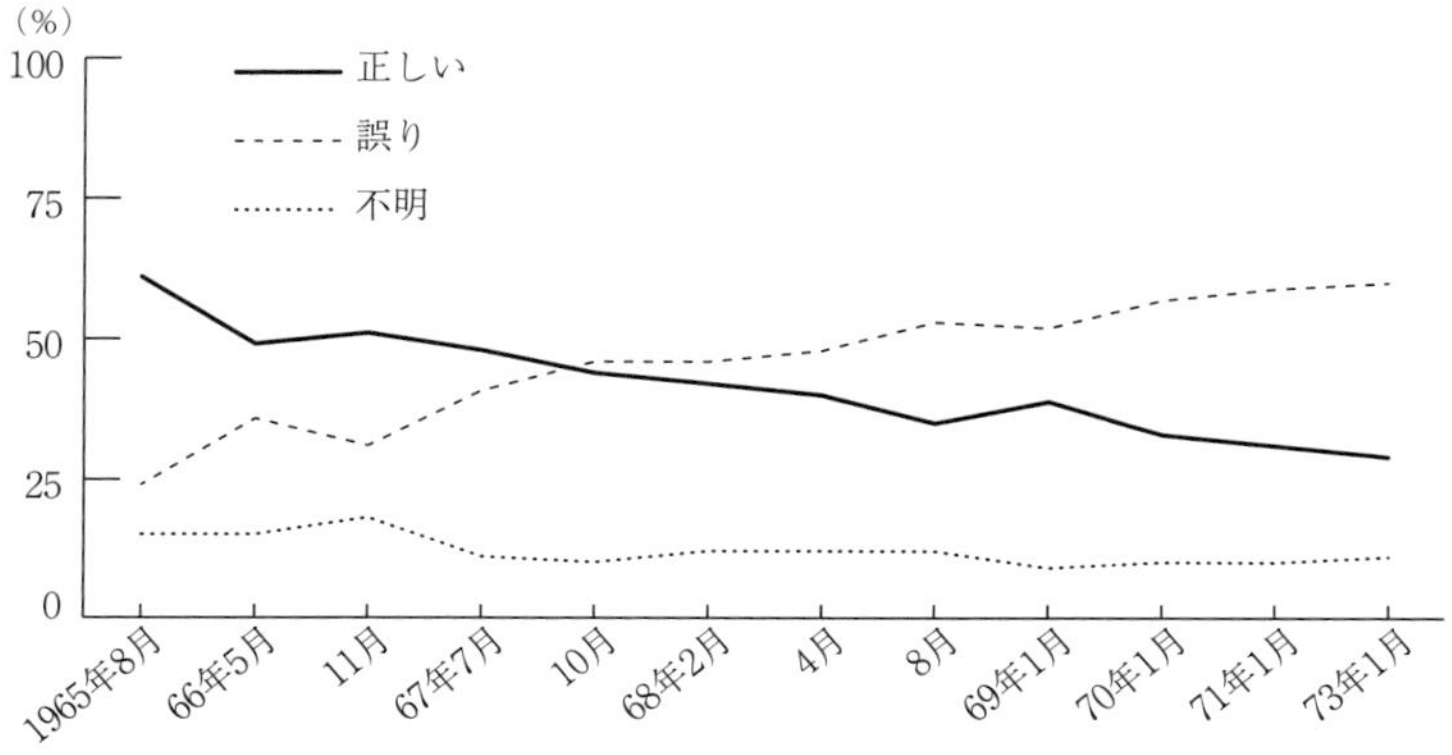

図 9　ベトナム戦争支持率の変遷（Americans Look Back at Vietnam War, *Gallup*, November 17, 2000）

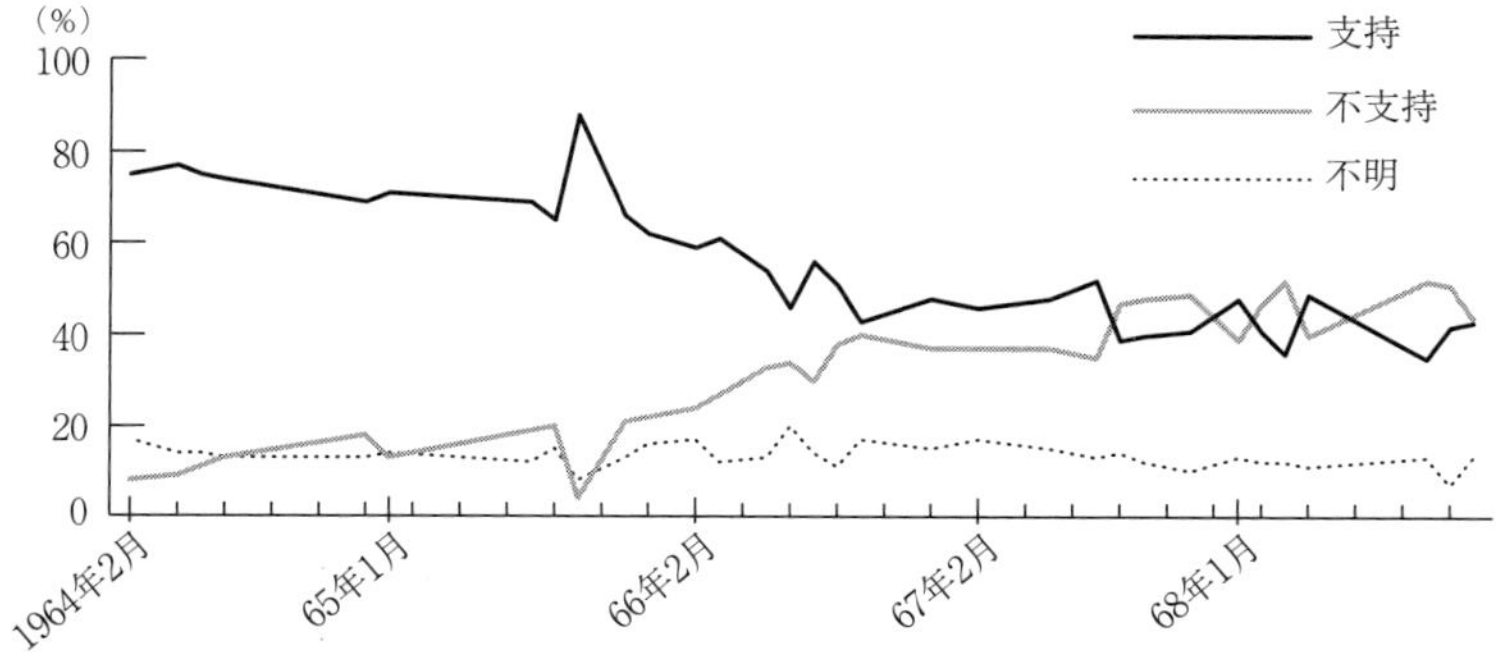

図 10　ジョンソン大統領支持率の変遷（*Gallup Poll 1935-1971*）

大統領の仕事ぶりに対する評価では、「肯定」が四〇%、「否定」が四八%、「不明」が一二%で、不支持が支持を上回っていた(**図10**)。もちろん、大統領に対する支持率には、ベトナム戦争以外の政策への評価も含まれるが、とくに、ジョンソンが八月三日に発表した四万五〇〇〇人のベトナム増派と戦費調達のための所得税と法人税の一〇%増税の提案に対する反発が大きく作用していた。ジョンソンは、一貫して「大砲とバター」として国内の改革とベトナム戦争の両立を主張してきたが、増税提案はその両立が困難になったことの告白であった。しかも、増税はすべての国民に影響する問題であったので、支持率の大幅低下に結びついた[オーバードーファー、一九七三、一〇〇―一〇一頁]。

加えて、四万五〇〇〇人の追加派兵は、在ベトナム米軍が五〇万人水準を突破することを意味したが、それでもいっこうに戦況が好転しないことへの苛立ちも作用していた。マスメディアによる南ベトナムからの戦況報告が「勝利は間近」とするジョンソン政権の説明と大きく食い違い、政府に対する「信頼性」の低下を招いていたことも支持率低下の要因として大きかった[Wells, 1994, p. 183]。

また、主要なマスメディアの報道姿勢にも大きな変化が表れた。『タイム』や『ライフ』は、一貫してジョンソン政権のベトナム政策を支持してきたが、六七年秋ごろから懐疑的な記事が多くなった。例えば、一〇月六日号の『タイム』では、戦争に対する反対が、知識人や若者や聖職者から、「政治に関心のないビジネスマン」、「不安にかられた政治家」にまで広がったと指摘し、「不安の重要な根拠」として、北爆が成功せず、戦争が米国を分裂させ、途方に暮れさせてしまったことを挙げた。また、六八年一月末に始まるテト攻勢の数週間前に『ボストン・グローブ』が有力紙に行った調査では、徹底した戦勝を主張した新聞が四紙、政府の政策支持が一六紙、戦線の縮小・和平追求が一九紙であったという。つまり、有力紙の間でも見解がほぼ二分されていた［オーバードーファー、一九七三、一〇四―一一二頁］。

また、反戦世論の高まりは女性独自の反戦活動を促し、六八年一月一五日に多くの女性団体が結集して、議会に戦争終結を請願する「ジャネット・ランキン旅団」を結成させた。ジャネット・ランキンは米国で初の女性連邦議員で、第二次世界大戦への米国の参戦に反対した平和主義者であった。当日は、五〇〇〇人の女性が首都ワシントンに集結し、議会に行った請願の先頭には当時八六歳になっていたランキンとキング夫人のコレッタが立った。この規模の行動は一九一三年の女性参政権を要求する行進以来、最大規模のものとなったという［Swerdlow, 1993, pp. 137–138］。

強気を変えぬジョンソン政権

ペンタゴン封鎖デモを目撃したマクナマラは、ベトナム戦争継続への疑問を一層強め、一九六七年一一月一日にジョンソンに対して戦争の縮小を提案する覚書を提出した。大きな政策転換を迫られたジョンソンは、歴代政権の高官からなる「賢人会議」を開き、その意見を聞いた。出席したのは、アチソン元国務長官、ボール前国務次官、ブラッドリー元統合参謀本部議長、バンディ前大統領補佐官、クリフォード元大統領法律顧問、ディロン前財務長官、ロッジ前南ベトナム駐在大使などであった。この場で、「賢人」たちは、南ベトナムの地上戦闘に「非常な改善と進展があった」との政府側の説明を受け入れ、現行計画の継続を進言した。北爆に関しても、ボール以外の全員が継続を進言した。その結果、マクナマラの提言は否定された［マクナマラ、一九九七、四〇九―四一四頁］。

結局、この「賢人会議」の結論を受けて、ジョンソンは戦争継続路線を採用したが、当時、空軍次官としてジョンソンのそばにいたフープスは、「ジョンソン大統領は自分が戦時下の偉大な大統領であり、またヨーロッパにおけるチャーチルと同じ立場にあると信じていた」と解説した。つまり、ジョンソンは、米国にとって「正戦」と記憶されている第二次世界大戦のアナロジーでベトナム戦争を理解し、少々批判が高まっても、「正戦」を貫く心境にあった。そのため、一一月半ばには、ウェストモーランド司令官やバンカー大使などをワシントンに呼び寄せ、ベトナム戦争が有利な状況にあると各地で講演させた。

その中で、ウェストモーランド将軍はこう語っている。「一九六五年には敵側が勝っていたが、今日では敗けつつあることをわたしは絶対確信している」。また、「二年以内、あるいはそれより早い時期に敵が非常に弱まるためベトナム人が今より負担能力を増して、やってゆけるようになると考えられる。アメリカの軍事努力を段階的に減少してゆき、軍隊も撤退できるであろう」と〔フープス、一九七〇、一四〇―一四一頁〕。

このように米軍指導部が、六七年秋から冬にかけて南ベトナムの戦況が「好転」したと受け止めたのは、民主共和国や解放戦線が六八年一月末から始まる「テト攻勢」の準備をするために、戦闘を自制していたためであった。それ故、この時期に軍部指導者が語った「楽観的な見通し」は「テト攻勢」後に米軍指導部の信用失墜を招くことになった。

第二回ラッセル法廷の衝撃

一九六七年一一月二〇日から一二月一日まで、コペンハーゲン郊外で第二回のラッセル法廷が開催された。ここでは、第一回法廷で審議されなかった事項、つまり、①米軍による違法な化学兵器などの使用の有無、②ベトナム人捕虜に対する非人道的処遇の有無などであり、米軍の元兵士が目撃した拷問について次のような証言を行った。

「彼ら(解放戦線兵士を拷問した南ベトナム政府軍兵士)は足の爪の下や足の裏をえぐるのにナイフを使っていました。それでも効果がないとなると、今度は身体のなかのもっと敏感な場所に突き刺すのです。(中略)この男は(中略)凄い奴で、自白しないのです。それで次には――ナイフを目玉の奥へ突き刺したのです」〔デリンジャー、一九九七、二九〇頁〕。

結局、この第二回法廷では、米軍が国際法で禁止されている兵器の使用・実験、捕虜の国際法で禁止された取り扱い、民間人の非人道的取り扱い、ベトナム人民に対するジェノサイド、などの点で有罪と認定された。また、ベトナム侵略に対する日本政府の加担に関しては、八月の東京法廷の審議に基づいて平野義太郎が「沖縄および日本本土の、多数の陸・海・空軍基地の提供と、高度の工業技術、豊富な資材による艦船、航空機その他軍事機械の補給、修理、軍事輸送その他特需による協力は、アメリカ軍のベトナム侵略戦争遂行に欠くべからざる要素」と報告した。その上、沖縄の実態が吉澤弘明によって一層詳しく報告された。その上で審議の結果、日本政府に対して「共犯として有罪」という判定が八対三で可決された〔ベトナムにおける戦争犯罪調査日本委員会編、一九六八、二一一―二一五、三二一―三二二頁〕。

また、この第二回法廷には、米国から、第一回と同様、デリンジャーとオグルスビーが参加したほか、SNCCのストークリー・カーマイケルが初めて出席した。その中で、オグルスビーが冒頭で、「アメリカは変わりつつある」との報告をした。具体的には、ジョンソン大統領の支持率の低下、学生による徴兵拒否などを列挙して、ラッセル法廷の功績として、徴兵忌避の法的根拠を明らかにしたこと、CBU爆弾*の実態の宣伝、さらに、「西側の人びとの胸中に、第三世界への窓を」開いたことを挙げた［同、二四—二九頁］。

このような二回にわたるラッセル法廷の審議に関して、米国のマスメディアは「反米プロパガンダ」として反発したが、ベトナム戦争がもつジェノサイドやエコサイドの側面へのアメリカ人の関心は、その後、徐々に高まり、一九六九年一一月にソンミ事件が露見したときには米国政府もジェノサイドを否定することができなくなるのである［藤本、二〇一四、一七七頁］。

＊　野球ボール大の子爆弾三〇〇個ほどを内蔵した親爆弾を投下すると、各子爆弾から六〇〇個ほどの金属球が飛散し、兵士や民間人を殺傷するボール爆弾のこと。

二　テト攻勢の衝撃と和平交渉の始まり

テト攻勢の衝撃

一九六八年一月三〇日、旧正月（テト）の前夜、南ベトナム全土で解放戦線と民主共和国人民軍の一斉攻撃が始まった。四四の省都中、三九都市が攻撃対象となる大規模なものであった。それまで解放戦線は主としてジャングル地帯を中心としたゲリラ戦を展開してきただけに、都市部への正規攻撃は米軍を驚愕させた。とくに、首都サイゴンでは米国大使館や大統領府、放送局などが攻撃され、堅牢なコンクリートの壁で囲まれた米国大使館には解放戦線の兵士二〇人が突入し、約六時間にわたって占拠し続けた。しかも、その戦闘シーンは、米国のテレビで中継され、米国国民にも大きな衝撃を与えた。この攻防の最中、サイゴンの路上で、国家警察本部長が「ベトコン」容疑者の男性を裁判なしで公開射殺したシーンは、南ベトナム政府が「法治国家」の名に値しないことを示す事件として大々的に報道され、多くの米国国民に、政府の戦争目的に深刻な疑問を抱かせた。

他方、ウェストモーランド司令官は、解放戦線や民主共和国人民軍が南ベトナムで展開した兵力の三分の二に相当する約四万人を失い、彼らが想定していた一般民衆の一斉蜂起も起こらなかったことを根拠に、テト攻勢は解放勢力側の軍事的「敗北」に終わったと主張した。

しかし、CBS放送の人気ニュース番組のアンカーマンを務めていたウォルター・クロンカイトは、二月半ばに現地を取材し、二月末に放映した特別番組の中で、「今日われわれが勝利に近づいていると語ることは、それに反する証拠をつきつけられながら、過去に誤りをおかしてきた楽天家を信用することにほかなりません。(中略)ぬきさしならぬ膠着状態におちいったと語ることこそ、いかにも不本意ではあるが、唯一の現実的な結論だと思われます」と語った[オーバードーファー、一九七三、二七〇―二七三頁]。

クロンカイトは、客観報道に徹する人物として多くのアメリカ人に信頼されていただけに、その彼が戦闘は「膠着状態」にあると断言したことは、「勝利は間近」と説明してきたジョンソン政権には大きな痛手となった。事実、当時、大統領報道官を務めていたジョージ・クリスチャンの後日談によると、クロンカイトの発言で「ショックの波が政府内を走った」という[Gitlin, 2003, pp. 206-207]。

しかも、当時は大統領選挙の予備選挙が始まっており、その先陣となるニューハンプシャー州で三月一二日に行われた選挙では、ハト派候補として民主党から出馬したユージン・マッカーシーが四二・二%も得票し、まだ出馬表明をしていなかったジョンソン陣営に衝撃が走った。三月一六日にはロバート・ケネディがやはりハト派候補として立候補を表明し、ジョンソンの再選を脅かす事態となった。四月二日にはウィスコンシン州での予備選挙が予定されており、ジョンソンは人気を回復させるなんらかの手立てに迫られていた。

その結果、ジョンソンは再度「賢人会議」を招集し、今後の対策を検討させた。まとめ役のアチソンは、ベトナムにおける軍事的勝利は不可能な上、東南アジアやヨーロッパに対する我が国のより大きな利害や現在のドル危機と関連させると、「今や限られた時間内に手を引くための決断」に迫られていると主張した。一〇人の「賢人」中、六人が政策転換を支持した。その結論を聞いたジョンソンはショックを隠せなかったが、二月二九日からマクナマラに代わって国防長官に就任したクリフォードも、この政策転換を支持したため、ジョンソンはその結論を受け入れざるをえなかった。

その結果、ジョンソンは、三月三一日に予定されていたテレビ演説で、北緯二〇度以北の北爆停止、南ベトナムでの戦闘縮小を前提とした和平交渉の開始を提案し、その上、国民の信頼回復のため、大統領選挙に出馬しない意向を表明した[Johnson, 1971, pp. 425-427][Clifford/Holbrooke, 1991, p. 523][オーバードーファー、一九七三、三四四―三四八頁〕。

このジョンソン演説に対して多くの国民は好意的な反応を示し、四月七日に発表されたギャラップ調査ではジョンソン支持が四九％、不支持が四〇％で、不明が一一％となった。また、民主共和国も、四月三日に、北爆の全面停止に向けた交渉を開始する用意があると表明し、パリで和平交渉が始まることになった。

佐世保・王子そして成田

佐藤政権は、第一回の日米首脳会談後、ベトナム戦争協力とともに、中国の原爆保有に対抗するため、米国の原子力艦船の入港受け入れを積極化させ始めていた。その表れが、一九六八年一月に行われた原子力空母エンタープライズの佐世保入港であった。現地では、従来反戦集会などを開催しなかった公明党や民社党も独自に反対集会をもった。また、社共両党は、中央での共闘は成立しなかったが、現地では成立し、一月一八日に主催者発表で四万七〇〇〇人（警察発表で二万六〇〇〇人）の集会が開催された。ベ平連からは小田実と吉川勇一などが参加し、海上から米兵に脱走を呼びかけたほか、「どこへも入るところのない人　いっしょに歩きましょう」とのプラカードを持ったデモを行い、最終的には一〇〇人の市民が参加し、そこから「佐世保ベ平連」が誕生した。また、約三〇〇人の新左翼系の学生は、機動隊の規制線を実力で突破しようとして流血の衝突が発生したが、多くの群衆が周囲を囲み、機動隊の暴行を非難する状況が出現した。そのため、保守系の佐世保市長でさえ「学生の行為にあんなに同情が集まる（中略）全くの誤算でした」と語ったという（『朝日ジャーナル』一九六八年二月四日、八―一八頁)。

このようにエンタープライズの入港に対しては、日本への「核兵器の持ち込み」の懸念とともに、ベトナム爆撃への出動が憂慮され、従来になく広汎な人々の反対が表明された。同時に、二回の羽田闘争で新左翼系の学生が示した「街頭実力闘争」に反発する市民だけでなく、同情的な市民も発生していたことが示された。

同様の傾向は、東京の王子への米軍の野戦病院建設計画に対する反対運動でもみられた。この計画は、ベトナムでの負傷兵の増加に対応したもので、ジェット輸送機ならベトナムから約三時間で立川や横田の米軍基地に輸送でき、そこからヘリコプターで王子まで負傷兵を運ぶ計画であった。人口密集地である王子に約二〇〇〇ものベッドを設置すれば、輸送ヘリの騒音や病気の伝染の恐れがあるとして、地元の区議会が六五年末から反対の声をあげていた。社共両党も反対を表明したが、街頭実力闘争を強行する新左翼系学生運動の参加をめぐって社共が対立、統一集会は開催されない状況が続いていた。そうした中の三月八日に新左翼系学生が角材や投石で機動隊に対抗、負傷者が多数出たが、この衝突を機に地元住民による反対する会が発足。そのリーダーは、「学生のようなやり方はいいことではないが、普通のやり方では受付けてくれない米軍や政府に対しては、ああいうやり方になるのではないか」と語ったという(『朝日ジャーナル』一九六八年三月二四日、二〇―二五頁)。

成田の場合は、手狭になった羽田空港を補う第二の首都圏空港として開設の閣議決定が下されたのが、六六年七月であった。政府は、地元民との話し合いを十分せずに、この決定を強行しようとしたので、地元の農民は、すぐに三里塚芝山連合空港反対同盟を結成して、反対運動を始めた。当初は、社会党や共産党が支援したが、六七年八月から新左翼系学生が支援に入り、実力阻止路線を採用したので、機動隊との間で衝突が繰り返され、開港は大幅に遅れ、七八年五月となった。

ジョンソン声明による米国平和運動の分裂

ジョンソンが北爆を部分的に停止して、和平交渉の開始を訴えたため、その後の運動の進め方をめぐって、リベラル派とラディカル派の意見が対立し、全国動員委による春の統一行動の実施は困難になった。リベラル派は、大統領選挙でのハト派候補の当選に関心を集中させたのに対して、ラディカル派の中では、トム・ヘイドンやデリンジャーらが一九六八年八月末にシカゴで開催される民主党全国大会に抗議の照準を合わせるように主張する一方、六七年一〇月二一日のペンタゴン封鎖が不成功に終わったことから、「都市ゲリラ」的な戦術の採用を主張するグループも少数ながら発生していた。

そうした対立が表面化する中、四月四日にキング牧師が暗殺されたため、「学生動員委員会」（ＳＭＣ）が呼びかけた四月二六日の統一ストライキは、キング暗殺への抗議の意味も含めて、大きな盛り上がりをみせた。主要な五〇大学を含む一〇〇〇校でストライキが実施され、高校生が参加するケースもあった。翌二七日にニューヨークで開催された反戦集会には二〇万人が参加し、リンゼイ市長もその中にいた。しかし、マスメディアの関心は、同じころにコロンビア大学で発生した占拠事件に注目し、反戦集会への関心は低かった。

五月に入ると、フランスで学生を中心とした運動が高揚し、全世界的な運動の盛り上がりがみられたが、米国では学生動員委員会の内部対立が激化していった。それは、ベトナム反戦に引き続き集中するか、人種差別の撤廃などのテーマと結合させてゆくかの対立であり、トロツキスト系の学生組織である「青年社会主義連合」(YSA)と他のグループとの主導権争いとして表面化した。SDSでは、コロンビア大学の占拠闘争を主導したマーク・ラッドの影響が強まり、警察などとの「対決路線」が主張される一方、SDSへの浸透を図っていた毛沢東派の革新労働党は学生と労働者の連帯推進を主張して、主導権争いを激化させていた。同じころ、政府側では、急進派組織の内部に潜入して、その急進化による孤立化を狙う「対抗諜報プログラム」が始まり、諸党派間の対立を煽る動きも始まっていた。

日本における下からの共同行動の模索

一九六八年四月末に国際的に連携した反戦活動を展開しようとする米国からの呼びかけに応えて、日本でも、四月二七日にべ平連や声なき声の会、王子の市民団体が共催して野戦病院建設に反対する集会が開催されたし、翌二八日の沖縄デーには、那覇で十数万という戦後最大の参加者を集めた集会が開かれた。しかし、東京では社共の統一集会は実現しなかった(『朝日ジャーナル』一九六八年五月一二日、一二〇―一二一頁)。

政党間の共闘がなかなか進展しない状況に直面した市民団体は、四月二六日に、幅広い市民団体の連携による「下からの共同」をめざす提案を行った。その呼びかけは、阿部知二、小田実、古在由重、新村猛、日高六郎の五氏によって行われ、五月一九日から六月一九日までを「ベトナム反戦全国行動月間」とし、各団体がそれぞれの反戦活動をすること、また、六〇年安保闘争の象徴的な日である六月一五日を共同行動日とするよう呼びかけた。事務局は、日高六郎が代表を務める国民文化会議に置くこととした〔『朝日ジャーナル』一九六八年五月一二日、一二二頁〕。

その際、問題になったのは、「街頭実力闘争」や「内ゲバ」を繰り返していた新左翼系学生団体の位置づけであった。共産党は、議会を通じての平和的革命をめざす路線に転換していたので、世論の反発を考慮して、新左翼系学生団体を「暴力学生」として排除することを、佐世保でのエンタープライズ寄港反対運動の際に、社会党や総評に要求していた。他方、べ平連では、学生の参加が増え、四月にベトナム反戦学生連絡会議が発足するにつれて、新左翼系学生の「街頭実力闘争」に共感する部分が増え、べ平連自体の「急進化」が始まっていた。べ平連側から六月行動委員会の折衝に出ていた数学者の福富節男によれば、市民団体の幅広い共同行動の可能性を検討し始めた段階で、佐世保闘争のことが話題となり、「当時は「三派」全学連と呼ばれた学生たちを、寄港反対闘争の妨害者とする見方は、市民の中にはなかった。予め彼らを敵対者であり、全体の運動から排除しなければならぬものと規定することは、粛清の思想であるという論も出た」という〔福富、一九九一、一一三頁〕。

つまり、幅広い連合を構築する場合に、新左翼系の学生団体を含めるかどうかが難問となっていた。そこで、六月行動委員会は次のような共同行動の原則を提示した。①六・一五共同行動は、老人や子供も参加できるような大衆集会やデモを始め、非暴力的市民的不服従を含めたさまざまな行動により、いくつかのグループに分ける、②それぞれのグループの自由性を尊重し、他のグループの行動に介入したり、妨害したりはしない、③参加各団体・個人の意見について、相互批判の自由はあるが、中傷非難の態度・言葉はさける〔「ベトナムに平和を！」市民連合編、一九七四、上・三五三―三五五頁〕。

六月行動委員会としては、このような原則を示すことで、新左翼系学生団体に「ゲバ抜き」かつ「内ゲバなし」の形態での参加を求めたのであった。この呼びかけに応えて、多くの団体が参加し、世話人団体間の協議が行われたが、その中で共産党系の文化団体連絡会議から新日本文学会の参加に疑義が出され、結局、共産党系団体は不参加となった。新日本文学会は共産党を除名された人々が中心となって活動していた団体で、革命路線上の意見対立があったのは確かだが、あくまでベトナム反戦での一致を優先するという市民運動の論理を文団連系の諸団体は受け入れなかったことになる〔福富、一九九一、一一三—一一四頁〕。ただし、呼びかけ人を引き受けていた古在由重は、共産党系の団体との関係の深い人物だったので、日高が心配して電話したところ、「僕は下りないよ。僕は日高君から頼まれたのだ。君を信頼しているんだ」と言って、「わっはっは」と笑うだけだったという〔岩倉、二〇一二、四五九頁〕。

結局、参加した市民団体は全国各地から二四〇以上にのぼり、べ平連関係では二〇の大学、三〇以上の地域べ平連が参加したほか、日本科学者会議やベトナムにおける戦争犯罪調査日本委員会などが参加した。新左翼系では、山本義隆などが参加していた東大ベトナム反戦会議が参加した〔福富、一九九一、一一六頁〕。六月一五日の日比谷野外音楽堂で開かれた中央集会には一万数千人が参加したが、新左翼系の学生団体や反戦青年委員会の参加は少なかった。デモでは、ゆっくり歩く第一グループと、座り込みや道一杯に広がって歩くフランス・デモを実行する第二グループに分かれ、それぞれがお互いを助け合う形で、進行したという。呼びかけ人の一人、日高六郎は、この六月行動を六〇年安保闘争のときにはなかった「直接民主主義の要求」の表れと分析し、それを七〇年の安保闘争につなげるように提案した(『世界』一九六八年八月号、二七―三六頁)。

各地での反基地運動の活発化と全共闘運動の始まり

一九六八年六月二日には、九州大学に米軍ジェット機ファントムが墜落し、大学関係者を中心に抗議運動が始まり、板付基地撤去の要求が高まった。また、山田弾薬庫への弾薬輸送を阻止する闘争で六月一一日に約一〇時間、輸送をストップさせたが、運搬する運転手の生活問題も表面化し、加害と被害の関係をどう調整するかが具体的な問題となっていった[「ベトナムに平和を！」市民連合編、一九七四、上・五〇二―五〇七頁]。

他方、四月一四日に日本大学で不正経理問題が発覚し、真相究明と理事会の責任を追及する声が高まり、五月二七日には日大の全学共闘会議が結成された。また、六月一七日には、東大医学部の処分問題で安田講堂を占拠していた学生を排除すべく、大学当局が機動隊を導入したため、抗議の声が全学に広まり、七月五日には東大闘争全学共闘会議が結成された。これらの全学共闘会議(全共闘)は、新左翼系の諸党派の連合体で、民青系はそれとは対抗的に別な運動を組織していた。しかも、全共闘では、当時も続いていたセクト対立を調停する機能をノンセクト・ラディカルの学生や院生たちが果たしたので、三派全学連や革マル全学連が動員できるよりも一層多数の学生を結集できるようになった。とくに、東大の場合は、六〇年安保闘争を学部学生時代に経験し、その後ノンセクトになっていた院生や助手で、東大ベトナム反戦会議に結集していた学生が調整的機能を果たしたので、極めて幅広い運動になった。

ただし、東大全共闘の議長をつとめた山本義隆によると、「党派の指導した闘争のだめ」なところが「東大全共闘の貧しさ」だったと回想している〔山本、二〇一五、一四八頁〕ので、ノンセクト・ラディカルの主導性にも限界があったと考えられる。また、全共闘運動では、六〇年の安保闘争とは違って、自治会決議に基づいて行動するというより、「闘う有志」が学部の壁を超えて結集した性格が強かったので、運動の終息期になると、ストライキの解除をめぐって自治会決議に抵触する場面も現れた。それでも、全共闘運動の高揚は、ベトナム反戦運動に参加する学生数の顕著な増加となって現れた。

べ平連による「反戦と変革に関する国際会議」の開催

一九六八年八月一一日から一三日までべ平連は京都の国際会議場で「反戦と変革に関する国際会議」を開催した。米国からは、平和のための女性ストライキの会(WSP)のルース・コルビー夫人、社会主義労働者党のフレッド・ハルステッド、SNCC副委員長のドナルド・ストーンなど、計二〇名、フランスからは、統一社会党書記長のミッシェル・ロカールなど五名、ほかイギリス一名、スイス一名が参加し、日本からは二百余名が出席した〔小田・鶴見編、一九六八、三三四―三三九頁〕。

開会の挨拶で、小田実は、ベトナム戦争で日本人が置かれている「加害者」的状況を克服するためには「社会構造の変革」が不可欠で、その変革は第三世界を含めた「人民のための民主主義の再生」であり、具体的には、七〇年に安保条約の解消をめざすこと、全世界で米軍基地反対の運動を組織すること、米軍兵士の脱走や反軍活動を援助すること、などを提起した〔同、六―一一頁〕。続いて、鶴見俊輔が報告し、日本人はベトナム反戦運動を通じて先の戦争における戦争責任を自覚するとともに、国境を越えた助け合いの必要性を自覚してきたこと。また、沖縄や在日朝鮮人に対する差別の自覚なしに米国の黒人差別を理解できないこと、平和憲法の理念に返るだけでは不十分で、直接民主主義を機動力にするような「人類の新しい社会契約を実現」する社会変革が必要と語った〔小田・鶴見編、一九六八、二七―三八頁〕。

次いで、ＳＤＳを代表してケネス・クロークが、ＳＤＳは「はじめは自由主義的な組織として」始まったが、今や「既存のファシズム、帝国主義、資本主義などを打倒する」ことをめざしていると強調した〔同、三九―四三頁〕。また、ＳＮＣＣのドナルド・ストーンは、米国の黒人が置かれた状況は「国内的な植民地主義の状況」であり、「分け前獲得運動」ではなく、「世界の人間性のための戦い」を展開すべきと主張した〔同、五二頁〕。

このような反戦と変革が不可分とする報告を受けて、フロアから三派全学連委員長の秋山勝行が、ベトナム戦争はアメリカ帝国主義が存在するかぎり終わらないと主張した上で、米国の侵略や日本の加担ができなくなるまで「国内階級闘争を激化させよう」と呼びかけた〔同、七一―七四頁〕。しかし、二日目の基調報告をしたいいだ ももは、「帝国主義があるかぎりベトナム侵略戦争は終わらないということ」ではなく、「『ベトナム以後』において帝国主義的平和に再吸収されてしまわない私たちの行動のバネを鍛え上げておく問題として「反戦と変革」の問題が突き出されている」と主張した〔同、一一七―一一八頁〕。

このように「反戦と変革」を結びつける必要性を強調する主張が出る一方で、べ平連が「変革」に乗り出すことへの不安を示す発言もあった。

哲学者の市井三郎は「物理的な意味で、本当に帝国主義を打倒するとか、安保を文字通り、粉砕するとかいうふうなことが、簡単に成功するとは思っていない」と指摘し、もっと「魂の仲間」を増やすことを考えるべきと主張した。また、政治学者の岡本清一は、反戦から変革の方向にべ平連が進むことに「不安をおぼえる」と語り、もし変革が「社会主義」を意味するのであれば、既存の社会主義が「老化」したり、「行きづま」っていることを考えるべきと主張した。さらに、小児科医の松田道雄の場合は、べ平連は反戦運動に徹すべきで、社会変革を言い出すと「どうしてもリーダー・シップの問題がでてくる。そしてそういうものを持ち出すと、いかに分裂するかということを教えに、学生のかたが、きのう、きょう来ておられるわけです(笑い、拍手)」と、会場に来ていた学生をたしなめるように発言した〔同、一六八―一七四頁〕。

このような反戦と変革の結合に関して、会議の終了後の感想として、鶴見俊輔はこう書いた。「べ平連が何かの既成政党の応援団(中略)になるよりは、不安定ながらも自発的に計画をたてて政府批判の運動を徹底的に続けている全学連諸派の応援団であるほうがいいと思っている。しかし、べ平連の集会で討論している時には全学連各派のなぐりあいがないという状態をいつまで保てるか。それさえ保てなくなるようなら、べ平連にべ平連らしいよいところはなくなるのではないか」と(『世界』一九六八年一〇月号、二四七頁)。

つまり、鶴見俊輔の場合、べ平連が「変革」を掲げた契機には新左翼系学生の羽田闘争以来の急進的な路線の影響があったわけだが、同時に、新左翼の各セクト間の「内ゲバ」で彼らへの応援が難しくなる懸念も表明していたのであった。また、「声なき声の会」の小林トミは、普通の市民と著名人との溝をこう証言していた。「運動が派手になって世間の注目の的になっている。私の考える運動体とは、十人ぐらいの集まりが無数にあるのが、望ましいと思う。大きな会場を設定するには、かなりの努力が必要だったにちがいない。が、著名人ばかりの発言が多い。地元で少数でやっている人にももっと発言の機会を……と思った」と〔小林、二〇〇三、一一九頁〕。

国際会議では、様々な議論が闘わされた後、安保条約破棄や沖縄の米軍からの解放などをめざす共同行動の提案がなされ、採決はせず、賛成者が署名する方式がとられ、出席者二〇〇人余の中で一八〇人くらいが署名したので、反戦を変革につなげる方針は会議出席者の間では了解されたといえるだろう。その際、会議の終了時に、いつもの「ウィ・シャル・オウヴァーカム」でなく、突然、革命歌「インターナショナル」の合唱が巻き起こり、小田実が「憮然として腰をかけたままだった」と鶴見俊輔が証言した(『世界』一九六八年一〇月号、二四七頁)ように、学生を中心とする「急進化」の動きがべ平連の中で世代間対立を生みつつあった。また、その「変革」の内容は、安保や沖縄という当面の課題について明確になっただけであり、長期的にべ平連がどのような社会変革をめざすのか、は不明のままであった。また、米国からの参加者からは、米軍の脱走兵支援の文書に署名することは、米国の法律に抵触する恐れがあるので、署名はせず、一般的に、反戦米兵を支援するべ平連の活動を支持するとの意思表示があった〔小田・鶴見編、一九六八、三三九—三四八頁〕。

米国の大統領選挙と反戦運動の低迷

一九六八年六月五日、カリフォルニア州での民主党予備選挙でハト派のロバート・ケネディが勝利した直後に暗殺された。その結果、八月末の民主党全国大会では、ジョンソン政権のベトナム政策を支えてきたハンフリー副大統領が大統領候補に選出されることが確実となった。それは、ハト派候補の選出をめざして活動してきたリベラル派にとっては大きな失望であった。むしろ、シカゴで開かれる民主党全国大会に抗議を集中させようというラディカル派の主張が勢いを得た。しかし、警備の責任者であるシカゴ市長のデイリーはハンフリーの支持者で、秩序維持のために、大量の警官や州兵の動員を公言したので、大規模な衝突が懸念された。

そのため、全国動員委は、デリンジャーが中心となって非暴力の抗議デモに限定する方針を採択したが、警察の規制線を突破して、大会会場への突入を主張するグループもあった。民主党の大統領候補指名が行われた八月二八日、グランド・パークには約一万人が集結したが、公園に掲げられた星条旗の引き下ろしをめぐって警察との衝突が発生、多くの負傷者が出た。取材していた記者にも警棒が振るわれ、その光景は全世界に放映されて、警察やデイリー市長に批判が集中した。結局、このシカゴ・デモでは、一人が死亡、六六〇人が逮捕され、負傷者は一〇〇〇人に及んだという[Halstead, 1978, pp. 478-485]。全国動員委では五万人の参加を予定していたが、実際の参加者は一万人にとどまったので、反戦運動の低迷は明らかだった。そこには、三月末のジョンソン声明による和平交渉への期待や反戦デモの急進化への懸念が作用していた。

一一月六日の選挙直前になって、ジョンソンは北爆の全面停止を発表したが、選挙では「名誉ある和平」や「法と秩序」を公約とした共和党のニクソンが当選し、反戦運動に対する規制の強化が予想された。さらに、「名誉ある和平」の公約は和平交渉の長期化を暗示させた。

一〇・二一の国際反戦デーと新宿「騒乱」

一九六八年一〇月八日は第一次羽田闘争の一周年ということで、三派全学連は日比谷野外音楽堂に約一万人が集結、明治公園には革マル派などが五〇〇〇人を集めて集会を開いた。べ平連は、六月行動委員会の成功を受け、様々な市民団体と連合して一〇月反戦行動実行委員会を組織し、一〇月の反戦行動を実行した。一〇月八日には清水谷公園に一五〇〇人が集結したが、学生べ平連の約二五〇人は、米軍の燃料タンク車の新宿通過に抗議して、新宿駅ホームに座り込みを実行、その中の何人かが卵の殻にペンキを入れて準備しているところを警察に発見され、「凶器」と見なされ、べ平連の事務所が初めて家宅捜査を受けた〔小熊、二〇〇九、下・三八七頁〕。

また、一〇月行動委員会の独自活動は、日曜日にあたる一〇月二〇日に設定され、約五〇〇〇人が新宿で非暴力デモを敢行した。デモ隊は花を用意し、ビラとともに通行人に手渡すユニークなデモでアピールした。また、夜には社学同の二六人が防衛庁に突入し、一時的に通信隊事務室を占拠した〔同、八四、三八八頁〕。

翌二一日は国際反戦デーであり、総評と中立労連が沖縄返還・ベトナム反戦・安保破棄を掲げて、約五万人を集め、共産党系は学生を中心に一万二〇〇〇人が結集した。一〇月行動委の隊列には三〇〇〇人、学生べ平連の隊列には四〇〇〇人が参加し、総評系のデモに合流した。新左翼系は、統一行動はとらず、それぞれのセクトが戦闘性を競うように独自行動を展開した。社学同の八〇〇人は再度防衛庁に向かったし、社青同解放派の一五〇〇人は国会議事堂をめざした。しかし、この日の中心は、中核派とML派(共産主義者同盟マルクス・レーニン主義派の略称)、第四インターナショナル(トロツキーの呼びかけで結成された国際共産主義組織)の二〇〇〇人が集結した新宿駅であった。革マル派と構造改革派(イタリア共産党の構造改革路線を支持して日本共産党から分かれたグループ)も新宿に集結した。新左翼の各セクトは、大学闘争を背景に大幅に動員数を伸ばしたが、全共闘運動のような共同は実現できなかった。

一方、新宿駅には、学生と機動隊との衝突を予期した五万人もの群衆が集まり、機動隊と学生との衝突を見守った(図11)。中には機動隊の過剰警備を批判する者もいたが、日頃の警察への反感を晴らす野次馬的な者もいた。夜九時ごろ、学生たちが線路内に侵入したため、電車が一時ストップしたが、学生が退去した後に、一部の群衆が暴徒化して、駅や警察車両に放火したため、政府は、夜中の〇時一五分に騒乱罪の適用に踏み切った[同、八六—九三頁]。騒乱罪の発動は、一六年ぶりであったが、この罪は集団的「犯行」に参加したものを一網打尽に取り締まることを可能にするもので、政府の恣意的な解釈で、集会の自由や言論の自由に対する大幅な規制を可能にす

図11　新宿騒乱(新宿駅東口のデモ隊と群衆. 1968年10月21日, 毎日新聞社提供)

る危険をはらむものであった。

新宿駅周辺が大混乱に陥ったことに対して、中核派の秋山三派全学連委員長は「公安当局を騒乱罪適用に追いこんだことに意義を認める。学生に巨大な民衆の力が加わった新宿デモは、警察力による弾圧に限界があることをはっきり示した」と肯定したが、主要なマスメディアはこぞって新左翼系学生を非難した。『朝日新聞』は「荒れ狂う角材学生」「無責任な群衆」などの見出しをつけたし、『読売新聞』は「なぜ許した無法デモ」と書いた。主要政党も同様で、民社党は「学生の暴力行動は暴徒とかわらず、騒乱罪は現状ではやむをえない」と、共産党は「トロツキスト分子の暴力を糾弾するとともに、政府・自民党の弾圧体制強化に反対する」と表明した。社会党と公明党は騒乱罪の適用を政府・自民党の右傾化の表れと批判したが、総評の岩井章事務局長は今後「三派とは共闘しない」し、反戦青年委員会は改組すると表明した〔小熊、二〇〇九、下・九三―九五頁〕。

それに対して、小田実は、マスメディアが問題の背景に、新宿駅を通過する米軍の燃料タンク車の阻止というベトナム反戦の動機があることを無視していると批判した。六七年八月に新宿駅で燃料タンク車が炎上事故を起こしたことが示す直接的な危険と、タンク車が運ぶ燃料がベトナム爆撃に向かう米軍ジェット機の燃料に使用され、日本のベトナム戦争への加担を象徴することを問題にすべきと主張した。ただし、非暴力の市民的不服従をモットーとする小田は、電車を燃やすのではなく、国鉄労働者や近隣住民の支持も得て、タンク車の前に大勢で座り込んで輸送を止める方法を代案として提示していた〔『世界』一九六八年一二月号、一九五―二〇七頁〕。

このように一〇・二一の国際反戦デーは、新宿駅周辺での「騒乱状態」に関心が集中し、政府が七〇年の安保条約継続に向けて、弾圧体制を強化する口実となるとともに、本来、広汎に存在したベトナム反戦勢力の分裂をむしろ浮き彫りにする結果に終わった。

三　ニクソン政権の「ベトナム化」政策と七〇年安保問題

ニクソン政権のベトナム和平政策

一九六九年一月に大統領に就任したニクソンは、ベトナムにおける米軍の全面勝利はありえないことを自覚しつつも、サイゴン政権を存続させることで、「名誉ある和平」を実現しようと考えた。他方、民主共和国側は、米国内での反戦世論の高まりを期待しつつ、テト攻勢で受けた南ベトナムでの損害の回復をはかるため、和平交渉を急がない姿勢を示した。

それ故、ニクソンは、交渉を有利に進めるため、徴兵制を志願兵制に切り替える方針を示して、学生運動の切り崩しをはかる一方、七月には、アジア諸国に軍事的な自助努力を求める「グアム・ドクトリン」を発表した。また、一一月には、地上戦闘を南ベトナム政府軍に肩代わりさせ、米地上軍の段階的撤退を進める「ベトナム化」政策を発表した。

六九年当初、パリでの和平交渉は、民主共和国、解放戦線、サイゴン政府、米国の四者による公式協議で始まったが、容易に進展しなかった。そのため、国家安全保障問題担当大統領補佐官に就任したキッシンジャーとベトナム労働党政治局員のレ・ドク・トの間で秘密交渉が八月から始まった。民主共和国側は、九月二日にホー・チ・ミンが死去した後も、原則的立場を変えず、米軍の撤退時期の明示とチュー政権の解体を要求したのに対して、米国側は、民主共和国軍も含めた外国軍隊の相互撤退を主張して対立した。

和平交渉が進展しない中、ニクソン政権は、民主共和国に対する軍事圧力を強化する方針に転換し、七〇年四月には民主共和国人民軍の「聖域」となっていたカンボジア南東部に侵攻した。また、七一年二月には、民主共和国からの支援物資の流通経路になっているとして、ラオスに対して南ベトナム政府軍による侵攻を強行した。さらに、七二年に入ると、ハノイやハイフォン地域への爆撃やハイフォン港の機雷封鎖も強行した。

その上、大国間の「権力政治」の信奉者であったニクソンは、中国やソ連に接近し、民主共和国の孤立化をはかることで、妥協を引き出そうとした。七一年七月には、それまで敵対してきた中国への訪問を発表して世界を驚かせ、翌七二年二月にはニクソンの訪中が実現した。また、五月にハイフォン港の機雷封鎖を強行した直後であったにもかかわらず、ソ連はニクソンのモスクワ訪問を受け入れ、戦略兵器制限交渉を進展させた。当時の中ソは激しく対立していたため、ニクソン政権はそれを利用して対中、対ソ接近を実現させ、中国とソ連に民主共和国支援をやめさせ、和平交渉での妥協に向け、圧力をかけさせようとした。

しかし、民主共和国は、孤立しても妥協を拒否し、七二年八月一七日の労働党機関紙『ニャンザン』で「溺れるものに浮輪を投げてやることによって、敵を利し、革命側に不利益となるような危険な妥協を行った」として、中国とソ連を非難する姿勢を示した[コルコ、二〇〇一、五五一頁]。その結果、ニクソン政権としては、中国やソ連からの圧力が期待したほどの効果をあげない中で、民主共和国との直接交渉に活路を見いだすしかなくなっていった。

反戦運動連合体の衰退と再編

「名誉ある和平」を提唱して当選したものの、ニクソンには元来、タカ派的な体質があることを知っていたデリンジャーらは、全国動員委で大統領就任式の日に反対する「カウンター・カルチャー」的なデモを企画した。しかし、リベラル派は「カウンター・カルチャー」的集会やデモには反発したので、実際の参加者は一万人程度にとどまった。その上、三月末にはニクソン政権の司法省が、一九六八年八月末のシカゴにおける衝突に関連して、デリンジャーやヘイドン、ルービンら八人を「陰謀罪」で告発した。そのため、デリンジャーら長年の指導者は、法廷闘争に追われることになり、全国動員委の春季行動は見送られることになった[Zaroulis/Sullivan, 1984, pp. 209–210, 249]。

全国動員委の活動が停滞する中、シドニー・ペックらは、リベラル派とラディカル派の連合を維持した形で、七月にベトナム戦争終結新動員委員会(以下、新動員委と略記)を結成した。他方、リベラル派の中では世代交代が進展し、大統領選挙でハト派のマッカーシーを支援したサム・ブラウンとデイヴィッド・ホークが、六九年春にベトナム戦争を「不道徳的で不正」であると宣言し、徴兵拒否をするとした「良心宣言」を発表した。二五三大学の学生自治会の会長や大学新聞の編集長が署名したこの宣言を、キッシンジャーに手渡したが、話し合いは平行線に終わった。当初は、反戦のためのストライキを構想したが、それよりも反戦のために毎月一日だけベトナム戦争について考える日にしようという発想から、「ベトナム・モラトリアム」と命名した。最初の行動は、一〇月一五日に予定されたが、全国動員委のような主要都市での大規模集会をめざすのでなく、各大学の自治会が中心となって、地域ごとに小規模集会を開催する方式が採用された[Small, 2002, pp. 106–107]。

一方、ニューレフトの中心組織であったSDSでは、六七年一〇月のペンタゴン封鎖デモを失敗と捉え、一層急進的な方針をとるべきとの意見が強まった。六月の全国大会では、武装闘争の採用を主張する「ウェザーマン」グループが主導権を握り、「都市ゲリラ」的活動の推進を決定した[Sale, 1974, pp. 557–559]。七〇年三月にはニューヨークのグリニッチ・ヴィレッジで製造中の爆弾が誤爆する事故が発生した。このような指導部の急進化でSDSは一体性を失い、この全国大会が最後となった。同時に、この急進化は、SDS内の世代対立も激化させた。さらに、文化の変革に関心のあるグループは、六九年八月一五日にニューヨーク郊外で「ウッドストック音楽祭」を開催し、四〇万人もの若者を集め、ドラッグとともに、ロックやフォークの音楽に熱狂した[Zaroulis/Sullivan, 1984, pp. 211–213, 260]。

日本におけるベトナム反戦と反安保の結合

一九六九年一月、東大全共闘の拠点であった安田講堂を占拠していた学生が機動隊によって排除され、東大では闘争の収拾局面に移っていった。その状況にあっても、小田実は「東大解体」という「革命の論理」を「アンポ」に結び付けようとしているとして、全共闘に共感を表明した[「ベトナムに平和を!」市民連合編、一九七四、中・一八頁]。しかし、二月初めに開催されたベ平連の全国懇談会には全国五一団体から一二〇人の代表が参加して今後の方針を討議したが、学生の参加が増え、「学生層から市民には理解できない言葉での演説が出たりして次第に市民層の参加が少なくな」っている例が報告されていた。当時のべ平連は全国に二〇〇もの類似団体があり、そのうち半分以上が新左翼学生による六七年秋の羽田闘争以来の創設というので、とくに学生の増加が大きな影響力をもっていた。この懇談会では、初めてべ平連として「反安保」に取り組むことが確認され、『週刊アンポ』の刊行と市民自由大学の創設も了解された(『朝日ジャーナル』一九六九年二月一六日、一一三頁)〔小熊、二〇〇九、下・四二六—四二八頁〕。つまり、べ平連では、学生の参加が増えるにつれて、運動が「急進化」し、当初から参加していた普通の市民層が離れる傾向が出始めていた。

図 14　新宿駅西口地下広場のフォーク・ゲリラ集会(1969 年 5 月 24 日，毎日新聞社提供)

また、運動形態の多様化も進んでいた。二月ごろから新宿駅西口の地下広場では、べ平連の若者が中心となって反戦のフォークソングを歌う「フォーク・ゲリラ」が始まっていた。そこでは、佐藤栄作首相を皮肉った「栄ちゃんのバラード」とか、機動隊員の悲哀を歌った「機動隊ブルース」、闘う友情を歌った「友よ」などが歌われたが、市民にアピールするため全共闘系の学生が集まっただけでなく、帰宅途中のサラリーマンも含めて、多いときには五〇〇〇人も集まり、「広場をわれわれの発言の場にしよう」などの呼びかけに大勢が呼応していた。また、歌が終わるとそここで対話の場が広がっていたという。しかし、五月半ばになると、警察は通行の邪魔になるとして、地下通路での集まりを禁止した[『ベトナムに平和を！』市民連合編、一九七四、中・四六―四九頁]。

また、六八年七月に東京練馬区の大泉教会で発足していた「大泉市民の集い」のグループが、朝霞にある米軍の野戦病院に向けて六九年六月から英語による反戦放送(Radio Camp Must Go)を開始した。この集い自体は、ロシア史研究者の和田春樹・あき子夫妻、アメリカ史研究者の清水知久などが中心となって朝霞基地の撤去を求める市民運動として始まっていたのであった。この反戦放送を始めてからは、反発して石を投げてくる兵士もいたが、MP(憲兵隊)の監視に隠れて、ビラを受け取り、反戦新聞の発行を相談してくる兵士も出たという。この反戦放送は七〇年末に野戦病院が廃止されるまで続いた[『大泉市民の集い』写真記録制作委員会、二〇一〇、八―一二頁]。

日本がベトナム戦争に加担している最大の根拠は安保条約にあるとして、ベトナム反戦と反安保を結合して運動を進めようとする人々は、同時に、ベトナムに直接爆撃機が発進している沖縄の問題にも関心を広げていった。四月二八日は、サンフランシスコ講和条約で沖縄が本土から切り離されて、米国の施政権下に置かれた日であり、六三年以来「沖縄デー」として海上デモなどが行われてきたが、大きな盛り上がりにまでは至っていなかった。しかし、佐藤内閣が沖縄返還を主張し、核や巨大な米軍基地つきの返還になる危険が高まるにつれて、「沖縄返還」問題は、七〇年安保反対と並ぶ重大な争点となった。この沖縄デーに社会党と共産党は共闘を組み、約一〇万人が集結する一方、新左翼系の学生運動も本格的に取り組み始め、各派の合計で約八四〇〇人が参加したが、機動隊側の規制がきつく、「首相官邸占拠」などはスローガン倒れに終わったという〔小熊、二〇〇九、下・一四四―一五〇頁〕。

六月行動委による共同行動の模索

和平交渉は相変わらず膠着状態にあったが、解放戦線は、一九六九年六月初めに南ベトナム共和国暫定革命政府の樹立を宣言した。首相には解放戦線書記長のフイン・タン・ファットが就任、閣僚には解放戦線から九人、第三グループの平和連合から二名が参加した。いよいよグエン・ヴァン・チュー政権に代わる政治主体が南ベトナムに登場したのであるが、ニクソン政権は引き続きチュー政権擁護の姿勢を変えなかった(『朝日ジャーナル』一九六九年六月二九日、九〇―九六頁)。

いっこうに進展しない和平交渉を促進するためにも、幅広い反戦勢力の結集が求められていたが、六月行動委員会は前年に引き続き幅広い共同行動を訴えた結果、社会党や共産党系は昨年同様不参加となったが、四〇〇もの市民団体などが集結した。『朝日ジャーナル』(一九六九年六月二二日、三九―四〇頁)には、途中経過の三〇〇団体余が掲載されているが、その中には、各地や各大学べ平連が三〇%、各地の反戦青年委員会が一九%、各大学の全共闘が八%(東大、日大を含む)、中核派、社学同、社青同などの新左翼各派、各地の声なき声の会、国民文化会議などが含まれ、幅広い連合が実現した。「反戦・反安保・沖縄闘争勝利　六・一五統一集会」の共同の申し合わせに従い、「ゲバ抜き」のデモが実現した。日比谷野外音楽堂での昼間の集会参加者は、主催者発表で七万人、警察発表でさえ二万五〇〇〇人に及び、前年の参加者数の二倍以上となり、初めて社共の共闘集会に匹敵する規模に達し

図 12　べ平連のフランス・デモ（数寄屋橋付近，1969 年 6 月 15 日）［ヘイブンズ，1990］

た（『朝日ジャーナル』一九六九年六月二九日、一〇二—一〇六頁）。この集会では、「ベトナム反戦」に加えて、「反安保」が表明され、その目標の下での幅広い統一が訴えられた。その後、指名手配中である東大全共闘代表の山本義隆が突然現れ、会場にどよめきが走った。山本は東大当局を糾弾する演説を行った後、人込みの中に姿を消した［小熊、二〇〇九、下・四四〇—四四一頁］。その後のデモは、一部、届け出にないジグザグ・デモやフランス・デモを実行したとして、べ平連事務局長の吉川勇一が逮捕されたが、全体として極めて平穏なデモとなった（図12）。しかし、夜には、各新左翼セクトがそれぞれ数百人規模で独自の集会を開催したが、前年の六月一五日のような内ゲバは発生しなかったという（『朝日ジャーナル』一九六九年六月二九日、一〇二—一〇六頁）。

べ平連などの市民団体の呼びかけで始まった六月一五日の共同行動は、二年目になって、新左翼の学生運動が「ゲバ抜き」で参加することに同意したので、すべてのベトナム反戦勢力の共同は、半ば実現した形となったが、社会党・総評や共産党は、新左翼系の街頭実力闘争には批判的だったので、参加しなかった。六月一四日、総評は、社会党に対して「反代々木系全学連の理論と行動は労働運動と社会主義をめざす運動に害を与える」として、「反代々木系全学連の影響、支配を強くうけている東京を中心とする反戦青年委員会」との関係の清算を迫る要望書を提出した〔『朝日新聞』一九六九年六月一五日〕。最大の支持母体である総評からこのような要請を受けた社会党としては、反代々木系の学生運動や反戦青年委員会との関係の見直しが不可避となった。

個々の労働組合内部でも、新左翼系学生の評価をめぐる対立が続いていたが、国鉄労組のある分会では六月初めに東大や日大の全共闘学生を招き、対話集会を開催した。労働者の側には、東大生がいずれは自分たちを抑圧する側にまわる人間とする反発もあったが、「東大解体」のスローガンが「労働者を抑圧しているそういう東大というものを破壊しようとする」ものと受け止め、対話に応じた者もいた。その中で、ある国鉄労働者は、「学生の米タン〔米軍向けの燃料タンク車〕阻止には賛成だ。しかし、学生は電車を止めるだけじゃなくて、止まっている電車や駅まで破壊するから、われわれは徹夜や日曜出勤をして修理しなければならない。学生も、もう少し考えて行動してほしい」と語った。それに対して、学生を擁護する反論も出たが、「労学連帯」の難しさを示す会合になったという〔大沢、一九七一、二六九―二七八頁〕。

べ平連内部の世代間対立

六八年一〇月二一日の新宿「騒乱」事件以来、新左翼セクトに対する警察の取り締まりが厳しくなるにつれて、「安全な」べ平連に流れ込む学生が増加してゆき、べ平連の急進化を加速することになった。その結果、創設期からのメンバーと学生メンバーとの世代間対立が表面化するとともに、創設メンバーの間でも食い違いが顕在化することになった。

その顕著な表れが、関西べ平連の企画として、八月七日から大阪で開催された「ハンパク」であった。これは、政府が七〇年に大阪で開催を予定していた万国博覧会に対抗して市民による博覧会を開催しようとしたのであった。九州大学に墜落した米軍機の機体の一部を展示したり、佐藤首相の首つり人形をまわしげりするゲーム、公害を告発する展示などの企画が大阪城公園に並んだ。開催に多額の経費がかかったところから、主催者は市民大学と称した講演会を有料にしたため、日大全共闘のメンバーなどから、「市民大学」が有料とはおかしいと批判を受けた。また、デモの隊列についても、事務局が四グループに分けた案を一方的に発表したと批判を受け、自己批判に追い込まれるとともに、小田実や吉川勇一の責任も追及されるにいたった。その中で、鶴見俊輔が「小田氏をして、人集め、ミーハー向きのスターのようにしたのはまずかった」といった発言をしたという噂が小田の耳に入り、小田は一時べ平連を辞めることまで決意したが、鶴見が謝罪したことでなんとか対立は収拾されたという［小熊、二〇〇九、下・四五〇—四六一頁］。

また、世代間の対立は、京都べ平連の事務所経費の問題や東京べ平連が企画した『週刊アンポ』の販売問題で表面化した。京都べ平連が発行していた『ベトナム通信』の編集長が六九年九月号に、デモには参加せず、お金だけ出す「オールド・べ平連」宛に、「大学のなかの人間的退廃を告発した全共闘的問題提起を、あなた達は、どう受けとめ」ているのか、と詰問した。その上で、「若者が運動のイニシアチブをとっている、という京都の現状は、あなた達から特権を委譲されたからでは決してなく、若者のラジカルな闘いがあなた達のおもわくを乗り越えているということに他ならない」とした〔『ベトナムに平和を！』市民連合編、一九七四、中・一五〇―一五一頁〕。

この批判に対して、鶴見俊輔は同じ号で、「市民運動としての反戦運動は、さまざまの形をとり得るので、究極的には、自分の生活の形が反戦であるということが本道だ」と反論した。さらに、翌月号でも論争は続き、京都べ平連のデモが「誰でも参加できる平和的で、合法的デモ」に限定するのを良しとする京大教授である飯沼二郎などの年配世代に対する不満が表明された。ある若手の主張では「オールド・べ平連を名のって現状況の厳しさから逃れようとするオールドたちの発想は許し難い。早急に解体せよ！　オールド・べ平連を名のる諸君！　君達は今、ヘルメットとゲバ棒をもつ勇気と肉体を持たないだろう。その点で確かにオールドである」と〔同、一五二―一五三頁〕。

このようなべ平連内部の世代対立は、七〇年安保を前にして街頭実力闘争にべ平連も突入すべきという急進的な学生の立場と、誰でも参加できるデモという当初の理念を守ろうとする創立世代の意見の対立の産物であった。

米国における秋の統一行動

一九六九年一〇月半ばに設定されたモラトリアム・デーでは、まず一〇月一四日の連邦議会におけるハト派議員による徹夜討論で幕を開けた。翌一五日に開催された集会では、全米各地で米軍戦死者の名前を読み上げ、喪章をつけた参加者が追悼の鐘を聞くなど、おごそかな雰囲気の中で進められた。合計二〇〇万もの人々が参加したが、多くが白人のミドルクラスで、初めて集会に参加する人も多かった。首都ではワシントン記念塔周辺に五万人が集結し、キング夫人が非業の死を遂げた夫の代わりに演説したほか、俳優のウディ・アレンやユージン・マッカーシー上院議員も挨拶した。主要なメディアも好意的に報道し、クロンカイトも「これほど多くの人が平和への希望を表明したことはかつてなかった」とコメントした[Wells, 1994, pp. 370–375]。

九月末にニクソンは、モラトリアムの運動を念頭に置いて、「政府の政策が街頭で決定されることを許すのは民主主義的手続きを破壊する」と牽制した。また、副大統領のアグニューは、反戦デモを好意的に報道するリベラル派のマスメディアを指して「少数の公選されざるエリート」と批判した。さらに、モラトリアム集会の成功後の一一月三日に、ニクソンはテレビ演説し、「ベトナム化」政策によって着実に米兵を帰国させることを強調し、「静かな多数派」に支持を訴えた[Small, 2002, pp. 109, 112]。

一方、反戦運動の側は、モラトリアムが一一月一三・一四日に、新動員委が一五日に集会を設定して、両者が協調して反戦をアピールしていった。まず一三日にはモラトリアムが「戦死に抗議する行進」と称して、約四万人が戦死した米兵の名前を書いたプラカードを掲げ、アーリントン国立墓地からホワイトハウスまで行進した。翌一四日には、司法省に数百人が徴兵カードを返却した。一五日の新動員委の行進には、首都で二五万人、サンフランシスコで一〇万人が参加した。

首都の行進では、ニクソンの演説をもじって「平和を求める静かな多数派」という横断幕が先頭に掲げられ、一二個の棺桶が運ばれた。ルービンのようなイッピー〈青年国際党〈Youth International Party〉の略称〉の演説は拒否されたが、ピート・シーガーのフォークソングが披露され、ジョン・レノン

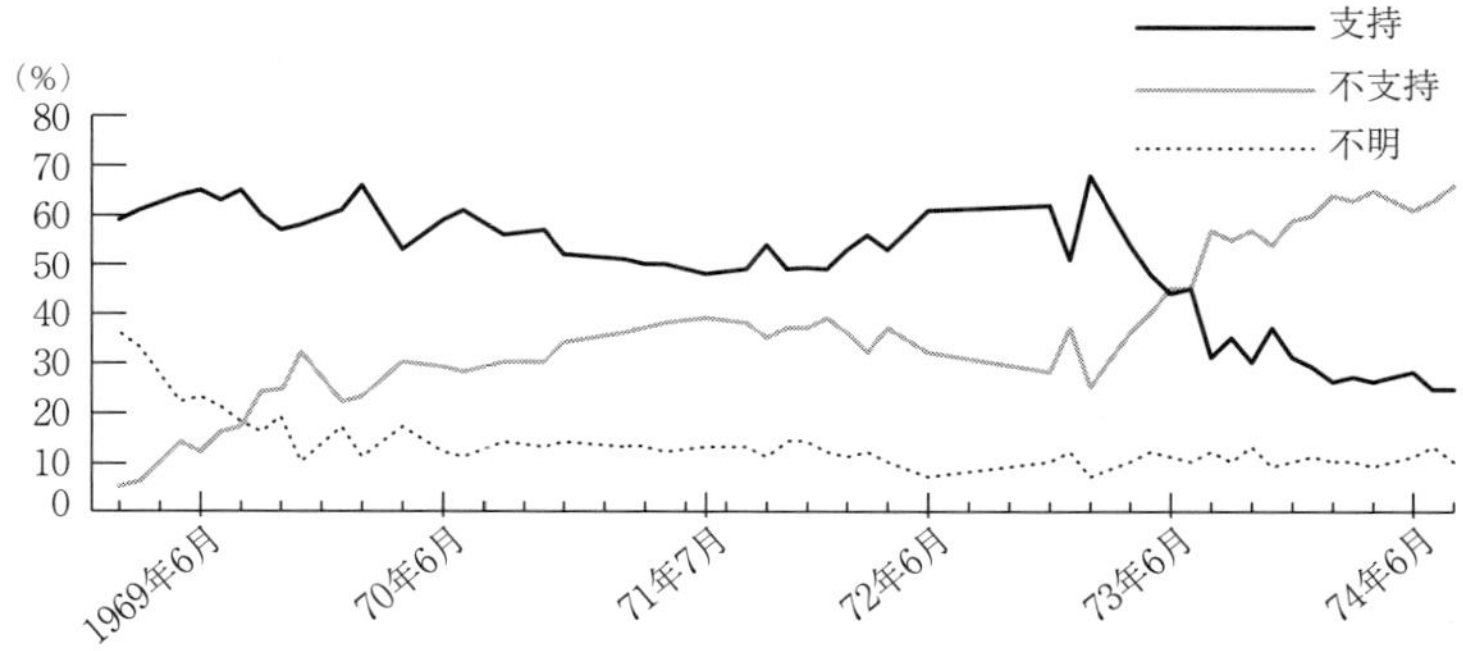

図13　ニクソン大統領支持率の変遷(*Gallup Poll 1972-1977*)

がつくったばかりの「平和を我らに」が合唱された。その後、デリンジャーの提案で、司法省への抗議デモに移り、約一万人が参加したが、一部警察と激しく衝突し、マスメディアはそのことを大きく報道した[ibid., pp. 113-115]。

このような反戦運動の盛り上がりに、ニクソンは「ベトナム化」による在ベトナム米軍の着実な削減の意義を強調して対抗した。六九年の四七万五〇〇〇人が七〇年には三三万人に減少した事実は、将来的な志願兵制への転換の公約と並んで、ニクソンのベトナム政策への支持を増大させた。六九年一一月のギャラップ世論調査では五八%もの人々がニクソン支持を表明した(図13)。その結果、反戦集会の参加者はこの秋の行動をピークに減少していき、モラトリアムが毎月の行動を提起していたにもかかわらず、一二月の集会は見送りとなった[ibid., p. 116]。

しかし、一九六九年一一月に、「ソンミ虐殺事件」が暴露された。事件そのものは、六八年三月にクァンガイ省のソンミ村で、カリー中尉が率いる米軍の小隊が解放戦線兵士の「索敵作戦」として一般村民五〇四名を虐殺したものであった。解放戦線は直ちに民間人の虐殺と抗議したが、米軍側は黙殺していた。

それが、米軍兵士の内部告発によってマスメディアの注目を浴び、ニクソンも「孤立的な事件」と評価したものの、虐殺があったことを認めた［藤本、二〇一四、三五、一一六—一二二頁］。その結果、一九六七年に開かれた二度にわたるラッセル法廷が告発したベトナム戦争における「ジェノサイド」を米国政府も、米軍の一部の行為と弁明しつつも、認めざるをえなくなったのであった。

佐藤首相の訪米と沖縄返還

ニクソン大統領は、一九六九年一月の就任早々、沖縄返還に関連して、対日政策の見直しを始めた。他方、佐藤首相は、三月の国会で沖縄の「核抜き返還」をめざすと表明したが、それは、米軍の原子力潜水艦や空母の入港をめぐって革新勢力の激しい反対運動が展開されていた上、民社党や公明党までも懸念を表明したほど、日本国内では日本への核持ち込みを恐れる国民感情が強かったからであった。しかし、米国軍部は、ベトナム戦争が継続中の沖縄返還には抵抗を示したし、緊急時の沖縄への核持ち込みの保証、さらに、韓国や台湾の安全保障に対する日本の関与を要求した。一方、ニクソンとキッシンジャー国家安全保障問題担当大統領補佐官は、沖縄返還なしでは七〇年の安保条約の継続が危うくなると考えていた。その結果、三月の国家安全保障会議で、沖縄の米軍基地の自由使用を条件に軍部も沖縄返還を了解した［シャラー、二〇〇四、三七二—三七三頁］。

この決定を受けて、ニクソンは四月三〇日に、沖縄と日本本土に駐留する米軍が極東地域の防衛行動に出動することや緊急時の核の貯蔵や通過の権利を日本が認めることを条件として、沖縄の返還を認めるとした。実際の返還交渉は、六月から開始され、一一月に予定された佐藤首相の訪米時に発表される日米共同声明で基本政策が表明されることになったが、その交渉過程で、日米間の繊維貿易摩擦の問題が関連づけられることになった。そのため、キッシンジャーと佐藤首相の特使に指名された若泉敬の間で秘密交渉が進められた。

佐藤首相の訪米反対運動

佐藤首相の訪米阻止を掲げる新左翼の諸セクトは、九月五日に革マル派を除く七派で全国全共闘を結成した。議長には東大全共闘の山本義隆、副議長には日大全共闘の秋田明大が就任したが、全共闘運動は元来、大学の学内問題から始まっていただけに、七〇年安保の破棄をめざしての全国全共闘の結成は、諸セクト主導の色彩をぬぐえなかった。結成後、最初の取り組みは、一〇月一〇日の羽田闘争二周年の集会で、ベ平連が仲介する形で、多様性を尊重する六月行動委員会方式で実施され、三〇〇団体以上が参加し、ベ平連、全国全共闘、反戦青年委員会の共闘が実現した。総評は参加を断ったが、国鉄労働者や高校生の姿もあった。集会には、主催者発表で一〇万人（警察発表で二万二〇〇〇人）が参加したが、革マル派は別途集会を開催した。デモでは道幅一杯に広がるフランス・デモが行われた。しかし、マスメディアは、反戦青年委員会の動員力が伸びる一方、市民の参加が伸び悩んだと報じた。ベ平連のある参加者も、六・一五集会に比べて「解放感がなかった」と記している（『朝日ジャーナル』一九六九年一〇月二六日、五一―一二三頁）。

続いて、四回目の一〇・二一国際反戦デーには、社会党・総評と共産党系の間で、反戦青年委員会の参加をめぐって対立があったが、初めて統一実行委員会が発足し、全国で八六万人、東京で六万人の参加者があった。また、べ平連は独自の集会をもったが、新左翼系の諸セクトが新宿駅などの拠点占拠方針をとったためか、ヘルメットをかぶった学生や労働者もべ平連の集会に合流し、一万数千人に膨れ上がったという。警察側は、新宿駅が「騒乱」状態になった前年の反省から、七万五〇〇〇人の警官を全国から動員し、デモへの規制を強化するとともに、拠点大学への事前取り締まりを強行して、新左翼系セクトの抑え込みを図った。そうした中でも、新宿駅では中核派と機動隊が衝突し、一定時間、電車がストップしたが、前年に比べると、警察が新左翼系学生の封じ込めに成功した印象が強く、政府側では、翌月の佐藤首相の訪米実現に自信をもったという(『朝日ジャーナル』一九六九年一一月二日、四―七頁)。

一一月一七日、佐藤首相の訪米当日には、新左翼系は「首都制圧・羽田空港占拠」を呼号したが、警察側は、全国で七万人を動員し、活動家の大量逮捕を強行するとともに、羽田周辺の商店街には自警団の組織化を助長して、学生の逮捕に協力するよう依頼した。その結果、羽田周辺での運動は抑え込まれ、新左翼系が六七年の第一次羽田闘争以来実行してきた街頭実力闘争方式は、七〇年安保闘争の本番を前に下火になっていったという。他方、べ平連は、前日に日比谷野外音楽堂で抗議集会を開催し、一万五〇〇〇人を集めたが、そこには大学の拠点を失った全共闘系の学生たちの姿もあった。社会党系は、全国一二〇カ所、七二万人を動員(警察発表では、一二〇カ所、一二万人)、東京の中央集会には五万人が参加した。その際、羽田現地での抗議集会の開催については、総評の岩井事務局長が、「過激な行動に巻込まれることは、総選挙をひかえたいま、社会党にとってマイナス」と主張し、中止となった(『朝日ジャーナル』一九六九年一一月三〇日、五―一〇頁)。また、社会党の伊藤茂国民運動局長はベ平連の吉川事務局長に、社会党系の反安保全国実行委員会の集会への招待状をベ平連には出さない旨の電話をした。その理由を伊藤は「ベ平連に対して暴力主義的だという批判が強い」ためと説明した［大沢、一九七一、三二三頁］という。今や、「誰もが参加できるデモ」を標榜して始まったベ平連に対しても社会党が距離をおこうとしていたのであり、七〇年の安保破棄をめざしたベ平連の新左翼系との共闘路線が、議会での多数獲得をめざす社会党を離反させる結果となった。

日米共同声明と総選挙

日米首脳会談で、ニクソン側は、日本からの繊維製品の輸出自主規制を要求したのに対して、佐藤は、同意しつつも、その公表は拒否した。また、ニクソンが緊急時の核再持ち込みの保証を要求したのに対しては秘密合意として了解した。さらに、佐藤は、安保条約を七〇年以降も「相当長期」に維持するとともに、沖縄返還で日本が太平洋地域の安全に関与することを約束した。これらの約束を受けて、ニクソンは七二年に沖縄を返還することを約束し、細部は事務協議に委ねることとした［シャラー、二〇〇四、三八一頁］。

沖縄返還の合意を受けて、佐藤首相は、年末の衆議院選挙に踏み切った。結果は、自民党が二七七から二八八議席（無所属の当選者一二人を加えると三〇〇議席）に増やし、社会党が一四一から九〇議席への惨敗、公明党は二五から四七議席へほぼ倍増、民社党は三〇から三一議席への微増、共産党は五から一四議席へと三倍近くに増やした［石川真澄、一九八四、七八―八一頁］。つまり、自民党の過半数は維持されたので、沖縄返還の実績を多くの国民が支持した結果となった。ただし得票率をみると、自民党が四七・六％、社会党が二一・四％、公明党が一〇・九％、民社党が七・七％、共産党が六・八％と、野党の合計が四六・八％となり、自民党に拮抗する状態となっており、多党化の波が押し寄せていた（『朝日ジャーナル』一九七〇年一月一一日、六頁）。

社会党と共産党は、地方自治体レベルでは共闘を実現し、京都・大阪・東京などの大都市圏で革新知事の登場を実現していたが、中央レベルでは容易に共闘は実現しなかった。共産党は社共共闘を軸として民主連合政権を七〇年代の遅くない時期に実現しようと提案していたが、社会党内には民社や公明との共闘を重視するグループもいて、結局、中央レベルでの社共の選挙協力は実現しなかった。その結果、七〇年に安保条約の破棄を通告する政府の樹立はほぼ不可能になった。社会党の江田三郎書記長は、総選挙の惨敗を受け、社会党の再建には、労働運動の再生とともに、市民運動との対話が重要と訴えた（『月刊社会党』一九七〇年一〇月、一〇—一九頁）。しかし、市民運動の代表格であるべ平連は上意下達式の社会党・総評のやり方に極めて批判的で、むしろ、新左翼系の学生や労働者の直接行動との連携に傾斜していた。

べ平連活動の多様化と四・二八沖縄デー

一九六八年の一〇月二一日の国際反戦デーにおける新左翼学生の街頭実力闘争が機動隊の厚い壁に阻まれた現実を見て、べ平連の内部では、「武力闘争を否定する」立場から、非暴力直接行動として、全員逮捕される覚悟をもっての座り込み闘争を提起する者が出た。実際に、七〇年一月初めに希望者を募って、国会議事堂前から日比谷公園までのデモが組織されたが、参加者は二〇人弱にとどまった。

国会議事堂前で座り込みをはかったが、すぐに警察にごぼう抜きにされ、逮捕者も出ずに終わった［「ベトナムに平和を！」市民連合編、一九七四、中・二〇〇―二〇一、二四一―二四六頁］。

また、大衆的な座り込みによって安保反対の意思を示そうとする百人委員会も組織された。その趣旨には「反安保運動の停滞は、（中略）反安保の運動が、街頭での激しいゲバルト行動と、マンネリ化したキャンペーン・デモとに分裂していること」にあるとして、代替策として「街頭での大衆的坐り込み」を提起した。この大衆的座り込みの戦術は、米国の公民権運動やベトナム反戦運動で多用されたもので、逮捕者が出ても、軽い拘束で済むし、あまりにも大量の人々が座り込んだ場合には警察による排除が難しくなると考えられた。その上、警察の排除に対して非暴力で対応する光景がテレビなどで放映されることで、世論の共感を得る効果ももった。しかし、この百人委員会では十人単位の小グループでの行動が提起されたにとどまった［同、中・三一四―三一六頁］。

一九七〇年一月末から二月初めにかけてベ平連の全国懇談会が開催され、全国から一一九グループ、二五〇人が参加して、各地の状況が報告された。職場でベ平連を組織する例の少なさ、「セクト化した全共闘に反発を感じ」学生ベ平連に参加してくる学生の扱いなどが議論された。その上で、ベ平連活動の多様化が議論され、非暴力直接行動の重要性や、自衛隊内で反戦ビラを配った小西三曹に触発された自衛隊員の反戦活動支援、米軍の反戦兵士支援、サイゴン政権から帰国を命じられた反戦ベトナム留学生の支援などの活動を確認した［同、中・二六九―二七四頁］。

七〇年の四・二八は、七二年の沖縄返還が決まってから最初の沖縄デーであり、沖縄の核つき返還の疑いや安保の適用範囲の東アジア全域への拡大などの疑念が出ていた上、安保条約の固定期限切れの六月を前にした集会だけに盛り上がりをみせた。社会党と共産党は、一日共闘に合意し、全国でも共闘する県が増加した。社共合意がスムースに進んだ背景には、反戦青年委員会の排除に社会党が反対しなくなったことがあった（『朝日ジャーナル』一九七〇年五月一〇日、八―一三頁）。共産党側は、四月一三日に京都の知事選で社共統一候補の蜷川《ながわ》虎三が勝利したことで、共闘組織の恒常化を主張したが、社会党は一日共闘にしか応じなかった。それは、大都市の首長選で共産党と共闘を組んで、勝利しても、その他の選挙で共産党に票を食われるという社会党側の危機意識に基づいていた。この頃、社会党は農村部での支持を維持しつつも、都市部での票を減らしていたからであった（『朝日ジャーナル』一九七〇年四月二六日、一二八―一三二頁）。

べ平連を中心とした六月行動委員会は、全国反戦青年委員会や全国全共闘と統一集会を開催したが、大学での拠点を失った学生や、市民の参加は前年の一〇月二一集会より減少し、反戦青年委の参加が増えていた。この統一集会には、革マル派が参加を表明したが、他の新左翼諸派が強く反対し、衝突が予想されたため、六月行動委は共催団体を降りるはめになった。新左翼諸党派間の「内ゲバ」はべ平連の調停能力を超える水準にまで達し、べ平連は独自の活動に重点を移していった（『朝日ジャーナル』一九七〇年五月一〇日、八―一三頁）。

新左翼諸党派間の「内ゲバ」で犠牲者が出る中、それまで新左翼の学生運動に好意的であった哲学者の梅本克己は、「スターリン主義からの離脱」をめざして結成された新左翼諸党派が同じような「粛清」をするのは、「前衛」意識が大衆蔑視となり、自己絶対化につながるからだと批判した（『朝日ジャーナル』一九七〇年九月六日、九八―一〇一頁）。

確かに、七〇年の安保問題を前に新左翼諸党派の間では、武装闘争の評価などをめぐり対立が激化し、「内ゲバ」が多発していた。五月一五日の愛知揆一外相のジャカルタ訪問反対集会では、中核派とML派、反帝学評（社青同解放派の学生組織、反帝学生評議会の略称）の間で乱闘が発生したし、五月二一日の全国全共闘の集会は、やはりセクト対立から流会となった（『朝日ジャーナル』一九七〇年六月一四日、四頁）。

四　戦争の再拡大からパリ和平協定へ

カンボジア侵攻と米国反戦運動の再生

一九七〇年四月末、ニクソン政権は、和平交渉で米国側の要求に歩み寄らない民主共和国に圧力をかけるため、カンボジア領内にあった解放戦線や民主共和国人民軍の秘密基地を突如、越境攻撃した。この戦争拡大策は沈静化していた反戦運動の再生を促した。とくにオハイオ州のケント州立大学では、五月四日に行われた平和的な抗議集会に州兵が発砲し、四人の学生が犠牲になる事件が発生した。この事件は、学生の怒りに火をつけ、五月前半だけでも四四八大学でストライキか大学閉鎖が行われ、私立大学の八九％、公立大学の七六％でなんらかの抗議行動が実施された。州知事が治安維持の理由で州兵を投入するケースが二四件に及び、五月一四日にはミシシッピ州のジャクソン州立大学で、二名のアフリカ系学生が射殺されたが、マスメディアの反応は、ケント州立大学で白人学生が殺害されたときより、鈍かった[Small, 2002, pp. 122-123]。

新動員委が五月九日と一〇日に抗議集会を組織すると、一〇万人もの人々が首都に参集し、抗議の声をあげた。ニクソンは、学生の声が気になって、早朝、ひそかにリンカン記念堂付近に行き、そこにいた学生たちに意見を聞いたという。議会では再度戦争が拡大する危険を感じた議員たちが「トンキン湾決議」を無効にする決議案を出し、上院では五八対三七で可決され、共和党からも一六人が賛成票を投じた。カンボジア侵攻に対するこのような反発が出たため、ニクソンは六月三〇日にカンボジアからの撤兵を表明した[ibid., pp. 124-126]。

他方、カンボジア侵攻に抗議する運動の高まりは、逆にニクソン支持派を刺激し、五月八日にはニューヨークで、ヘルメットをかぶっていたため「ハード・ハット」と呼ばれた建設労働者が、反戦デモ隊を襲撃する事件が起こった。また、五月二〇日には一〇万人規模の戦争支持派のデモが組織され、ニクソンはその指導者をホワイトハウスに招き、慰労した。このように、カンボジア侵攻は米国世論を二分する状況を生み出したが、同時に、反戦運動の側でも戦術をめぐる対立の激化を生み、新動員委の解体をもたらした。

それは、反戦運動の高揚にもかかわらず、ニクソン政権がいっこうに和平を実現しないことへの苛立ちに由来するものであり、新動員委の中であくまで反戦に限定し、穏健な戦術の継続を主張するトロツキスト系の社会主義労働者党が中心となって、六月に全国平和行動連合（ＮＰＡＣ）を結成した。それに対して、デリンジャーやシドニー・ペックらの新動員委主流派は、人種問題などとの結合をめざして、一一月に「戦争、人種差別、抑圧に反対する全国委員会」（ＮＣＡＷＲＲ、後に「平和と正義を求める民衆委員会」（ＰＣＰＪ）と改名）を結成して対抗した。また、ＳＡＮＥやＡＤＡなどの穏健派は、中間選挙でハト派議員の当選を増やす活動に集中していった[ibid., pp. 128-131]。

七〇年安保闘争と安保条約の自動継続

一九七〇年六月二三日の安保条約の固定期限切れを前に、市民団体の連合体である六月行動委員会は、全国全共闘や全国反戦委員会と六月一四日に代々木公園で統一集会を開催し、主催者発表で七万二〇〇〇人（警察発表で三万五〇〇〇人）が参加、「労・学・市民連帯」の集会としては最大規模で、社共共闘が東京で開催する集会に並ぶ水準となった。新左翼諸派の中ではＭＬ派が武装闘争の採用を主張して、機動隊と衝突し、火炎瓶を投げて抵抗したが、他のセクトは六月行動委との申し合わせを尊重して、「ゲバ抜き」で参加した。集会の折、私服警官が学生に取り囲まれ、つるし上げられる事件が発生したが、六月行動委のメンバーが間に入り、私服警官を脱出させる顛末があった。日頃、機動隊の暴力行使に怒りを鬱積させていた学生は興奮し、「われわれはこの私服を人民裁判にかけるべきだ（中略）だいたいフォークソングやギターで革命はできるのか」と、べ平連を批判したという（『朝日ジャーナル』一九七〇年六月二八日、四―八頁）。ここには、安保条約破棄を日本革命に結びつけようとする新左翼学生と、ベトナム反戦から安保破棄をめざすべ平連との基本的な路線の違いが表れていた。

六月二三日には、総評系の二六単組が時限ストに入ったほか、社共の一日共闘では、警察庁の集計によると、四六都道府県、一三四五カ所で七七万四〇〇〇人が集結した（『朝日新聞』一九七〇年六月二四日）。この規模は、六〇年安保闘争時の五〇万五〇〇〇人を上回る規模であったが、政府による安保条約の自動延長を阻止することはできなかった。それは、街頭における反対の声と議会における社共などの反対派が分裂した状態では困難な課題であった。六〇年安保闘争の折は、安保条約が国会で承認されても、時の岸内閣を総辞職させる結果を生んだが、それは、議会内の反対派と議会外の運動がそれなりに連携していた結果であった。

当時の世論調査では、親米感情の低下が著しかった。時事通信社が定期的に行っていた「好きな国」と「きらいな国」を三カ国ずつ挙げる調査では、六五年三月に米国が好きとした人が四三・九％あったのが、七〇年六月には二六・五％に減少していた。明らかにベトナム戦争の影響がみられた。また、四月に行われた共同通信社の調査では、復帰した沖縄から米軍がベトナムなど東南アジアに出動する場合、「断わるべき」が五二・八％、「場合による」が二〇・六％、「断わるべきではない」が六・六％、「わからない・無回答」が一九・六％であった。また、五月に行われた『読売新聞』の調査では、「五年とか一〇年とか期間を固定して〔安保条約を〕継続する」が一四・四％、「期間を固定しないで自動継続する」が一〇％、「軍事色が薄いものに改定してある程度固定する」が一六％、「軍事色が薄いものに改定して期間も固定しない」が一五％、「やめてしまう」が一一・六％、「わからない」と「無答」が三一・八％であった。また、六月に行われた『朝日新聞』の調査では、政府による安保条約の自動延長・長期固定政策に対して、「よい」が二八％、「よくない」が三四％、「その他」が一二％、「答えない」が二六％であった〔内閣総理大臣官房広報室編、一九六五年、二〇三頁〕〔同、一九七一年、五二一、五二五、五三六、五五三頁〕。

このように、世論調査結果によるバラツキがあったが、安保条約により米軍が日本からベトナムに出動している現実には懸念がもたれており、安保条約の支持派でも軍事色を弱める必要を感じていたことがわかる。しかし、当時の争点は、安保破棄か、継続かに二分されており、段階的解消とか、基地縮小とか、地位協定の改定などの改良的な政策を実現する方向性は示されていなかった。

反戦米兵の支援とアジア安保への対応

七〇年安保が自動継続された後、べ平連の活動は各地の運動ごとに多様化していった。青森県の三沢や山口県の岩国の米軍基地近くの反戦コーヒー・ショップの開設、基地周辺での反戦ロック・コンサートの開催、軍需や東南アジア進出企業への抗議活動などであった〔ヘイブンス、一九九〇、二八五頁〕。例えば、和田春樹によると、岩国基地には海兵隊の駐留が急増するにつれて、白人兵と黒人兵の衝突が目立つようになるとともに、反戦兵士の組織化が進んだ。七〇年一月末に兵士組合メンバーを中心に、反戦組織が結成され、『センパー・ファイ』と題した新聞を発行するようになった。べ平連はこの機関紙の印刷・配布に協力した（『朝日ジャーナル』一九七〇年六月二八日、二〇―二四頁）。

また、米軍の反戦兵士の裁判支援にもあたった。例えば、不許可離隊と治安攪乱の罪で岩国基地の軍法会議にかけられたノーム・ユーイング二等兵に対する一二月の第二回軍事裁判では、鶴見俊輔が日本人として初めて米軍の軍事裁判で証言し、減刑を訴えた。結局、当初、懲役五年から一三年と予想された判決は、「懲役九カ月、不品行による除隊」に減刑された。閉廷後、この米兵は、弁護士を通じて、「ベトナムでやっている戦争よりも平和への愛がずっと価値のあることを、ベトナム戦争に反対する日本人によって教えてもらいました」という感謝の辞を発表した（『朝日ジャーナル』一九七〇年一二月二〇日、四―八頁)。明らかに、在日米軍基地に対するべ平連などの働きかけが功を奏した事例となった。

沖縄返還の代償として、佐藤内閣が安保条約の適用範囲をアジアに拡大したことは、多くの反戦活動家には、日本自体が再びアジア侵略に踏み出す危機感を強めさせるとともに、日本国内の少数民族差別の強化も予想させた。事実、六九年三月に佐藤内閣は、出入国管理法案を上程し、在日外国人の政治活動を厳しく取り締まる姿勢を示したため、在日韓国・朝鮮人や在日華僑から強い反発が出ていた。在日中国・台湾人が華青闘(華僑青年闘争委員会の略称)を結成して、新宿駅西口の「フォーク・ゲリラ」集会の場でハンガー・ストライキに入っていた。また、大村収容所(長崎県)への抗議活動が新左翼諸党派によって六九年八月ごろから始まっていた。そうした中で、華青闘は、日中戦争開戦記念日である七〇年七月七日の集会で、新左翼学生が在日朝鮮人や中国人の問題を無視してきたとして厳しく糾弾した。この批判に対して、中核派などは自分たちが「抑圧民族」であるという立場に無自覚であったと自己批判し、以後、国内の少数民族問題に取り組むようになった[小熊、二〇〇九、下・二三六、二五七―二五八頁]。

また、八月一五日には、「わたしたちとアジア」と題したシンポジウムが池袋の豊島公会堂で開催され、司会の三橋修が、まず日本のアジア再侵略の危険が増す中で、在日アジア人が置かれている厳しい状況への認識不足を反省する発言を行った。また、アジア留学生の世話を一貫して担ってきた田中宏は、小学二年生で敗戦を迎えて以来、アジア留学生の世話をすることで自分の学問を問い直してきたことを証言した上で、当時の日本で、マラッカ海峡生命線論が語られる一方、海上自衛隊のアジア一周航海が行われても、日本ではまったく議論がない状態に警告を発した。さらに、ベトナム留学生のグエン・アン・チュンは、留学生の政治活動を禁止する日本政府の措置のため、集会に参加できないのは残念とした上で、サイゴン政権への援助をやめ、米軍の一日も早い撤退を実現するよう要求するメッセージを寄せた（『朝日ジャーナル』一九七〇年八月三〇日、四―一八頁）。

一〇月二一日には、五回目の国際反戦デーが開催された。社会党と共産党の一日共闘は、東京、京都、名古屋などの二四都府県で実現した。当日は、民間放送の労組など一〇組合が半日から三〇分のストを行ったほか、東京外国語大学など四〇大学でもストが実施された。東京の代々木公園で行われた社共の統一集会には、主催者発表で一〇万人、警察発表で五万人が参加し、前年を上回った。また、革マル系を除く全国全共闘と全国反戦委は日比谷野外音楽堂で集会を開催し、一万三〇〇〇人を集めた。べ平連は清水谷公園で集会を開き、予定の三〇〇〇人をはるかに上回る七〇〇〇人が参加した。どの集会でも参加者の増加がみられたが、前年まであった六月行動委による新左翼と市民運動の統一の努力は断念された（『朝日ジャーナル』一九七〇年一一月一日、八頁）。

この六月行動委での調整にあたった福富節男は、一年後にこう回想した。「六九年の六・一五のときとは違って、共同行動の原則を、革マル派も他の党派の側も、六行委の単なる「たてまえ」と考えがちになり、市民運動の側では、この原則をふまえて、自らを相対化していかねば、共同行動を発展させることはできないと考える。そういう違いがあった」という（「ベトナムに平和を！」市民連合編、一九七四、下・一二六頁）。つまり、参加団体間の相互尊重とか、「ゲバ抜きデモ」という合意事項が新左翼の学生団体によって守られなくなっていったことが六月行動委による調整が不可能になった原因であった。新左翼系学生のデモでは、一部を除いて、街頭実力闘争が自粛されたが、それは、機動隊による規制が強化されたことに加え、相次ぐ指導部の逮捕で新左翼系学生の戦力低下によるもので、原理的に街頭実力闘争を放棄したものではなかった。マスメディアは、新左翼諸党派の動向よりも、むしろ、約二〇〇〇人と小規模ながら、「ウーマン・リブ」が初めてデモを敢行したことに注目した（『朝日新聞』一九七〇年一〇月二二日）。

ニクソン政権の介入強化策と中間選挙

南ベトナムの暫定革命政府の首席代表は、一九七〇年九月のパリ和平会談の席上、八項目の和平提案を行った。それは、七一年六月末までに米軍の全面撤退を約束すれば、攻撃を停止し、米軍捕虜の釈放交渉に入ること、また、チュー、キなどのサイゴン政権首脳を除く平和中立政権が樹立されれば、南ベトナムの政治問題協議に応じる、というものであった。米国の中間選挙を一一月に控え、捕虜釈放に対する米国国民の関心の高まりをてがかりに揺さぶりをかける作戦であった。対抗して、ニクソン大統領は、一〇月に五項目の和平提案を発表。その中で、国際監視によるインドシナ全域での停戦の上で、米軍の完全撤退の時間表を全体解決の一環として交渉しようというものであった（『世界』編集部、一九七三、六〇頁）。このニクソン提案ではサイゴン政権の改組の問題には触れられておらず、接点は出てこなかった。

中間選挙でハト派の議員を当選させる「新しい議会を選ぶ運動」がプリンストン大学を中心に始まったが、それは、カンボジア侵攻以来再生した反戦運動のエネルギーを「帰郷運動」によって中間選挙に反映させようとするものであった。しかし、選挙でハト派候補を当選させる運動は、六八年の大統領選挙で挫折しただけに、参加する学生は少なかったという。それでも、連邦議会での議員の投票実績をコンピュータで分析し、平和候補と反動候補に分類して、そのデータを基に学生たちは戸別訪問をしてタカ派の有権者の説得にあたった。しかし、ニクソン政権は、ベトナム戦争を争点から外し、学生運動を「法と秩序」の錯乱者として非難する作戦をとったので、この「帰郷運動」の効果は限られていた。それでも、上院では平和候補一四人中、八人が、下院では五四人中、二四人が当選したという(『朝日ジャーナル』一九七一年二月一二日、二〇―二五頁)。

このようなハト派議員の増加にもかかわらず、ニクソン政権はサイゴン政権を存続させる「名誉ある和平」を押し付けるために、七〇年一一月末に北爆の再開を強行するとともに、ハノイ近郊に米軍の特殊部隊を奇襲降下させ、米軍捕虜の救出作戦を強行したが、失敗した。また、七一年二月には、サイゴン政権軍にラオス侵攻作戦を強行させた。北ベトナムから南ベトナムへの人的・物的支援ルートである「ホーチミン・ルート」の遮断を目的として、カンボジア侵攻と並んで、戦域をインドシナ全域に拡大するものであったが、民主共和国人民軍と解放戦線の反撃にあって、撤退した。また、三月末には、ソンミ事件の首謀者であるカリー中尉に終身重労働、軍籍剥奪、給料・恩給の支給差し止めの判決が出たが、ニクソンはすぐに恩赦を与え、カリー中尉を釈放させた。

ベトナム帰還兵の告発と反戦運動の再生

ニクソンが軍事的な強攻策を強行しているのに、米国の反戦運動の反応は鈍く、ラオス侵攻に対する抗議運動は起こらなかった。デリンジャーは、当時の心境をこう語っている。「誰もが戦争と反戦に疲れきってしまった。ままならぬこんな仕事からさっさと足を洗ってしまいたい。(中略)だがアメリカ人が疲れたとしたら、いったいベトナム人はどうなのだ。(中略)アメリカ人が疲れているのは、デモや抗議が何かを達成できるか、はっきりしないからだ。だが七年前われわれは、ほんの一握りの数でしかなかった。それがいまでは、(中略)国民の四分の三が戦争に反対するほどに成長したのだ」と[鶴見良行、二〇〇二、二〇二頁]。

デリンジャーは、ベトナム人が第二次世界大戦後二七年も戦い続けてきたことを思い、春季行動の準備に入っていった。また、ベトナム帰還兵たちは、ソンミ事件が暴露されたことで、自らのジェノサイド体験を続々証言し始めた。七一年一月から二月にかけて、デトロイトで「冬の兵士」公聴会を開催し、約一〇〇人が、対ゲリラ戦で民間人が巻き添えになるケースがいかに多いかを生々しく証言した。この公聴会の開催には、全米自動車労組や女優のジェーン・フォンダが財政的に援助したが、これらの証言を多くのマスメディアが報道したので、多くの国民にベトナム戦争がもつジェノサイド的側面の認識が浸透していった[Wells, 1994, pp. 388-389]。

これらの活動を通じて、「ベトナム戦争に反対するベトナム帰還兵の会」(VVAW)はメンバーを拡大してゆき、七一年四月半ばには首都に約二〇〇〇人の帰還兵が戦闘服姿で集結し、代表のジョン・ケリーが上院の公聴会で証言した。また、六〇〇人が議事堂前でベトナムの戦闘で得た勲章を「不名誉」として投げ返す儀式を行った。

四月二四日には、反戦団体が連合して首都で三〇万—五〇万人規模の集会を実現し、日本の原水禁から派遣された森滝市郎が連帯の挨拶を行った〔『月刊社会党』一九七一年八月〕。五月三日には、「平和と正義を求める民衆委員会」の呼びかけで、首都に通じる主要な橋などに座り込むことで首都の機能マヒを狙う、大規模な市民的不服従が実施された。全体で四日間に及ぶこの抗議行動で、政府側は約一万人以上を逮捕したと主張したが、そのうち一二〇〇人に対して、後の裁判で政府側の人権侵害が認められ、損害賠償の対象となった[Small, 2002, pp. 139-146]。

ニクソンは、このような大規模デモは民主党の陰謀と非難したが、六月一三日には『ニューヨーク・タイムズ』紙が機密文書の「ペンタゴン・ペーパーズ」の公表に踏み切った。五月の抗議行動に参加していたエルズバーグが、いっこうに和平に向かわないニクソン政権に圧力をかけるために暴露したのであった。ニクソン政権はこの暴露に反発し、最高裁に記事差し止め訴訟を起こしたが、最高裁は「国民の知る権利」を優先させて、記事の掲載を認めた。この公開によって歴代政権のベトナム関与の実態が明らかになり、反戦世論を強める効果をもった[ibid., pp. 147-148]。

上院では早期の終戦を求める決議が可決され、ニクソン政権は窮地に陥ったが、七月一五日に突然、それまで敵対していた中国に翌年二月に訪問する計画を発表した。しかし、民主共和国は、中国やソ連の圧力に抗して、当初からの和平条件を緩和せず、七二年三月末には四年ぶりの大攻勢を開始したので、ニクソン政権は、四月半ばに四年ぶりにハノイ・ハイフォン爆撃を再開、五月初めにはジョンソン政権ですら自制していたハイフォン港の機雷封鎖を強行した。そのため、「全国平和行動連合」と「平和と正義を求める民衆委員会」は共同して、SANEやADAの支持も得て、五月二一日に抗議集会を呼びかけたが、予定した五万人には届かず、一万五〇〇〇人の参加にとどまった。それは、段階的な撤兵が進み、七二年五月初めには残留米兵は六万九〇〇〇人となり、多くの米国国民がベトナム戦争への関心を弱めていたからであった[Small, 2002, pp. 149-153]。

日本での沖縄返還と反基地運動

七一年三月、北富士演習場の奪還をめざす「忍草《しぼくさ》母の会」やべ平連など十数の反戦市民団体が集まり、基地機能をマヒさせる運動の組織化を決定し、四月初めには、「インドシナ反戦のための春季総反攻市民委員会」が結成され、東京周辺の四四団体が参加した。五月五日のこどもの日には、これ以上子供の殺戮を許さないとして、色とりどりの風船を持って横田基地の飛行を妨害するデモが行われ、一五〇〇人が参加した。また、六月一三日に横田基地を包囲する第二次行動が実行された[「ベトナムに平和を!」市民連合編、一九七四、下・四六—五三、七三—七九頁]。

また、七二年の沖縄返還が近づくにつれ、「本土並み返還」といわれながら、基地の縮小もなく、有事の核再持ち込みが許された返還ではないか、との疑惑が高まり、沖縄現地では佐藤政権が進める返還方式に反対する運動が高まった。五月一九日には、米軍基地で働く労働者で結成された全沖縄軍労働組合の一万人が一日ゼネストに突入、公務員の労組はスト権の確立に失敗したが、嘉手納基地へのデモには三万—四万人が参加した[『朝日ジャーナル』一九七一年五月二八日、四—九頁]。しかし、佐藤政権は、沖縄現地での抗議を無視して、六月一七日に予定通り返還協定の調印を行い、六月末の参議院選挙では、その成果を誇示して、自民党は過半数の議席確保に成功した。一一月末には衆議院で返還協定を強行採決で成立させ、七二年五月に沖縄は膨大な基地負担のまま本土に復帰することになった。

七一年八月の原水協の世界大会には七年ぶりにベトナム民主共和国の代表が参加した。民主共和国代表のレ・ズイ・バンは、米軍がベトナムに投下した五五〇万トンもの爆弾は、第二次世界大戦中に米軍が投下した爆弾の二倍にあたることを指摘して、早期の終戦を実現するように訴えた。また、南ベトナム平和委員会のグエン・バン・タンは、日本の基地がベトナム戦争の兵站補給基地になっている点を指摘するとともに、グアム・ドクトリンに呼応して、日本の戦争協力が増加している点を批判した（原水協、第一七回世界大会「記録二」一九七一年）。

一〇月二一日の国際反戦デーには、社会党・総評と共産党、中立労連などによる統一行動実行委員会が組織され、一日共闘が全国六〇〇カ所で実現し、一五〇万人（警察発表で四二万人）が参加した。東京の中央集会には一二万人（警察発表で六万人）が参加し、「核も基地もない全面返還」が主張され、初めて公明党の委員長代理の挨拶があった。前年を上回る参加者があり、社共両党は、国会での沖縄返還協定の批准阻止に自信を深めたという。べ平連などの市民団体の集会には四七〇〇人が参加、新左翼系学生の集会は、中核派と反中核派、革マル派の三グループに分裂して開催され、一部で交番に火炎瓶が投げ込まれたり、電車を止めたりするケースが報じられた（『朝日新聞』一九七一年一〇月二二日）。

翌七二年一月には佐藤首相が訪米し、繊維自主規制が進まない状況にニクソン政権が不満を表明しつつも、安保条約を維持しつつ、日本が中国に接近することを了解した。この頃になると、日本でも米中接近でベトナム戦争が米中戦争に発展する恐れがなくなったとして、マスメディアのベトナム報道が激減していた。そのため、吉野源三郎は『世界』の七二年一月号に「ヴェトナムを忘れるな」と題する論文を書いたし、小田実は、日本のアジアへの経済侵略が増加している状況下、「自己のうちなるアジア侵略」を考える若者が増えている点を指摘し、南京虐殺など太平洋戦争における日本の戦争責任の反省につなげて考えるように促した（『朝日ジャーナル』一九七二年一月一四日、五―一二頁）。また、鶴見良行は、歴史研究者の加藤祐三との対談で、英語でアジア人と交流すると、上層の人々との交流に限られるので、現地語を学び、定着者の視点でアジアを考える必要があると指摘した（『朝日ジャーナル』一九七二年一月一四日、一三―一九頁）。

鶴見良行は、知米派の知識人として、べ平連運動では米国の運動との連絡役を果たしてきた人物であるが、長年のベトナム反戦運動を通じて、アジアを「内側から考える」視点の重要性を痛感し、後に、『バナナと日本人――フィリピン農園と食卓のあいだ』（岩波新書、一九八二年）といった東南アジアについてのフィールドワークによる作品を生み出すことになった。このようなアジアの「発見」は米国でもみられた（→二三二頁「コラム4」参照）。

連合赤軍事件の衝撃

一九七二年二月後半、連合赤軍五名が武装して、あさま山荘に人質をとり、立てこもる事件が発生した。この武装闘争の始まりは、六八年の一〇・二一の防衛庁突入に失敗したブントの一部が街頭実力闘争には限界があるとして赤軍派を結成し、六九年夏に武装闘争の開始を宣言していたことにあった。七〇年三月にはよど号ハイジャック事件を起こし、一部の指導者が北朝鮮に亡命した。他方、毛沢東の武装民族闘争戦術の影響を受け、日本共産党から離党して六九年八月に京浜安保共闘を結成し

コラム……4

「憂慮するアジア研究者の会」の誕生

「憂慮するアジア研究者の会 Committee of Concerned Asian Scholars」(CCAS)は、一九六九年三月にアジアを研究する若手教員や大学院生によってボストンで創設された。当時の米国の大学では、政府や軍、CIAなどから助成金を得て、国策に沿うアジア研究が行われるケースが多かった。また、一九五〇年代の赤狩りの影響で、革新的なアジア研究は圧迫され、「近代化論」のような欧米を発展モデルとする「欧米中心的」なアジア研究が主流となっていた。

しかし、ベトナム反戦運動が活発になるにつれ、若手の研究者は自らの研究成果が侵略戦争に利用されることに我慢ができなくなり、アジア研究の正統的な学会である「アジア研究協会」とは別に革新的な研究会を立ち上げたのであった。その創立宣言には、「アジア社会に対する人道的で、賢明な理解を発展させ、アジア社会が文化的一体性を保ち、貧困や抑圧、帝国主義といった問題に対決する努力を助長することをめざす」と明記されていた。その際、組織名に「憂慮する」という控えめな表現が使われたのは、ベトナム戦争を批判する立場の多様性や大学における多様な立場への配慮からであった。

その後、この研究会メンバーからは、日本史のジョン・ダワー、ハーバート・ビックス、中国史のマーク・セルデン、朝鮮史のブルース・カミングスなどが登場し、米国のアジア研究を革新的なものに一変させる上で大きな役割を果たした。ただし、ベトナム戦争が終結していた七〇年代末には雑誌の刊行だけの組織となり、現在は、*Critical Asian Studies* という雑誌名に改称して存続している。

ていたグループと赤軍派が武装闘争の遂行で一致して、七一年夏に結成したのが連合赤軍であった。あさま山荘での立てこもりでは、武装した機動隊と銃撃戦になり、死者三名、重軽傷者二七名を出して、ようやく人質が解放された。その上、逮捕された連合赤軍のアジトの捜索により一四名の死体が発見されたが、それは、仲間内で「規律違反」とか、「スパイ」とか、「日和見主義」などの疑いをかけられ、「総括」という名で処刑された結果であると判明した。

この陰惨な出来事は、新左翼諸党派間の「内ゲバ殺人事件」とともに、多くの人々に衝撃を与え、新左翼を支持してきた多くの若者の離反を招いた。また、マスメディアはこぞって、専門家による座談会などを開催して、原因の究明にあたった。『朝日ジャーナル』の四月一四日号では、ロシア史家の菊地昌典が「新左翼は反スターリニズムということをずいぶんスローガンに掲げているが、（中略）反スタの名において、まさにスターリニズムが実行されていた」と批判し、革命組織の中の「デモクラチックな関係」の樹立の必要性を訴えた。作家のなだいなだは、集団の中の「個の確立」の重要性を指摘し、爆弾や火炎瓶よりも「五〇万人が徹底非暴力で東京のどまん中で全部がすわり込」む方が「大きな抵抗の力になる」と主張した。さらに、社会学者の見田宗介は、「より自由な人間の、より解放された関係の大海によってまず権力を包囲するという戦略が基本になければ、暴力なんて空しいと思う。目的と手段とを分離して、目的は解放、手段は抑圧なんていうのでは、永久に解放はこない」と主張した（四—一六頁）。つまり、連合赤軍事件や新左翼諸党派間の「内ゲバ殺人」は、革命運動における人権感覚や運動内民主主義の欠如という深刻な課題を突き付けていたのであった。

新左翼系との「ゲバ抜き」の連携に努力してきたベ平連にとっても、連合赤軍事件は衝撃であった。

事務局長の吉川勇一は、全国懇談会の席上、べ平連は「市民運動の集まりであって、革命運動の場では」ないことを断った上で、「主権者たる人民がやる運動の戦術については、権力やその手先になっているマスコミにとやかく言わせない」ことや、「市民運動の中にも、内ゲバ、リンチ、粛清につながる自己絶対化や、閉鎖的になる危険がまだ存在してる」と反省した。その上で、べ平連の七年間は「内ゲバやリンチや粛清をなくしてゆく一つの方向」であるとの自負を披露した〔『ベトナムに平和を！』市民連合編、一九七四、下・一七四―一七九頁〕。

ただの市民が戦車を止めた

相模原には、極東最大の米陸軍補給廠があり、ベトナムへ戦車や装甲車が横浜港を経由して輸送されていた。当時の横浜市長は、革新系の飛鳥田《あすかた》一雄《いちお》で、市長は村雨橋の重量制限問題を盾に米軍に対して、M48戦車の運搬にあたり、市の許可をとるように申し入れた。しかし、一九七二年八月五日、米軍は許可なくM48戦車をのせたトレーラー五台の村雨橋通過を強行しようとしたため、社会党員らがこれを阻止、五〇時間立ち往生した末、相模原の補給廠に引き返す事態が発生した。その後、補給廠の出入りが相模原市職員や市民によって監視されるようになり、装甲兵員輸送車の車幅が法定より三センチ長いことが判明し、輸送がストップした。この事態に、佐藤政権の二階堂進官房長官と社会党の書記長が交渉した末、政府が、①相模原補給廠を一両年内に縮小ないし、機能停止を検討、②戦車などをベトナムに送らない方向で善処、との約束が示された〔『朝日ジャーナル』一九七二年八月二五日、四―一一頁〕〔同、一〇月一三日、一〇〇―一〇六頁〕。

その結果、横浜市や相模原市は戦車の輸送を許可したが、べ平連などの市民団体は搬出阻止を市民に訴え始め、ベトナム人留学生も相模原市長に戦車の輸送を不許可にするように申し入れた。しかし、九月一八—一九日にかけて、補給廠前に集結していた三〇〇〇人の市民や学生を機動隊が排除した上で、装甲兵員輸送車の搬出が強行された。べ平連のメンバー四人は、装甲車の前に座り込み、非暴力で搬出を阻止しようとして、逮捕された。政府側は、大平正芳外相が「安保条約上、相模原で修理された戦車などを南ベトナムに供給するのは米軍の自由」と発言し、以前の二階堂官房長官発言を否定するに至った。相模原の市民の間では、八月二三日に補給廠の近くに住む会社員、教員、主婦などによって「ただの市民が戦車を止める会」が結成された。この会のメンバーは、「ベトナムの戦場に戦車を送るな」という一点で結集した人々で、小さい子がいるため、デモ参加は厳しいが勉強会から始めるという主婦も参加するなど、「おたがいに現在おかれているそれぞれの人の立場を理解しあい、そのままの場所からでも、ともかくも出発する」という原則でスタートしたという［「ベトナムに平和を！」市民連合編、一九七四、下・二五〇—二六二頁］。

このように、横浜や相模原における戦車阻止の市民運動は、革新自治体と連携しながら、国内法の規制をテコに戦車の搬出を一定期間、止めることに成功したし、自治体が抵抗できなくなった後でも普通の市民が参加できる形態で、持続可能な運動を展開していった点が注目に値する。

大統領選挙と和平交渉の進展

一九七一年五月末の秘密交渉で、キッシンジャーは米軍撤退という軍事問題と停戦後の南ベトナムの政治体制のあり方という政治問題を切り離す提案を行った。それは、北ベトナムに捕縛されている一六〇〇人もの捕虜の釈放に対する米国内の関心が高まって、米軍の撤退時期の明示によって米軍捕虜の釈放を急ごうとしたためであった。しかし、ニクソン政権は、依然としてチュー政権擁護の姿勢を変えなかったため、北ベトナム側はこの提案を拒否した〔『世界』編集部、一九七二、八六頁〕。

北ベトナムが歩み寄りの姿勢をみせ始めたのは、七二年八月からであり、大統領選挙で民主党ハト派のジョージ・マクガヴァンの当選は難しいと判断し、ニクソンの再選決定前に和平交渉を妥結した方が有利な条件を実現できると判断したためであった。具体的には、九月の交渉で南ベトナム暫定革命政府がチュー大統領の即時辞任の要求を取り下げ、暫定革命政府とチュー政権と中立勢力の三者による和解政府の樹立を提案した〔同、九五頁〕。

ここに至り、ニクソン政権と北ベトナムの間では一一月七日の米国大統領選挙前に和平協定に調印する計画を立てたが、この段階でチュー政権が横槍を入れ、南ベトナムからの民主共和国人民軍の撤退などを要求した。そのため、ニクソン政権が、民主共和国側に再修正案を提示している間に大統領選挙が実施され、ニクソンが六〇・七％もの支持を得て、再選された。再修正案では、民主共和国人民軍の南からの撤退と非武装地帯の尊重が最大の争点となったが、民主共和国側は容易に妥協しなかったため、ニクソン政権は一二月半ばにハノイ・ハイフォン市街地への猛爆とハイフォン港への機雷封鎖を強行した。この強圧的な姿勢に米国国内はおろか、国際的にも強い非難が集中した結果、七三年一月初めに交渉が再開され、一月二七日にパリ平和協定が調印された〔同、九五―九七頁〕。

この協定では、二カ月以内の米軍とその同盟軍の撤退が規定され、民主共和国人民軍撤退の規定はなかった。南ベトナムの戦後体制については武力によらず、「国際監視下の真に自由で民主的な総選挙」による解決が規定された〔『世界』編集部、一九七三、一〇二―一〇三頁〕。ギャラップの世論調査では、この協定を「満足」とするものが八〇％、「不満」とするものが七％で、米国世論は圧倒的多数でこの協定を受け入れた（*Gallup Poll 1972-1977*, p. 93）。

パリ和平協定と日本の反応

日本では、パリ協定の受け止め方は多様で、ニクソン政権の「力の外交」の勝利とみる者もあったが、べ平連代表の小田実は、大阪で記者会見を開き、「米軍撤退、ベトナム人民の民族自決をかちとったことは、ベトナム人民の偉大な勝利であり、世界史の一頁をひらいたものとして、率直に喜びたい」と語った上で、「協定内容が実施されるかどうか、ラオス、カンボジアはどうなるのかなど警戒をもって活動を続ける」と述べた〔「ベトナムに平和を！」市民連合編、一九七四、下・二九五―二九六頁〕。

その後、一九七三年三月末には米軍の撤退が完了し、米国はケネディ政権による軍事顧問団派遣以来、一二年ぶりにベトナムへの軍事介入を清算することになった。また、議会では、七三年一一月に戦争権限決議を可決し、米軍が海外で紛争に関与した場合、二日以内に政府は議会に報告し、議会が撤兵を決議した場合には、米軍は二カ月以内に撤兵しなければならないとの規定が盛り込まれた。ニクソンはこの決議に拒否権を発動したが、以後、この決議は、米軍が長期化し、泥沼化する紛争に関与することを避けさせる役割を果たすことになった。

パリ協定の成立で、べ平連内部では、「ベトナムに平和を」という運動目的が達成されたとして、解散を主張するグループが出始め、七三年四月に京都べ平連が解散した。福岡のグループは存続を主張したが、東京べ平連も七四年一月に解散を決定し、約一〇〇〇人が参加して、解散集会が挙行された。小田実は、アフリカ旅行中で帰国が間に合わなかったが、事務局長の吉川勇一は、べ平連の運動は、他人から言われて行動するのではなく、「自分が何をしたいか、また何をしなければならないと考えたことを出来る範囲内でやってゆく、そして、そういう運動の中で、自分の出来る範囲を徐々に拡げてゆく」運動だったと特徴づけた。それ故、べ平連が解散しても、それぞれが自分のやり方で何らかの運動を続けてゆくことを期待すると挨拶した。鶴見俊輔は、べ平連が運動の「定型を打破」した意義を強調するとともに、自分自身にとって「九年間、べ平連はつねに生き生きとした学校であった」と感謝した〔同、下・四六七―四七六頁〕。

確かに、それまでの日本の政治運動は組織が主導し、上意下達の形態が圧倒的であった。新左翼も、全共闘運動で一時、無党派ラディカルの自発性を引き出したが、全共闘運動の衰退後は、再び党派主導の運動に回帰し、内ゲバの末に衰退していった。それ故、べ平連の運動スタイルは、個々人の自発性に基づく運動の推進を、何より重視して、組織維持を至上目的とせず、ベトナム戦争の終結とともに、運動にも終止符を打ったという、米国に多くみられる「シングル・イッシュウ運動」としてもユニークなものになった。そして、その後の市民運動の原型として歴史的な役割を果たした。

他方、南ベトナムでは、停戦実現も束の間、サイゴン政権が武力で支配地域の拡大に乗り出したため、ベトナム労働党政治局は七四年一〇月、武力による南ベトナム解放を決定、同年末から南ベトナムでの戦闘が激化し、翌七五年四月三〇日にサイゴンが陥落、翌七六年北ベトナム主導で南北が統一され、ベトナム社会主義共和国が成立した。この事態に米国では再介入の主張も出たが、ニクソンはウォーターゲート事件の発覚で、七四年八月に辞任しており、後任のフォード大統領は軍事的な再介入を断念した。一九七五年四月二三日のギャラップの世論調査でも、サイゴン政権に対する七億二〇〇〇万ドルもの軍事援助に「賛成」する者は一五％にすぎず、七九％が「反対」したように、サイゴン政権陥落の現実を多くの米国国民は受け入れたのであった（*Gallup Poll 1972–1977*, p. 456）。

エピローグ――ベトナム反戦運動の遺産

ベトナム戦争は、米国史上初めての「敗戦」となった。その最大の原因は、第二次世界大戦後の世界では「植民地の独立」が大勢となっていたにもかかわらず、ベトナムの独立運動がホー・チ・ミンのような共産主義者に主導されていることを危険視し、米国が「冷戦の論理」で介入したことにあった。この民族の独立や統一の大義が、民主共和国や南ベトナムの解放勢力が世界一の超大国による軍事干渉に粘り強く抵抗しえた原動力であった。ただし、南ベトナムの解放が労働党主導で進み、南ベトナムの「第三勢力」を含む連立政権が樹立されなかった問題点を指摘する声もある。それは、「第三勢力」を含む連立政権の樹立を米国もサイゴン政権も、最後まで拒否し、解放勢力の軍事弾圧に明け暮れたため、労働党主導の軍事解放に依拠せざるをえなかったことに由来するのであり、労働党だけの責任とはいえないだろう。

このことを前提とした上で、反戦運動の特徴や貢献を日米で比較することによって、その遺産を明確にしてみよう。

第一に、日米ともに、ベトナム反戦の大衆運動が大規模に盛り上がった歴史的意義は大きい。それは、議会が戦争の拡大や加担を有効に食い止められない状況が続く中で、集会やデモという大衆の直接民主主義的な意思表示が不可欠となったのであり、議会という間接民主主義の機能不全を大衆の直接民主主義的行動が補正した意義は大きい。しかも、日本の場合でいえば、組織主導の運動ではなく、べ平連のような、市民の自発的で、創意工夫に満ちた運動の誕生は、日本の大衆運動史に新しいページを開いた画期的な意義をもつと評価できるだろう。

第二に、米国の場合は、一九五〇年代の「赤狩り」の後遺症で、ベトナム反戦運動は極めて少数派としてスタートしたのに対して、日本の場合は、敗戦体験やアジア・アフリカ連帯運動の蓄積から世論の多数は米国の干渉に批判的であり、ベトナム反戦運動は、多数世論の支持の下に進めることができた。その結果、当初は、米国の運動は、日本や西欧の運動などからの支援を期待したのであった。その際、日本では原水禁運動などを通じて、ベトナム戦争が本格化する以前から民主共和国との交流があり、民主共和国や解放戦線の情報が日本経由で米国の運動にもたらされた面もあった。

第三に、日米ともに、反戦運動目的や進め方に関する意見の違いから組織が対立や分裂を繰り返した点は共通しているが、米国の場合は、選挙による政策変更を重視するリベラル派と、街頭での直接行動によって終戦を実現しようとしたラディカル派が、概して相互補完的に運動を進めた。その背景には、異なる思想に対する「寛容の精神」が多くのグループに共有されていたという、民主主義の成熟度の違いがあったと思う。それに対して、日本の場合は、議会での議席拡大を重視した社会党や共産党の間でも対立が多かったし、ヘルメットや角材を持って機動隊にぶつかる街頭実力闘争を重視した新左翼系の運動では、社共と対立しただけでなく、新左翼党派間も激しく敵対することが多かった。べ平連が主導した「六月行動委員会」は、参加団体間の相互尊重(「内ゲバ」の自制)と誰でも参加できるデモ形態（「ゲバ抜き」）の合意を成立させることによって、社共と新左翼の大同団結をめざしたが、結局、失敗に終わった。

それは、新左翼諸党派の多くが、マルクス・レーニン主義を基本思想とし、ロシア革命型の暴力革命をモデルとしていたため、街頭実力闘争はそうした暴力革命の一環に位置づけられて、議会での影響力拡大は、「議会主義」として批判したからであった。それに対して、米国のラディカル派は、公民権運動の影響を受けて、非暴力直接行動を重視したが、この戦略は、ある政策への強い反対を座り込みなどの非暴力的行動で示すことで、マスメディアの好意的報道を引き出し、世論を変え、議会への影響力拡大を狙うものであった。べ平連には、この米国流の非暴力直接行動を日本で実践しようとした部分もあったが、新左翼系の運動には、最後まで受け入れられなかったといえるだろう。

第四に、米国の場合は、左翼政党が微弱であるため、ベトナム反戦運動は、多様な市民団体が主導したが、中でも、A・J・マスティやデイヴィッド・デリンジャーのような非暴力直接行動主義者が幅広い連合の形成を調停した役割が大きい。それに対して、日本の場合は、社会党や共産党などの左翼政党が一定の影響力を持っていたが、原水禁運動の分裂の後遺症などもあって、相互の党派対立が激しく、ベトナム反戦集会は最後まで「一日共闘」に終わり、六〇年安保闘争で見られたような「統一指令部」の結成は見られなかった。しかも、京都や東京などの自治体レベルの首長選挙では統一候補の擁立が実現し、革新自治体が誕生したが、国政レベルでは選挙協力は実現せず、七〇年に安保条約の破棄を通告できるような革新政府の樹立は夢に終わった。日本の場合、左翼政党や新左翼諸党派それぞれのセクト主義の病根が深かったといわざるをえない。

第五に、米国の運動は、極めてプラグマティックであり、ベトナムからの米軍撤退といった具体的目標の実現に集中したが、日本の場合、べ平連が当初、似た行動様式をとったものの、新旧左翼の場合は、それぞれ独自の革命戦略の中にベトナム反戦を位置づけていたため、ベトナム反戦という当面の一致点よりも、安保破棄や日本の革命という大目標をめぐる差異の方が重視され、大同団結を実現できなかった。日本のベトナム戦争への加担は、安保条約に由来するので、日本のベトナム反戦運動が安保破棄をめざしたのは当然のことではあるが、国民世論の賛否が二分した状況では、基地の縮小とか、地位協定の改定といった「改良的目標」でより広い団結を実現する道もありえたのではないか。米国の場合、米軍撤退後に、「戦争権限決議」が可決され、その後の対外介入の長期化や泥沼化の歯止めになっていったことを考えると、日本でも「改良」的政策の追求があってもよかったのではないだろうか。

最後に、ベトナム反戦運動は、日米両国において、第三世界の「発見」を促した世界史的意義は多大である。まず、米国の場合、ベトナム戦争に反対する大学院生が中心となって、「憂慮するアジア研究者の会」が結成され、ジョン・ダワー、マーク・セルデン、ハーバート・ビックスなどその後、多数の進歩的なアジア研究者を輩出し、米国のアジア研究の様相を一変させた意義は大きい。それは、アジア研究だけでなく、国内のマイノリティを「内なる第三世界 Third World Within」と自覚させる新たな社会史研究を生み出していった。その結果、後に「ポスト・コロニアル・スタディーズ」や米国の帝国性を批判する「ニューレフト史学」、世界システム論などを生み出し、米国における「知の転換」、一種の文化革命を生み出した意義は大きい。

日本においても、ベトナム戦争への加担＝「内なるベトナム」を自己批判し、ベ平連が「加害者性」を告発して以来、アジア太平洋戦争における「加害者性」の「反省」に発展するとともに、鶴見良行のように、先進国からアジアをみるのではなく、フィールドワークなどを通じてアジアの側から「内在的にアジアをみる」研究が形成されていった意義も大きい。日本におけるベトナム研究の活性化もその例であろう。

もちろん、ベトナム戦争後も、世界の各地で米国が関与する戦争が多発しており、日本もそれに加担する状況が続いているので、ベトナム反戦運動の遺産を過大視することはできない。むしろ、世界的な連帯の下で展開したベトナム反戦運動の体験をどう思想化し、現在における「民衆のグローバリゼーション」の問題に生かすかを今後も考え続けることが必要だろう。

文献一覧

【一次資料】

ベ平連関係――『ベ平連ニュース』など(立教大学共生社会研究センター所蔵)。
社会党・総評関係――法政大学大原社会問題研究所所蔵。社会党機関紙『社会新報』〈マイクロフィルム版〉。
日本共産党関係――機関紙『赤旗』(一九六六年一月まで『アカハタ』、一九九七年四月から『しんぶん赤旗』)。
原水爆禁止日本協議会(原水協)関係――各年次ごとの「議事速報」、英文ニュース *No More Hiroshima*(原水協事務局所蔵)。
江口朴郎・古在由重関係――「江口朴郎文庫」「古在由重文庫」(藤沢市湘南大庭市民図書館所蔵)。
新左翼関係――「東大闘争資料集」(山本義隆寄蔵)(国立国会図書館・法政大学大原社会問題研究所所蔵)。雑誌『情況』情況出版。
Gallup, George H., 1972, *The Gallup Poll: Public Opinion 1935–1971*, Random House.
Gallup, George H., 1978, *The Gallup Poll: Public Opinion 1972–1977*, Random House.
U.S. Department of Defense, 1971, *United States-Vietnam Relations 1945–1967*, U.S. Government Printing Office.

【引用・参照文献】

アイゼンハワー、ドワイト・D、一九六五『アイゼンハワー回顧録』一、仲晃・佐々木謙一訳、みすず書房(Eisenhower, Dwight D., *Mandate for Change 1953–1956: The White House Years*, Doubleday, 1963)。

赤澤史朗、二〇〇二「「戦争体験」と平和運動――第二次わだつみ会試論」『年報日本現代史』第八号。

秋山勝行、一九六八『全学連は何を考えるか』自由国民社。

阿曽村邦昭編著、二〇一三『ベトナム――国家と民族』上下、古今書院。

アプテーカー、ハーバート、一九六七『アメリカを告発する』佐藤光訳、東邦出版社(Aptheker, Herbert, *Mission to Hanoi*, International Publishers, 1966)。

安藤丈将、二〇一三『ニューレフト運動と市民社会――「六〇年代」思想のゆくえ』世界思想社。

井川一久、二〇〇五『ベトナム独立戦争参加日本人の事跡に基づく日越のあり方に関する研究』東京財団報告書(電子版)(https://nippon.zaidan.info/seikabutsu/2005/01036/pdf/0001.pdf)。

池上日出夫、二〇〇八『アメリカ　不服従の伝統――「明白な天命」と反戦』新日本出版社。

池田浩士・天野恵一編、一九九四『検証「昭和の思想」Ｖ　思想としての運動体験』社会評論社。

石川文洋、一九八六『戦場カメラマン』朝日文庫。

石川真澄、一九八四『データ　戦後政治史』岩波新書。

岩倉博、二〇一二『ある哲学者の軌跡――古在由重と仲間たち』花伝社。

岩間優希編著、二〇〇八『文献目録　ベトナム戦争と日本――１９４８～２００７』人間社。

宇吹暁、二〇一四『ヒロシマ戦後史――被爆体験はどう受けとめられてきたか』岩波書店。

エアハート、Ｗ・Ｄ、二〇一五『ある反戦ベトナム帰還兵の回想』白井洋子訳、刀水書房(Ehrhart, W. D., *Passing Time: Memoir of a Vietnam Veteran Against the War*, McFarland & Co., 1986)。

海老坂武、二〇〇四『かくも激しき希望の歳月　１９６６～１９７２』岩波書店。

遠藤聡、二〇〇五『ベトナム戦争を考える――戦争と平和の関係』明石書店。

「大泉市民の集い」写真記録制作委員会、二〇一〇『写真記録　市民がベトナム戦争と闘った――大泉・朝霞１９６８―１９７５年』大泉市民の集い写真記録制作委員会。

大沢真一郎、一九七一『後方の思想――あるいは長征への出発』社会評論社。

大森実、一九七一『石に書く――ライシャワー事件の真相』潮出版社。

岡村昭彦、一九六五『南ヴェトナム戦争従軍記』岩波新書。

小熊英二、二〇〇九『１９６８』上下、新曜社。

小田実、一九六七『義務としての旅』岩波新書。

小田実、二〇一二『「ベ平連」・回顧録でない回顧(上)(小田実全集 評論19)』講談社。

小田実・鶴見俊輔編、一九六八『反戦と変革——抵抗と平和への提言』学芸書房。

オーバードーファー、ドン、一九七三『テト攻勢』鈴木主税訳、草思社(Oberdorfer, Don, *Tet!*, Doubleday & Co., 1971)。

開高健、一九六五『ベトナム戦記』朝日新聞社。

開高健、一九六八『輝ける闇』新潮社。

加茂徳治、二〇〇八『クァンガイ陸軍士官学校——ベトナムの戦士を育み共に闘った9年間』暁印書館。

菅英輝、二〇〇二、「ベトナム戦争における日本政府の和平努力と日米関係——一九六五〜六八年」『国際政治』一三〇。

菅英輝、二〇一六『冷戦と「アメリカの世紀」——アジアにおける「非公式帝国」の秩序形成』岩波書店。

北小路敏、一九六九『歴史選択としての七〇年闘争』自由国民社。

陸井三郎、一九七一『インドシナ戦争』勁草書房。

陸井三郎編訳、一九七三『ベトナム帰還兵の証言』岩波新書。

陸井三郎、一九七六『ハノイでアメリカを考える』すずさわ書店。

楠田實、二〇〇一『楠田實日記——佐藤栄作総理首席秘書官の二〇〇〇日』中央公論新社。

栗原浩英、二〇〇〇「ベトナム戦争と中国・ソ連」『アジア研究』四六—三・四。

黒川みどり、二〇〇二「戦後知識人と平和運動の出発」『年報日本現代史』第八号。

原水爆禁止日本協議会(原水協)編、一九七五『原水爆禁止世界大会宣言・決議集　第一回—第二〇回』原水爆禁止日本協議会。

小泉英政・川上賢一・黒川創、二〇一七『なぜ非暴力直接行動に踏みだしたか(鶴見俊輔さんの仕事⑤)』編集グループ〈SURE〉。

国立歴史民俗博物館、二〇一七『企画展示「1968年」無数の問いの噴出の時代』。

古在由重、一九七四『人間讃歌』岩波書店。

小中陽太郎、一九七三『私のなかのベトナム戦争――ベ平連に賭けた青春と群像』サンケイ新聞社出版局。

小林トミ、二〇〇三『「声なき声」をきけ――反戦市民運動の原点』同時代社。

小牧近江、一九六五『ある現代史――〝種蒔く人〟前後』法政大学出版局。

小松清、一九五四『ヴェトナムの血』河出書房。

コルコ、ガブリエル、二〇〇一『ベトナム戦争全史』陸井三郎監訳、社会思想社(Kolko, Gabriel, *Anatomy of a War: Vietnam, the United States, and the Modern Historical Experience*, Pantheon Books, 1986)。

斎藤治子、二〇一〇「ソ連にとってのベトナム戦争」『アジア・アフリカ研究』五〇―三。

30年史編集委員会、一九八五『日本とベトナム　友好運動の30年』日本ベトナム友好協会。

芝田進午、一九六八『ベトナムと思想の問題』青木書店。

芝田進午、一九六九『ベトナム日記』新日本出版社。

下斗米伸夫、二〇〇四『アジア冷戦史』中公新書。

シャラー、マイケル、二〇〇四『「日米関係」とは何だったのか』市川洋一訳、草思社(Schaller, Michael, *Altered States: The United States and Japan Since the Occupation*, Oxford University Press, 1997)。

朱建栄、二〇〇一『毛沢東のベトナム戦争――中国外交の大転換と文化大革命の起源』東京大学出版会。

10・8山﨑博昭プロジェクト編、二〇一七『かつて10・8羽田闘争があった――山﨑博昭追悼50周年記念〔寄稿編〕』合同フォレスト。

シュレジンガーJr.、アーサー・M、一九六七『にがい遺産――ベトナム戦争とアメリカ』横川信義訳、毎日新聞社(Schlesinger, Jr., Arthur M., *The Politics of Hope and the Bitter Heritage,: American Liberalism in the 1960s*, Houghton Mifflin, 1966)。

白井洋子、二〇〇六『ベトナム戦争のアメリカ――もう一つのアメリカ史』刀水書房。

『世界』編集部、一九七三『年誌ベトナム戦争』（『世界』一九七三年四月号附録）岩波書店。

関谷滋・坂元良江編、一九九八『となりに脱走兵がいた時代――ジャテック、ある市民運動の記録』思想の科学社。

ソールズベリ、ハリソン・E、一九六七『ハノイは燃えている』朝日新聞外報部訳、朝日新聞社（Salisbury, Harrison E., *Behind the Lines: Hanoi*, Bantam Books, 1967）。

高草木光一編、二〇一一『一九六〇年代　未来へつづく思想』岩波書店。

高見圭司編著、一九六八『反戦青年委員会』三一書房。

武内房司・宮沢千尋編、二〇一五『西川寛生「サイゴン日記」一九五五年九月～一九五七年六月』風響社。

立川京一、二〇〇二「インドシナ残留日本兵の研究」『戦史研究年報』五。

立川京一、二〇一三「第二次世界大戦期のベトナム独立運動と日本」阿曽村邦昭編著『ベトナム――国家と民族』上、古今書院。

鶴見俊輔、二〇〇七『たまたま、この世界に生まれて――半世紀後の『アメリカ哲学』講義』編集グループ〈SURE〉。

鶴見俊輔・小田実、二〇一一『オリジンから考える』岩波書店。

鶴見良行、二〇〇二『ベ平連（鶴見良行著作集2）』みすず書房。

デリンジャー、デイヴィッド、一九九七『「アメリカ」が知らないアメリカ――反戦・非暴力のわが回想』吉川勇一訳、藤原書店（Dellinger, David, *From Yale to Jail: The Life Story of a Moral Dissenter*, Rose Hill Books, 1993）。

田英夫、一九七二『真実とはなにか――わが体験的ジャーナリズム論』社会思想社。

所美都子、一九六九『わが愛と叛逆――遺稿・ある東大女子学生と――青春の群像』前衛社。

内閣総理大臣官房広報室編、一九六五―七〇『世論調査年鑑』大蔵省印刷局。

中川武保、一九七〇『ホー・チ・ミンと死線をこえて』文藝春秋。

中原光信、一九九五『ベトナムへの道――日越貿易の歴史と展望』社会思想社。

ニクソン、リチャード、一九七八―七九『ニクソン回顧録』一―三、松尾文夫・斎田一路訳、小学館(Nixon, Richard M., *The Memoirs of Richard Nixon*, Warner Books, 1978)。

ニクソン、リチャード、一九八六『ノー・モア・ヴェトナム』宮崎緑・宮崎成人訳、講談社(Nixon, Richard M., *No More Vietnams*, Arbor House Publishing Co., 1985)。

西田慎・梅崎透編著、二〇一五『グローバル・ヒストリーとしての「1968年」』ミネルヴァ書房。

日本アジア・アフリカ連帯委員会編、一九六六『ベトナム黒書――アメリカの戦争犯罪を告発する』労働旬報社。

日本共産党中央委員会、一九八二『日本共産党の六〇年』日本共産党中央委員会出版部。

日本基督教団宣教研究所教団史料編纂室、一九九八『日本基督教団史資料集』第四巻、日本基督教団宣教研究所。

日本ジャーナリスト会議編、一九六八『マスコミ黒書』労働旬報社。

日本平和委員会編、一九六九ａ『平和運動20年運動史』大月書店。

日本平和委員会編、一九六九ｂ『平和運動20年資料集』大月書店。

ハーズ、アリス、一九六九『ある平和主義者の思想』芝田進午訳、岩波新書。

畑中政春、一九七七『平和の論理と統一戦線――平和運動にかけた三〇年』太平出版社。

バーチェット、W・G、一九六四『解放戦線』真保潤一郎訳、みすず書房(Burchet, Wilfred G., *My Visit to the Liberated Zones of South Vietnam*, Foreign Languages Publishing House.

ハルバスタム、デイヴィッド、一九六八『ベトナム戦争』(後に『ベトナムの泥沼から』に改題)泉鴻之・林雄一郎訳、みすず書房(Halberstam, David, *The Making of a Quagmire*, Random House.

平野義太郎・畑中政春編、一九五三『アジアはかく訴える――アジア太平洋地域平和会議の記録』筑摩書房。

ヒルズマン、ロジャー、一九六八『ケネディ外交――ニュー・フロンティアの政治学』下、浅野輔訳、サイマル出版会(Hilsman, Roger, *To Move a Nation: The Politics of Foreign Policy in the Administration of John F. Kennedy*, Doubleday, 1967)。

フェン、チャールズ、一九七四『ホー・チ・ミン伝』上下、陸井三郎訳、岩波新書(Fenn, Charles, *Ho Chi Minh: A Biographical Introduction*, Studio Vista Publishers, 1973)。

フォール、バーナード・B、一九六六『二つのベトナム』高田市太郎訳、毎日新聞社(Fall, Bernard B., *The Two Vietnams: A Political and Military Analysis*, Frederick A. Praeger Inc., 1966)。

福富節男、一九九一『デモと自由と好奇心と』第三書館。

藤本博、一九九八「ヴェトナム戦争と日米関係　一九六五年〜一九六七年」『社会科学論集(愛知教育大学社会科学会)』第三七号。

藤本博、二〇一四『ヴェトナム戦争研究——「アメリカの戦争」の実相と戦争の克服』法律文化社。

フープス、タウンゼンド、一九七〇『アメリカの挫折——インドシナへの軍事介入とその限界』丸山静雄訳、草思社(Hoopes, Townsend, *The Limits of Intervention*, David McKay Co., 1969)。

フライ、ノルベルト、二〇一二『1968年——反乱のグローバリズム』下村由一訳、みすず書房(Frei, Norbert, *1968: Jugendrevolte und globaler Protest*, Deutscher Taschenbuch Verlag, 2008)。

古田元夫、一九九一『歴史としてのベトナム戦争』大月書店。

古田元夫、一九九五『ベトナムの世界史——中華世界から東南アジア世界へ』東京大学出版会。

古田元夫、一九九六『ホー・チ・ミン——民族解放とドイモイ(現代アジアの肖像10)』岩波書店。

ヘイブンズ、トーマス・R・H、一九九〇『海の向こうの火事——ベトナム戦争と日本　1965—1975』吉川勇一訳、筑摩書房(Havens, Thomas R. H., *Fire Across the Sea: The Vietnam War and Japan 1965–1975*, Princeton University Press, 1987)。

ベトナム戦争の記録編集委員会編、一九八八『ベトナム戦争の記録』大月書店。

ベトナムにおけるアメリカの戦争犯罪と日本の協力・加担を告発する東京法廷編、一九六七『ジェノサイド——民族みなごろし戦争』青木書店。

ベトナムにおける戦争犯罪調査日本委員会編、一九六七『ラッセル法廷』人文書院。

ベトナムにおける戦争犯罪調査日本委員会編、一九六八『続ラッセル法廷』人文書院。

「ベトナムに平和を!」市民連合編、一九七四『資料・「ベ平連」運動』上中下、河出書房新社。

保阪正康、二〇〇七『六〇年安保闘争の真実——あの闘争は何だったのか』中公文庫。

本多勝一、一九六八『戦場の村』朝日新聞社。

本多勝一、一九七一『殺される側の論理』朝日新聞社。

本多勝一、一九七五『再訪・戦場の村』朝日新聞社。

本多勝一、一九七七『ベトナムはどうなっているのか?』朝日新聞社。

牧久、二〇一二『「安南王国」の夢——ベトナム独立を支援した日本人』ウェッジ。

マクナマラ、ロバート・S、一九九七『マクナマラ回顧録——ベトナムの悲劇と教訓』仲晃訳、共同通信社(MacNamara, Robert S., *In Retrospect: The Tragedy and Lessons of Vietnam*, Times Books, 1995)。

マクファーソン、マイラ、一九九〇『ロング・タイム・パッシング——ベトナムを越えて生きる人々』松尾弌之訳、地湧社(MacPherson, Myra, *Long Time Passing: Vietnam and the Haunted Generation*, Doubleday, 1984)。

松岡完、一九八八『ダレス外交とインドシナ』同文舘出版。

松岡完、一九九九『1961 ケネディの戦争——冷戦・ベトナム・東南アジア』朝日新聞社。

松岡完、二〇〇三『ベトナム症候群——超大国を苛む「勝利」への強迫観念』中公新書。

道場親信、二〇〇五『占領と平和——〈戦後〉という経験』青土社。

武藤一羊、一九六七『主体と戦線——反戦と革命への試論』合同出版。

武藤一羊編、一九七一『新左翼とはなにか——革命主体の形成過程とその思想』自由国民社。

武藤一羊、二〇〇九『季刊 運動〈経験〉』(インタビュー)二八号。

村上公敏・木戸蓊・柳沢英二郎、一九六一『世界平和運動史』三一書房。

メイラー、ノーマン、一九七〇『夜の軍隊(ノーマン・メイラー選集)』山西英一訳、早川書房(Mailer, Norman, *The Armies of the Night*, Penguin, 1968)。

森聡、二〇〇九『ヴェトナム戦争と同盟外交——英仏の外交とアメリカの選択1964―1968年』東京大学出版会。

山本義隆、二〇一五『私の1960年代』金曜日。

油井大三郎編、二〇一二『越境する一九六〇年代——米国・日本・西欧の国際比較』彩流社。

油井大三郎、二〇一七『ベトナム戦争に抗した人々(世界史リブレット125)』山川出版社。

油井大三郎、一九八九『未完の占領改革——アメリカ知識人と捨てられた日本民主化構想』東京大学出版会。

吉岡忍編著、一九七〇『フォークゲリラとは何者か』自由国民社。

吉川勇一、一九九一『市民運動の宿題——ベトナム反戦から未来へ』思想の科学社。

吉川勇一編、一九九五『反戦平和の思想と運動(コメンタール戦後50年)』第四巻、社会評論社。

吉沢南、一九八〇『ハノイで考える』東京大学出版会。

吉沢南、一九八六『私たちの中のアジアの戦争——仏領インドシナの「日本人」』朝日新聞社。

吉沢南、一九八八『ベトナム戦争と日本(岩波ブックレット　シリーズ昭和史No.12)』岩波書店。

吉沢南監修、一九九〇『新聞集成——ベトナム戦争』上下、大空社。

吉沢南、二〇一〇『同時代史としてのベトナム戦争』有志舎。

吉見俊哉、二〇一二『アメリカの越え方——和子・俊輔・良行の抵抗と越境(現代社会学ライブラリー5)』弘文堂。

ラクチュール、ジャン、一九六八『ベトナムの星——ホー・チ・ミンと指導者たち』吉田康彦・伴野文夫訳、サイマル出版会(Lacouture, Jean, *Hô Chi Minh*, Éditions du Seuil, 1967)。

和田長久、二〇一四『原子力と核の時代史』七つ森書房。

Acheson, Dean, 1969, *Present at the Creation: My Years in the State Department*, Norton.

Clifford, Clark/Richard Holbrooke, 1991, *Counsel to the President: A Memoir*, Random House.

Danielson, Leilah, 2014, *American Gandhi: A. J. Muste and the History of Radicalism in the Twentieth Century*, University of Pennsylvania Press.

DeBenedetti, Charles, 1990, *An American Ordeal: The Antiwar Movement of the Vietnam Era*, Syracuse University Press.

Duberman, Martin, 2012, *Howard Zinn: A Life on the Left*, The New Press.

Foner, Philip S., 1989, *U.S. Labor and the Viet-nam War*, International Publishers.

Gitlin, Todd, 2003, *The whole World is Watching: Mass Media in the Making and Unmaking of the New Left*, University of California Press.

Halstead, Fred, 1978, *Out Now!: A Participant's Account of the American Movement Against the Vietnam War*, Monad Press.

Hayden, Tom, 1988, *Reunion: A Memoir*, Collier Books.

Hayden, Tom, 2017, *Hell No: The Forgotten Power of the Vietnam Peace Movement*, Yale University Press.

Hershberger, Mary, 1998, *Traveling to Vietnam: American Peace Activists and the War*, Syracuse University Press.

Johnson, Lyndon Baines, 1971, *The Vantage Point: Perspectives of the Presidency 1963-1969*, Holt, Rinehart and Winston.

Katz, Milton S., 1986, *Ban the Bomb: A History of SANE, the Committee for a Sane Nuclear Policy, 1957-1985*, Greenwood Press.

Mueller, John E., 1973, *War, Presidents and Public Opinion*, Wiley.

Oglesby, Carl, 2008, *Ravens in the Storm: A Personal History of the 1960s Antiwar Movement*, Scribner.

Patti, Archimedes L. A., 1980, *Why Viet Nam? Prelude to America's Albatross*, University of California Press.

Powers, Thomas, 1984, *Vietnam; The War at Home*, G. K. Hall & Co.

Rose, Lisle A., 1976, *Roots of Tragedy: The United States and the Struggle for Asia, 1945–1953*, Greenwood Press.

Sale, Kirkpatrick, 1974, *SDS*, Vintag Books.

Small, Melvin, 2002, *Antiwarriors; The Vietnam War and the Battle for America's Hearts and Minds*, SR Books.

Small, Melvin/William D. Hoover, eds., 1992, *Give Peace a Chance: Exploring the Vietnam Antiwar Movement*, Syracuse University Press.

Swerdlow, Amy, 1993, *Women Strike for Peace: Traditional Motherhood and Radical Politics in the 1960s*, The University of Chicago Press.

Wells, Tom, 1994, *The War Within: America's Battle over Vietnam*, University of California Press.

Wittner, Lawrence S., 1997, *Resisting the Bomb: A History of the World Nuclear Disarmament Movement 1954–1970*, Stanford University Press.

Zaroulis, Nancy/Gerald Sullivan, 1984, *Who Spoke Up?: American Protest Against the War in Vietnam 1963–1975*, Holt, Rinehart & Winston.

Zinn, Howard, 1994, *You Can't Be Neutral on a Moving Train: A Personal History of Our Times*, Beacon Press.

あとがき

ベトナム戦争は私の学生・院生時代の中心的な関心事であった。たぶん、ベトナム戦争がなければ、私は研究者にはなっていなかったであろう。歴史学は、普通、自分が経験していない過去の出来事を、文書や遺物を通じて再現する学問であるが、同時代史の場合は、例外的に自分の経験も手掛かりになる。しかし、自分の経験といっても、極めて部分的なものであるだけに、そこから全体を推し量るのは案外難しいものであることを、本書の執筆を通じて痛感した。

本書は、一九六〇年代の社会運動に関して私が書いた三冊目の本となった。初回は、二〇一二年に若手研究者の皆さんと刊行した論文集『越境する一九六〇年代』(彩流社)であった。その時は、執筆しながら、当時の苦い思い出が蘇り、苦しさをこらえての執筆となった。それは、激しい党派対立の体験と重なりあう記憶であることが一因であったが、三回目となる今回は、不思議に様々な党派・グループの長所・短所を冷静に観察できるようになった気がする。二回目の本は二〇一七年に出した『ベトナム戦争に抗した人々』(山川出版社)で、主として米国の事例を扱ったので、比較的冷静に対象を観察できた。その上で、今回、ベトナム反戦運動の日米比較を試みたことが「冷静さ」の原因かもしれない。ただし、本当に「客観的な分析」になっているかどうかは、読者の皆さんの判断にゆだねるしかないのも事実であろう。

本書を執筆する上では、様々な方にお世話になった。このシリーズ「日本の中の世界史」の基となった「世界史の中の日本、日本の中の世界史」研究会の皆さん、とくに牽引役の渡邊勲氏には絶えず叱咤激励していただいた。また、貴重な資料を保存し、閲覧の機会を与えてくださった、立教大学共生社会研究センター、法政大学大原社会問題研究所、藤沢市総合図書館、東京大学附属図書館（駒場図書館）、東京大学総合文化研究科附属アメリカ太平洋地域研究センター図書室、東京大学情報学環・学際情報学府図書室、一橋大学附属図書館、東京女子大学図書館、原水爆禁止日本協議会事務局、原水爆禁止日本国民会議事務局、日本ベトナム友好協会に感謝します。さらに、秋山真兄、浅井理恵子、荒川章二、安藤丈将、石川文洋、伊藤定良、梅﨑透、大串潤児、戒能信生、藤本博、古田元夫、武藤一羊の皆さんには、貴重なご意見や資料をご紹介いただいた。また、本書の編集にあたっては、岩波書店の吉田浩一、入江仰の両氏にお世話いただいた。記して感謝する次第である。

このように様々な機関や個人にお世話になったが、本書の内容についての責任は私自身にあることは明らかである。本書は、主として日米のベトナム反戦運動を通史的に検討したもので、個々の重要な転換点に関してはもっと実証的に詰めなければならない箇所もあると感じている。今後、若い研究者の皆さんがより実証密度の高い成果を出す際に、本書が少しでも役立つことになれば、望外の幸いである。最後に、本書を学生時代から苦楽を共にしてきた妻、光恵にささげたい。ベトナム戦争はずっと二人の関心事であった。

二〇一九年二月

油井大三郎

主要人名索引

あ 行

か 行

さ 行

た 行

な 行

は 行

ま 行

や 行

ら・わ 行

油井大三郎

1945年生．東京大学大学院社会学研究科博士課程単位取得退学．社会学博士(一橋大学)．アメリカ現代史・国際関係史．現在，一橋大学・東京大学名誉教授．
著書に，『戦後世界秩序の形成――アメリカ資本主義と東地中海地域 1944-1947』『未完の占領改革――アメリカ知識人と捨てられた日本民主化構想』(以上，東京大学出版会)，『なぜ戦争観は衝突するか――日本とアメリカ』(岩波現代文庫)，『好戦の共和国 アメリカ――戦争の記憶をたどる』(岩波新書)，『越境する一九六〇年代――米国・日本・西欧の国際比較』(編著，彩流社)，『ベトナム戦争に抗した人々(世界史リブレット)』(山川出版社)など．

シリーズ日本の中の世界史
Give peace a chance
平和を我らに――越境するベトナム反戦の声

2019年3月19日　第1刷発行

著　者　油井大三郎《ゆいだいざぶろう》

発行者　岡 本　厚

発行所　株式会社 岩波書店
〒101-8002 東京都千代田区一ツ橋 2-5-5
電話案内 03-5210-4000
http://www.iwanami.co.jp/

印刷・三秀舎　製本・松岳社

ISBN 978-4-00-028388-5　　Printed in Japan